V

Wolfgang Schmidbauer

Wenn Helfer Fehler machen

Liebe, Mißbrauch und Narzißmus

Rowohlt

1. Auflage Juni 1997
Copyright © 1997 by Rowohlt Verlag GmbH,
Reinbek bei Hamburg
Alle Rechte vorbehalten
Umschlaggestaltung Werner Rebhuhn
Satz aus Sabon und Neue Helvetica
(Linotronic 500)
Gesamtherstellung Clausen & Bosse, Leck
Printed in Germany
ISBN 3 498 06319 7

Inhalt

Vorwort

Und dann ging der Kaiser in der Prozession
unter dem herrlichen Thronhimmel, und alle
Leute auf der Straße und in den Fenstern
riefen: «Herrgott, wie unvergleichlich sind
doch die neuen Kleider des Kaisers! Was für
eine reizende Schleppe hat er am Rock, und
wie sitzt sie großartig!» Keiner wollte sichs
anmerken lassen, daß er nichts sah; denn dann
hätte er ja für sein Amt nicht getaugt oder
wäre sehr dumm gewesen! Keins von den
Kleidern des Kaisers hatte je einen solchen
Erfolg gehabt.
  «Aber er hat ja nichts an!» sagte ein kleines
Kind.*

Seit ich vor über zwanzig Jahren beschloß, doch noch etwas mit
dem Psychologiestudium anzufangen, das ich neben meiner Re-
daktionsarbeit absolviert hatte, fühlte ich mich in der Welt der
Helfer immer ein wenig wie ein Ethnograph. Das mag daran
liegen, daß meine frühen Interessen in diese Richtung gingen; ich
hatte über Mythen promoviert und eine Weile meinen eigenen
ethnologischen Dilettantismus gegen den der Human-Ethologen

---

* Hans Christian Andersen, Märchen und Erzählungen, übers. v. Werner Wolf,
Odense (Skandinavinsk Bogforlag) 1983, S. 193 «Des Kaisers neue Kleider».

der Lorenz-Schule gesetzt.* So erschien mir die Welt der Psychotherapeuten, in die ich mit der Absicht geriet, mein doch sehr theoretisches Wissen durch praktische Kenntnisse in Psychoanalyse und Gruppentherapie aufzubessern, wie ein Dschungel abseits der großen Strömungen der Naturwissenschaft, von einem bunten Gemisch der unterschiedlichsten Stammeskulturen besiedelt. Es erinnerte an das, was ich über Neuguinea gelesen hatte: Bereits nach einer Tagesreise verstehen die Angehörigen des einen Volkes die Sprache des nächsten nicht mehr. Jede Sprachgruppe ist der festen Überzeugung, daß jenseits der Berge mit der eigenen jede Zivilisation endet und ein Reich der Dämonen beginnt.

Diesem naiven Blick und der Leidenschaft für eine genaue Beschreibung verdanke ich das Thema der «hilflosen Helfer», das mein Leben so beeinflußt hat, wie es eben ein Bestseller mit seinem Autor zu tun pflegt. Nachdem ich bereits längere Zeit rein theoretisch Mythologie und Dogmatik der einzelnen psychotherapeutischen Glaubensrichtungen studiert hatte, kam ich nun mit dem konkreten Verhalten der Helfer in Berührung. Ich war Reporter genug geblieben, um zu erkennen, daß die offenkundigen Widersprüche zwischen dem Glaubensbekenntnis und der Lebenspraxis ein interessantes Thema boten. Es wiederholte sich, was mich bereits als Kind, sobald ich anfing, die frommen Katholiken meiner Passauer Heimat genauer zu beobachten, ebenso gefesselt wie dem katholischen Glauben entfremdet hatte: Verhalten und Verhaltensbegründungen paßten nicht zusammen.

Da hatte ich den psychosozialen Helfern, die doch wissenschaftlich fundiert und weltlich arbeiteten, etwas anderes zuge-

* Vgl. u. a. W. Schmidbauer, Biologie und Ideologie. Zur Kritik der Humanethologie. Hamburg (Hoffmann und Campe) 1972.

traut. Ich dachte, daß Ärzte besonders gesund leben müßten, daß Pädagogen sich gerne anderen Erziehern aussetzen und Therapeuten, die doch die Wohltat des offenen Ausdrucks preisen, bereitwillig über ihre Gefühle sprechen. Jetzt war es aber wieder ähnlich, ja noch krasser, denn die Religion hatte viele Bilder für die menschliche Schwäche angesichts des Erhabenen, die Helfer aber verstummten, wenn es um die Anwendung ihrer eigenen Aussagen auf sie selbst ging.

So wurde es zu meiner Arbeitshypothese, daß Menschen manchmal deshalb Helfer werden, weil es ihnen so schwer fällt, sich helfen zu lassen. Aus diesem Grund delegieren sie die Abhängigkeit nach außen, an ihre Schützlinge.

Vielleicht paßte das Buch in den Zeitgeist. Es erschien 1977, der Reformoptimismus der 68er verebbte. Die Bewegung hatte sich zersplittert, auf dem langen Marsch durch die Institutionen aufgezehrt. Ich war bis 1970 die meiste Zeit in Italien, in einer ländlichen Idylle gewesen und hatte mich nur theoretisch mit der Studentenbewegung (die ein Jahr nach meinem Examen einsetzte) beschäftigt. Seit 1971 arbeitete ich selbst mit Gruppen und suchte Kontakt zu anderen Therapeuten, deren Gemeinsamkeit vor allem ihre Distanz zu den etablierten Therapieausbildungen war, die wir als zwanghaft, verschult, kurzum als reaktionär ablehnten. Damals lernte ich neben anderen auch Günter Ammon und Siegfried Gröninger kennen, schillernde Charaktere mit beträchtlichen Organisationstalenten.*

Es war eine bewegte und bewegende Zeit, in der ich Illusionen über die Möglichkeiten, durch Gruppenanalyse «befreite Ge-

---

* Ich habe die Geschichte meiner damaligen Aktivitäten in W. Schmidbauer, Wie Gruppen uns verändern. Selbsterfahrung, Therapie und Supervision, München (Kösel) 1992 dargestellt. Es faßt Texte zur Gruppendynamik und analytischen Gruppenselbsterfahrung zusammen, die seit 1971 erschienen waren.

biete» in einer repressiven Gesellschaft zu schaffen, aufbaute und wieder revidierte. Vom Nutzen der Gruppenarbeit in Therapie und Erwachsenenbildung wurde ich bleibend überzeugt. Der Widerspruch zwischen der nach außen deklarierten, strahlenden Helfer-Fassade und dem Elend, das sich dahinter so oft abspielt, hat mich vielleicht auch gerade wegen dieser Begegnungen mit verschiedenen Helfer-Szenen bewegt und interessiert. Ich sah, wie die Kritiker des Establishments zwar die Scheinheiligkeiten anderer aufdeckten, aber in dieser vermeintlichen Entlarvung an eigenen Fassaden bastelten, hinter die sie nicht blicken lassen wollten. Und ich habe miterlebt, wie schnell in sozialen Bewegungen, kaum geben sie sich eine Satzung und organisieren sich als Verein, eben die Ausgrenzungsmechanismen und Richtungskämpfe einsetzen, die man bislang den Rivalen angekreidet hatte. Solche Beobachtungen sollten uns wachsam erhalten. Wenn ihre Beschreibung gelegentlich zynisch klingt, erinnere ich mich lieber an den Ursprung dieses Wortes, als doch wenigstens ein Stück von des Kaisers neuen Kleidern zu preisen. Kyon, der Hund, ist auch ein Wächter, der selbst denen dient, die ihn verachten.

Fehler zu erkennen, aus Fehlern zu lernen, das heißt in der Therapie auch: eine liebevolle Beziehung zu Fehlern entwickeln. Möglicherweise ist auch dies eine zynische Bestrebung. Kein geringerer als Diogenes hat die Flöhe gepriesen, die ihn plagten, da ihn ihre juckenden Stiche wachsam erhielten. Eine liebevolle Beziehung zu Fehlern schien mir immer der beste Weg, sie zu erkennen und zu vermeiden, und in dieser Haltung erkannte ich einen wesentlichen Vorzug meiner «neuen», therapeutischen Umgangsformen gegenüber den «alten», normativen, die ich während meiner Schulzeit erlebt hatte. Das hing damit zusammen, daß ich, je älter und wachsamer ich wurde, um so weniger humorlose Menschen um mich haben mochte – Humor ist schließlich eben jene Qualität, die Diogenes vor anderen Philosophen auszeichnete.

Wer sich für Humor interessiert, muß sich auch mit dessen Grenzen beschäftigen, also mit jenem Bereich, an dem eigentlich Schilder stehen müßten wie: Jetzt wird's ernst! Von hier ab kein Pardon! Beim Geld (beim Sex, bei der Macht) hört der Spaß auf. Die meisten Menschen halten sich für humorvoll, bis sie an eine solche Grenze gebracht werden; wer sie bei ihnen überschreitet, gerät aus der Idylle in ein Minenfeld. In der Therapie der gegenwärtig überwiegenden Form von psychischen Problemen – jener vom narzißtischen Typus – ist nach meiner Überzeugung ein ganz wesentlicher Schritt getan, wenn es gelingt, ein gemeinsames Interesse daran zu entwickeln, wann und unter welchen Umständen Klient (und Therapeut) ihren Humor zu verlieren drohen. Dieser Grenzpunkt hängt eng mit Empfindungen zusammen, festgehalten zu werden und sich unterwerfen zu müssen. Wer den Humor verliert, kann nicht mehr gleichberechtigter Partner einer Interaktion sein. In der Therapie ist dann der Helfer nicht ein Mensch wie er, der an seiner Seite versucht, dem Leben etwas abzugewinnen, und sei es auch nur dessen tragikomische Seite. Er ist ein Verfolger, ein Gott, jemand, der unbetroffen ist vom Elend des Kranken und unerreichbar über menschlichem Leid schwebt.

In dem vorliegenden Text über Helfer-Fehler ist vermutlich die Tendenz des Autors spürbar, Abstand zu gewinnen und den Neigungen zu Fanatismus und Humorlosigkeit zu begegnen, die sich hier ankündigen. Viele Leser haben mich ausschließlich für einen Kritiker der Helfer gehalten. Sie werden sich wundern, wenn ich diesmal vor einer Dämonisierung der Helfer warne. Näher betrachtet, ist freilich der Zusammenhang zwischen der Kritik des Helfer-Syndroms und der Kritik an einer völligen Entwertung fehlerhafter Helfer logisch. Wie ich zeigen werde, stützt

11

die Dämonisierung des «bösen» Helfers das Bedürfnis, um jeden Preis der «gute» zu sein. Sie gleicht der Entwertung von Eltern – vor allem von Müttern –, die eine üble Tradition in den Szenarien von Psychotherapeuten hat. In der traditionellen Gesellschaft mußten Eltern durchgefüttert werden *, wenn sie schwach wurden; waren sie tot, durfte nur Gutes von ihnen gesagt werden. Heute hat man oft den Eindruck, daß die Beliebtheit der Vampir-Filme die Leidenschaft der Kinder ausdrückt, ihre lebenslangen Bedürfnisse nach perfekten Eltern in das Bild der Blutsauger zu projizieren, die untot in ihren Gräbern liegen. Wenn Pädagogen und Therapeuten ausziehen, um Eltern schlecht zu machen, sagt das häufig wenig über die seelische Entwicklung der betroffenen Kinder aus. Es signalisiert die narzißtischen Bedürfnisse von Helfern, die mit den Regressionswünschen ihrer Schützlinge einen ungesunden Pakt schließen, in dem zwar das Unerfüllbare nicht möglich gemacht, aber Sündenböcke für dieses Scheitern gefunden werden.

Helfer zu sein kann ein Beruf werden. Professionell zu helfen heißt aber, nicht immer und jederzeit als hilfreich bestätigt zu werden, sondern Grenzen zu definieren und damit auch zu akzeptieren, daß ein naives Bedürfnis, als guter (gar vollkommener) Mensch dazustehen, nicht erfüllbar ist. In dieser Situation entwickeln sich aus jenen Helfern, die nicht einfach in diesem Beruf arbeiten, sondern in ihm auch dauernd geliebt und bestätigt werden wollen, jene Über-Helfer, die ihre eigene Geltung unter anderem auch dadurch steigern, daß sie andere Helfer als egoistisch, inkompetent oder bösartig entlarven.

Sexueller Mißbrauch in der Therapie, dieser heute publizi-

---

* «Ehre Deine Eltern», wie es im vierten Gebot heißt, bedeutet in einer archaischen Gesellschaftsordnung doch: lasse sie nicht verhungern, ähnlich wie «Ehre den Gast» heißt: gibt ihm Wasser und etwas zu essen.

stisch am meisten ausgeschlachtete Helfer-Fehler, ist zugleich für die Untersuchung der Probleme von «neuen Helfern» von besonderem Interesse. In den soziologisch orientierten Reflexionen über den Gegensatz von «alten», normativen und «neuen», beziehungsorientierten Helfern habe ich unter anderem die Wechselwirkung von Beruf und Privatleben untersucht, die doch dort eine spezielle Rolle spielen muß, wo es zur zentralen Aufgabe des Helfers gehört, eine emotionale Beziehung herzustellen und aufrechtzuerhalten.

Ich beschrieb vier Typen[*]: das Opfer des Berufs, in dem der intimitätsnahe Beruf das Privatleben ersetzt; den Perfektionisten, der unter ungeheuerem Druck gerät, weil er privates Scheitern und völliges menschliches Versagen nicht unterscheiden kann, da er sich z. B. als Ehetherapeut durch eine Scheidung entwertet fühlt; den Spalter, der seinen Beruf benützt, um sich aus privater Emotionalität herauszuhalten («Bitte fang damit nicht an, ich muß mir den ganzen Tag die Klagen deprimierter Frauen anhören!»). Der letzte Typus war der Pirat, von dem ich sagte, daß er den intimitätsnahen Beruf verwendet, um sein Privatleben auszufüllen; ich erwähnte auch sogleich die sexuelle Beziehung als häufigstes und auffälligstes Beispiel der Piraterie, konzentrierte mich dann aber auf zwei andere Gesichtspunkte: 1. die allgemeine Regressionsförderung und Verwöhnung durch den Beruf des Therapeuten, der so viele Möglichkeiten hat, Beziehungen zu kontrollieren, und 2. die narzißtische Piraterie.[**]

---

[*] W. Schmidbauer, Helfen als Beruf, Reinbek (Rowohlt) 1983, 1992. Vgl. a. S. 75.
[**] «Daher sind die kleinen Piraten, die sich aus ihren Therapien mit Sexualpartnern oder Babysittern versorgen, sozial oft auffälliger als die großen Piratenkapitäne, die ganze Institute, wissenschaftliche Gesellschaften oder internationale Erleuchtungskonzerne aufbauen.» W. Schmidbauer, Helfen als Beruf. Die Ware Nächstenliebe. Überarb. Neuausgabe Reinbek (Rowohlt) 1992, S. 62.

Es ist ein gar zu einfaches Modell und ein Rückfall in vorpsychoanalytische Zeiten, in der Rede vom «sexuellen Mißbrauch» vorzugeben, es gebe einen Verhaltenskodex, der mißbrauchende von unschuldigen Therapeuten so unterscheidet, wie es der sizilianische Bräutigam zwischen Jungfrau und Hure tut. Der therapeutische Ge-Brauch einer engen, emotionalen Beziehung ist grundsätzlich in Gefahr, zu einem Miß-Brauch zu werden; die Konzentration auf den Sexualakt vereinfacht diese Situation in einer ebenso humorlosen wie wissenschaftlich unfruchtbaren Weise. Nur die Polemik und die Schlagzeilen gedeihen, wenn «Forscher» wieder einmal auf hohe Dunkelziffern und tiefgehende Schäden hinweisen. Eine merkwürdige Projektion steckt in dem Gedanken, daß heute ein Moralist des Mißbrauchs der Mutige in einer Welt von Verschweigern und Vertuschern ist. Auseinandersetzungen zwischen Helfern werden fast immer indirekt, im Namen der Schützlinge geführt. Sonst aggressionsgehemmte Helfer können beträchtliche Angriffslust entwickeln, sobald sie im Namen und vermeintlichen Auftrag eines Schwachen, eines Opfers reden. Auf diese Weise ist es oft sehr schwer, die Interessen zu erkennen, welche hinter den Argumenten stehen.

Immer ist Vorsicht angebracht, wenn jemand für einen anderen spricht – für «seine» Patienten, für «die» Opfer. Politiker, die für ihre Wähler, Produzenten, die für ihre Kunden sprechen, werden durch Abstimmungen oder Kaufentscheidungen mit der Realität konfrontiert. Helfer, die für Unmündige, Entmündigte oder mundtot gemachte Opfer sprechen, benötigen sehr viel mehr Selbstdisziplin, um der Verführung zu entgehen, eigenen Projektionen zu folgen.

Wer Sachlichkeit mit einer Parteinahme für die Täter verwechselt, schadet den Opfern, denen mit Versprechungen nicht gedient ist. Im Zweifel für den Angeklagten heißt *nicht*: im

Zweifel gegen das Opfer.* Wer so argumentiert, verläßt die Gewaltenteilung im Rechtsstaat. Der Richter entscheidet gegen eine Strafe, wenn die Beweise nicht ausreichen, um die Übel, welche durch die Tat ohnehin entstanden sind, nicht noch durch die Strafe für einen möglicherweise Schuldlosen zu vermehren. Wenn er einen Verdächtigen freispricht, heißt das keineswegs, daß er ein Opfer für schuldig erklärt. Im Gegenteil: Er schützt auch das Opfer vor dessen möglicherweise vorhandenen Wünschen nach blinder Rache. In solchen Kurzschlüssen der Argumentation spiegelt sich eine Größenphantasie engagierter Helfer, die von Standards der Gewaltenteilung nichts wissen wollen und einem gutgemeinten Modell der Lynchjustiz verfallen. Diese kann nur in einer filmisch geschönten Fassung** über ihre primitiven, im Faschismus neu belebten Qualitäten hinwegtäuschen.

Bei meiner Suche nach Gründen für die Irritation durch solche doch letztlich harmlosen Äußerungen bin ich in den Erinnerungen an meine Begegnungen mit therapeutischen Sekten fündig geworden. Was die Sektierer, von denen ich auf meiner Expedition in die Psycho-Szene einige aus der Distanz, zwei aber aus großer Nähe kennenlernte, zu einer traumatischen Erfahrung werden läßt, ist gerade ihre Stilisierung zum Über-Helfer, der unbedingt Bösewichte braucht, um endzulagern, was ihm mißlingt.

Während er selbst mit einer Ex-Patientin zusammenlebte, wurde einer dieser Gründer einer «neuen» Psychotherapie-

* Astrid Schreyögg, Liebe am Arbeitsplatz, in: Organisationsberatung, Supervision, Clinical Management 2, S. 73 f., 1995. Daß in einem durchaus um Differenzierung bemühten Artikel solche Bemerkungen stehenbleiben, belegt das irrationale Klima der Diskussion.
** Wie in «Ein Mann sieht rot» und seinen Nachfolgern.

schule nicht müde, die sexuellen Abstinenzverfehlungen seiner Schüler zu kritisieren oder mißliebigen Kollegen solche zu unterstellen. In Gruppen und Einzeltherapien seiner «Schule» war es üblich, die Eltern und manchmal auch die Ehepartner der Patienten massiv anzugreifen, sie zu entwerten und für alle Mängel der Anpassung an die hehre Gründergestalt und ihre Ziele verantwortlich zu machen. Das ist der Stil der Sekte: Ihrer Wurzeln beraubt, binden sich die Neulinge intensiver an die totalitäre Gruppe. Was verkündet wird, sind die neuen Kleider des Kaisers.

So habe ich gelernt, zwischen dem Schutz für Opfer und der Selbst-Stilisierung als Retter und ideale Elterngestalt zu unterscheiden, in der die Opfer nicht mehr als Subjekte ernst genommen, sondern ein zweites Mal funktionalisiert werden. Ein Helfer, der scheitert, kann eine Person voller Entwicklungsmöglichkeiten sein. Ein Helfer, der nicht scheitern darf, ist gefährlich. Er droht, zum Superhelfer zu werden. Wodurch könnte er sich besser beweisen als durch den Entwurf von Dämonen, die vor oder neben ihm als Eltern, Partner, Helfer-Rivalen eine böse Wirkung hatten? So macht er seine Schützlinge nicht frei von seiner Hilfe, sondern vertieft ihre Abhängigkeit. Er appelliert an ihre regressiven Bedürfnisse und Opferphantasien. Er muß sie enttäuschen, aber er kann die Wut geschickt ablenken auf andere und so eine Idealisierung genießen, die ihm ebenso schadet wie seinen Klienten, obwohl sie beiden unentbehrlich werden kann.

✳

Ich danke den Kolleginnen und Kollegen in der Münchner Arbeitsgemeinschaft für Psychoanalyse und in der Gesellschaft für analytische Gruppendynamik für zahlreiche Anregungen. Den größten Teil seines Wissens verdankt jeder Analytiker den Menschen, deren Namen er nie nennen darf: seinen Analysandinnen und Analysanden. Unersetzlich ist schließlich, wie immer in den letzten achtzehn Jahren, der Beitrag von Gudrun Brockhaus gewesen.

Einleitung

Er darf nicht die Szene des Hundewettrennens
mit ihr aufführen, bei dem ein Kranz von
Würsten als Preis ausgesetzt ist, und das ein
Spaßvogel verdirbt, indem er eine einzelne
Wurst in die Rennbahn wirft. Über die fallen
die Hunde her und vergessen ans Wettrennen
und an den in der Ferne winkenden Kranz für
den Sieger.*

Sigmund Freud verdeutlicht mit diesem Gleichnis in seinem klassischen Text zur Übertragungsliebe die Situation der erotischen
Abstinenzverletzung. Er versucht sozusagen, mit poetischen Mitteln eine Position zu gewinnen, in der er nicht nur das Preisgericht,
einer der Wettkämpfer oder ein Zuschauer ist, sondern in dem es
auch den Joker, den Spaßvogel gibt, der alles durcheinander-
bringt. Die einzelne Wurst ist die kleine, unerlaubte, verwirrende
sexuelle Befriedigung durch den Therapeuten.** Der Wurst-

---

* S. Freud, Bemerkungen über die Übertragungsliebe, Ges. W. X, S. 318.
** Ich spreche abwechselnd vom «Helfer», vom «Therapeuten» und vom
«Analytiker», wandere sozusagen vom Allgemeinen ins Spezielle und umgekehrt. Dieses Vorgehen soll den Bedürfnissen des nicht fachspezifisch an einer
psychoanalytischen Abhandlung interessierten Lesers entgegenkommen. Ich
verwende die analytische Situation, in der ich meine eigene Arbeit reflektiere
(obwohl nur eine Minderheit meiner Klientinnen und Klienten tatsächlich auf
der Couch liegt), als theoretisch gut fundiertes und mir in der Praxis wohlver-
trautes Paradigma, strebe aber nach Einsichten, die für alle helfenden Berufe eine

kranz ist die legal erworbene, große Befriedigung durch das Leben nach der erfolgreichen Therapie (dem Wettrennen). Die Stimmung der Metapher ist ironisch. Nehmt bitte nicht allzu ernst, was ich sage, drückt sie aus. Tut nicht so, als ob der Siegespreis und das Mittel der Verwirrung wesensverschieden wären. Unterstellt keine Tragik, sondern nur ein komisches Versagen in einer Veranstaltung, die bei allem leidenschaftlichen Interesse auch ein Spiel ist.

Mein gegenwärtiges Interesse an dem Thema der Abstinenz-Verletzungen hängt mit der Erforschung der Konsumgesellschaft zusammen. Sexuelles Agieren von Therapeuten ist die typische Auswirkung des «jetzt haben – später zahlen»-Prinzips im Bereich der helfenden Berufe. Was ihr Verhalten ihre Klientinnen und sie kostet, ist den Beteiligten im Augenblick des Agierens gleichgültig. Darüber, so scheinen sie sich zu sagen, können wir uns immer noch Gedanken machen, später; jetzt wollen wir unsere Grenzüberschreitung erst einmal genießen.

Diese Verblendung verbindet den Professionellen, der seine Aufgabe der kurzfristigen Befriedigung opfert, mit dem Schützling, der einen mühevollen Weg abkürzen will, ihn aber in Wahrheit verlängert. Sie weckt heute offensichtlich weit heftigere Aggressionen als früher, setzt Bemühungen der Berufsverbände und selbst des Gesetzgebers in Gang. In Freuds ironischer und entspannter Debatte der Übertragungsliebe ist die Gefahr einer Enttäuschungswut nur angedeutet. Und während sie sich heute darauf bezieht, daß der übergriffige Therapeut fürchten muß, für seinen Mißbrauch einer Abhängigen bestraft zu werden,

gewisse Gültigkeit haben und sich auch dazu eignen, die Situation des Helfers in der Konsumgesellschaft zu beleuchten. Alle Fallbeispiele sind so verschlüsselt, daß jede Ähnlichkeit mit realen Personen nur die Universalität der Problemsituationen beleuchtet.

werden in Freuds Untersuchung der Enttäuschungs- und Rache-aspekte eher die unliebsamen Folgen der professionellen Abstinenz als die einer Abstinenzverletzung betont.

Der heute als Mißbraucher von Kollegen und Opfern angegriffene Therapeut mußte damals weniger die Wut der Enttäuschten fürchten als die Selbstkritik, seine Aufgabe verraten zu haben. Und der Analytiker, der die Rache einer Verschmähten auf sich zog, erhielt eine Quittung für seine Unnachgiebigkeit.

Wie läßt sich dieser Paradigmenwandel erklären? Das gesellschaftliche Klima des Umgangs mit Helfer-Fehlern hat sich verändert. Das betrifft nicht nur die Mißbrauchs-Diskussion in der Psychotherapie, obwohl diese besondere Perspektiven eröffnet. Es entspricht einem Trend, der beispielsweise die Arbeitsweise in zentralen Bereichen der modernen Medizin erheblich beeinflußt. In dem Bestreben, sich abzusichern («defensive Medizin»), behandeln Ärzte nicht mehr nach dem Prinzip des größten Nutzens für den Patienten, sondern nach dem Prinzip des größten eigenen Schutzes vor Regreß-Ansprüchen. Nur ein naiver Betrachter wird behaupten, daß der Arzt, der sich maximal absichert, auch der ist, der am besten behandelt. Die Folgen sind z. B. in den USA bereits statistisch faßbar: Wo Anwälte besonders aktiv sind, unzufriedene Patienten für Schadensersatzprozesse zu gewinnen, sind nicht nur die Versicherungsprämien in schwindelnde Höhen gestiegen, sondern auch die Zahl der Entbindungen durch Kaiserschnitt hat sich dramatisch erhöht.

Die Fehler von Beziehungshelfern müssen deshalb besonders beachtet und gründlich erforscht werden, weil sie nicht in ähnlicher Weise objektiviert werden können wie die Fehler eines Chirurgen oder Geburtshelfers. Arbeit in emotionalen Beziehungen sollte immer kreativ, neuartig, nicht technisch vorgefertigt sein. Zur Professionalität des Therapeuten gehört es, daß er nicht in technischer Routine, sondern persönlich mit seinen

Klienten umgeht. Das bedeutet aber auch, daß er weniger Schutz vor Verstrickungen gewinnen kann, als das in anderen Berufen möglich ist.

Die moralische Entrüstung über Mißbrauch in der Therapie, die Dämonisierung des Täters drücken dringende Anliegen aus, ein komplexes Problem zu vereinfachen und einen unlösbaren Konflikt erst gar nicht aufkommen zu lassen. Sie sind ein Rückschritt gegenüber dem Stand der Diskussion, der in den «Bemerkungen über die Übertragungsliebe» bereits erreicht war, wo Freud bei aller Unnachgiebigkeit in der Sache doch immer wieder versucht, das Verständnis für diese widersprüchliche Situation voranzutreiben. Ein wesentliches Signal des Rückschritts ist die sprachliche Fassung: an die Stelle der Rede über eine agierte (Übertragungs-)*Liebe*, die ein weites Feld erschließt und nahelegt, daß hier so genau untersucht und mit so vielfältigen Verläufen gerechnet werden muß wie in den Liebesbeziehungen des Alltags auch, tritt als zentrales Modell der sexuelle *Mißbrauch*. Dieser Ausdruck stiftet eine Analogie zum *Gebrauch* und damit zum Hantieren mit Dingen. Damit wird unterstellt, daß die therapeutische Beziehung auf der Objektivierung des Patienten durch den Therapeuten besteht. Der Therapeut soll sozusagen eine (zugegeben komplizierte) Maschine nach Vorgabe korrekter professioneller Technik «behandeln» und reparieren.*

Ich glaube, daß auch sexueller Mißbrauch durch Helfer besser

---

* Interessanterweise kommen nicht wenige Klienten mit eben dieser Vorstellung, dem Wunsch nach einer Reparatur, analog dem Vorgehen des Chirurgen. Ein konkretes (freilich auch extremes) Beispiel: ein dreißigjähriger Mann leidet unter der Zwangsvorstellung, sein Penis sei zu klein. Er hat, ehe er eine Psychologin konsultierte, bei einem ausländischen Chirurgen aufgrund einer Anzeige in einer Illustrierten sein Glied operativ vergrößern lassen und dafür zehntausend Mark bezahlt; sein Sexualleben ist aber nicht befriedigender geworden. Er möchte jetzt psychotherapeutisch behandelt werden.

verstanden werden kann, wenn der Aspekt der Liebe nicht negiert wird. In den meisten Fällen, die ich genauer untersuchen konnte, hat zumindest eine, haben sehr häufig auch beide Seiten zunächst an eine Liebesbeziehung geglaubt. Gerade diese Qualität ist verführerisch, und nur wer sie untersucht, kann vielleicht einen Beitrag dazu leisten, den Schritt von der Liebesbeziehung zum Mißbrauch zu verhindern.

Mir scheint die Intoleranz mancher Wortführer unter den Psychotherapeuten, die so sehr gegen Freuds sanfte Ironie absticht, mit einem professionellen Ideal zusammenzuhängen, das in Abwehr der realen Probleme übersteigert wird. Wer noch lautstärker und heftiger verurteilt, wer noch radikaleres Einschreiten, noch härtere Strafen fordert, lenkt von einer Auseinandersetzung mit seiner eigenen Verführbarkeit ab und versucht, das Bild des gegen alle Versuchungen gefeiten Helfers hochzuhalten. So scheint das Getöse um die Täter die Opfer nicht zu schützen, im Gegenteil: es führt dazu, daß sich in diesem Schwarzweißbild alle auf die weiße Seite retten, denen nicht nachgewiesen werden kann, daß sie etwas Schwärzliches an sich haben.

In der Psychoanalyse ist nicht nur die Regression systematisch beschrieben und erforscht worden; sie bietet auch selbst gute Beispiele dafür, daß ein bereits erreichtes Niveau der Differenzierung immer durch Regressionen gefährdet bleibt. Während Technik und Naturwissenschaften ihren Differenzierungsgrad durch das feste Gerüst ihrer mathematischen Strukturprinzipien aufrechterhalten können, stehen Sozialwissenschaftler immer wieder vor der Tatsache, daß sie etwas für einen theoretischen Fortschritt gehalten haben, was in Wahrheit ein Rückschritt war.

Am deutlichsten ist dieser Prozeß in der Theologie, die an vielen Fronten mit fundamentalistischen Strömungen ringt; aber ähnliche Prozesse lassen sich in vielen anderen Bereichen nachweisen. Wo der Mensch im Mittelpunkt steht, ist die Gefahr der Regression allgegenwärtig. Das wollen oft jene Forscher nicht wahrhaben, die sich in einer Rivalität mit den Naturwissenschaften erleben.

Auch die Geschichte der Psychotherapie ist reich an Neuerungen, die darauf beruhen, primitivere Modelle an die Stelle von ausgearbeiteten zu setzen und dieses Vorgehen als Weiterentwicklung auszugeben. Ein solches primitives Modell dominiert gegenwärtig unsere Ausbildungsinstitute. Es ist die Vorstellung, daß Beziehungshelfer nach ihrem Pflichtprogramm an Selbsterfahrung, Technikseminaren und Supervision «fertig» sind und künftig alle beruflichen Probleme bewältigen werden.

Das naiv-pädagogische Modell von der gültigen Lösung des Widerspruchs zwischen Lust- und Realitätsprinzip tritt an die Stelle des analytischen Modells einer Unlösbarkeit und lebenslangen Auseinandersetzung. Freuds Gedanke, die Eigenanalyse der Therapeuten alle fünf Jahre erneut aufzunehmen und zu vertiefen, hat sich zu dem Fünfjahreschritt mutiert, nach dessen Überstehen der examinierte Analytiker Lehranalytiker werden kann. Zum pädagogischen Vorbild erstarrt, hat er es immer schwerer, sich selbst in Frage zu stellen und damit etwas zu tun, dessen Nutzen für andere zu beteuern er nicht müde werden darf.

Dieser Text über die Fehler von Helfern ist neben der Analyse der Ambivalenzen unserer Abstinenz-Vorstellungen auch ein Plädoyer für eine kollegiale Supervision, welche die gesamte Dauer unserer Berufsarbeit begleiten sollte und Raum für die Untersuchung persönlicher Verstrickungen gewährt, welche die Arbeit erschweren.

1
Die großen Folgen kleiner Störungen

> Sie hat von ihm die Überwindung des
> Lustprinzips zu lernen, den Verzicht auf eine
> naheliegende, aber sozial nicht eingeordnete
> Befriedigung zugunsten einer entfernteren,
> vielleicht überhaupt unsicheren, aber
> psychologisch wie sozial untadeligen.*

Unsere begrenzte Aufmerksamkeit und die Tatsache, daß Menschen psychisch sehr verletzlich sind und leicht in Panik geraten, führen im Störungsfall dazu, daß häufig das Wissen darum verlorengeht, wie umfangreich die Störung wirklich ist. Dann bestimmt sie das ganze Erleben. Vereinfacht gesagt: wer Zahnweh hat, dem wird in der Regel nicht mehr bewußt sein, daß er nur einen kranken, aber viele gesunde Zähne hat. Selbst wenn er daran denkt, muß er mit der bedrückenden Phantasie kämpfen, daß nach dem einen jetzt auch noch alle anderen Zähne anfangen werden, ihm Beschwerden zu machen.

Je stärker der ungestörte Verlauf idealisiert wird, desto schwieriger wird es, die Störung nicht nach dem Alles-oder-nichts-Prinzip zu erleben. Wem die leidenschaftliche Verliebtheit nicht erfüllt wird, der fühlt sich völlig beziehungsunfähig;

---

* S. Freud, Bemerkungen über die Übertragungsliebe, Ges. W. X, S. 319.

der Marathonläufer hält sich schon bei einer Knieverletzung für einen Krüppel, die dem Durchschnittsmenschen noch harmlos erscheint. Idealisierte Ämter übertragen solche Phänomene, in denen der kleinste Defekt die Untauglichkeit des Ganzen bewirkt, in die Öffentlichkeit. Ein hochrangiger Politiker soll angesichts einer harmlosen Lüge oder eines Irrtums über die Qualifikation eines Mitarbeiters zurücktreten.

Solche Vergehen würden jedem, der nicht so viele positive wie negative Idealisierungen auf sich zieht, mit Leichtigkeit verziehen. Den Betrachter muten solche Ereignisse oft sehr irrational an. Wie kommt es, daß sozusagen ein winziger Bruchteil an Kompetenzmängeln die große Menge ungestörter Kompetenzen im Bewußtsein der Öffentlichkeit auszulöschen scheint? Darüber hinaus wirken die Opfer, die über eine solche Kleinigkeit gestolpert sind, in ihrer Betrachtung der Situation ebenfalls sehr unsicher. Sie scheinen selbst an sich zu zweifeln, obwohl doch deutlich ist, daß sie neben dem kleinen Fehlverhalten eine quantitativ unendlich größere Menge richtiger Entscheidungen getroffen haben.

Die öffentliche Meinung arbeitet hier mit einem höchst naiven Modell von Glaubwürdigkeit und Funktionstüchtigkeit, das sie, aller psychologischen Einsicht trotzend, durchsetzen kann. Dieses naive Modell betrifft das Zustandekommen von Leistungen wie moralische Integrität und Zuverlässigkeit. Sie werden im Sinn von einfachen Charaktereigenschaften verstanden, die entweder «da sind» oder «fehlen»; wer sie hat, ist gut und glaubwürdig; wem sie mangeln, ist unwürdig.

In sozialen Zusammenhängen, die von Rivalität bestimmt sind, ist diese naive Psychologie deshalb besonders beliebt, weil sie es erlaubt, den Gegner im Wettkampf um die Idealisierung zu schlagen. Für diese narzißtische Perspektive gibt es keine Kleinigkeiten; außerdem wird in ihr nicht unterschieden, ob der unterstellte Mangel nun wirklich vorhanden ist oder nur im Gerücht. Die Marketingabteilung eines Automobilkonzerns wird Verleumdungen, daß ein bestimmtes Modell schlecht verarbeitet ist, fast mit derselben Sorgfalt behandeln wie tatsächliche Mängel, denn beide beeinflussen die Kaufentscheidungen.

Da wir in der Konsumgesellschaft fast jeden Tag ohne genaue Kenntnis zwischen verschiedenen Waren, Dienstleistungsanbietern, Politikern entscheiden müssen, ist diese Orientierung an einem irgendwo aufgeschnappten, eigentlich belanglosen Merkmal von großer Bedeutung für unser Handeln. Irgend jemand, der irgendwen kennt, der den Politiker A. kannte, hat gesagt: ein guter Mann. Und weil wir sonst nichts haben, an das wir uns halten können, halten wir uns daran. Ein Patient von Doktor X. soll an einem Behandlungsfehler gestorben sein. Also gehen wir zu Dr. Y.

Wer nun, wie Dr. X., von einem solchen Gerücht erfährt, ist in einer unangenehmen Lage. Er leidet erheblich unter diesem Rufmord, fühlt sich vielleicht in seiner wirtschaftlichen Existenz gefährdet, zergrübelt sich in schlaflosen Nächten den Kopf, welchen Fall denn die Gerüchtebildner gemeint haben könnten, ob er juristische Schritte unternehmen kann, wer dahintersteckt.

2

Die Gefahren der Idealisierung

> Nein, im ärztlichen Handeln wird neben der
> medicina immer ein Raum bleiben für das
> ferrum und für das ignis, und so wird auch die
> kunstgerechte, unabgeschwächte
> Psychoanalyse nicht zu entbehren sein, die sich
> nicht scheut, die gefährlichsten seelischen
> Regungen zu handhaben und zum Wohle des
> Kranken zu meistern.*

In den helfenden Berufen scheinen Gerüchte und mit ihnen verknüpfte Entwertungen besonders verbreitet. Vorurteile bilden
sich blitzschnell und scheinen unvermeidlich, weil es sich um ein
komplexes, unübersichtliches Feld handelt, in dem nicht immer
abgewartet werden und gründliche Information gewonnen werden kann, ehe Entscheidungen erfolgen. Diese Dynamik hängt
wahrscheinlich damit zusammen, daß in vielen Bereichen der
helfenden Berufe Idealisierungen eine große Rolle spielen und es
gar nicht leicht ist, sie einzugrenzen und zu versachlichen. Ein
Maschinenbauingenieur oder ein Dachdecker können ihre Qualitäten wie ihre Grenzen objektivieren; es ist genau erkennbar,
welche Teile ihrer Maschine funktionieren, wo ihr Dach dicht ist
und wo es noch Regenwasser eindringen läßt. Wenn eine Stelle

* S. Freud, Bemerkungen über die Übertragungsliebe, Ges. W. X, S. 321.

undicht ist, entwertet das nicht den Rest, sondern fordert eine gezielte Reparatur.

Ein Gymnasiallehrer mag ein halbes Jahr lang einen Schüler angemessen gefördert haben; weil er dann aber einen harschen Tadel ausgesprochen oder ihm den Eindruck ungerechter Behandlung gemacht hat, ist diese ganze Leistung wie weggeblasen. Er bleibt dem Schüler in unerfreulicher Erinnerung.

Noch ausgeprägter ist diese Situation bei Psychotherapeuten. Hier gehört es geradezu in die Arbeit, die Idealisierung auf sich zu ziehen, sie aufzubauen, sie zu verwenden (in den suggestiven Methoden) oder aber durch Einsicht in ihre Gesetze auch wieder abzubauen (in den psychoanalytischen Verfahren).

Die Idealisierungsbedürfnisse der Menschen sind mit der oben angesprochenen Anfälligkeit für Panik, Orientierungslosigkeit und Verzweiflung verknüpft. Sie stammen aus dem kindlichen Bedürfnis nach einem Erwachsenen, der nährt, schützt, dessen Stärke im Bewältigen der Realität Vorbild und eigene Orientierung sein kann. In der normalen Entwicklung werden diese Bedürfnisse schrittweise und milde so enttäuscht, daß ein wohlwollendes Elternbild erhalten bleiben kann und die selbständige Bewältigung der Realität zu einer relativ stabilen psychischen Kompetenz wird.

Erfolgt die Enttäuschung abrupt, etwa in einer Mischung aus Verwöhnung und Rücksichtslosigkeit, kommt eine angemessene Idealisierung gar nicht zustande (wie bei manchen Kindern in Säuglingsheimen), oder endet sie traumatisch durch den Tod des idealisierten Elternteils, bleiben starke, unabgesättigte, sozusagen gierige Idealisierungsbedürfnisse bestehen. Sie knüpfen sich in vielen Fällen an die sexuellen Wünsche und führen dazu, daß die Abhängigkeit vom Gegenstand erotischer Wünsche einen Speicher kindlicher Idealisierungssehnsucht und Enttäuschungswut anzapft.

Solche Entwicklungen und die aus ihnen folgenden seelischen Konflikte sind allen Psychotherapeuten wohl vertraut. Ihre Klienten sind sehr häufig in ihren Fähigkeiten beeinträchtigt, selbständig die Anforderungen der Realität zu bewältigen, zu ihren Wünschen zu stehen, Liebe und Haß zu lenken und angemessen auszudrücken. Sie suchen im Therapeuten ein steuerndes Objekt, das sie idealisieren können, das ihnen erlaubt, zu ihren eigenen Wünschen zu stehen und diese nicht als so zerstörerisch und gefährlich zu erleben wie bisher. Der Therapeut sollte das wissen und die Zusammenarbeit so gestalten, daß die Idealisierung im konstruktiven Bereich bleibt. Das ist jedoch leichter gesagt als getan.

Die psychoanalytische Regel dazu lautet etwa so: Die positive Übertragung wird zugelassen, gefördert und erst dann bearbeitet, wenn sie so übermächtig geworden ist, daß sie den therapeutischen Prozeß beeinträchtigt. Die negative Übertragung wird sogleich aufgegriffen. Da mit «Übertragung» die Wiederholung einer kindlichen Beziehung gemeint ist, hat sie immer auch Züge der positiven oder negativen Idealisierung, der Überschätzung im Guten wie im Bösen.

Da in der Idealisierung große Macht zugeschrieben wird, übt dieser Prozeß auch Macht aus. Es ist faszinierend, idealisiert zu werden, weil dadurch eigene Ängste und Unsicherheiten fast ebenso verringert werden, wie es geschieht, wenn ein idealisiertes Objekt gefunden wurde. Bekannt ist, daß sich Demagogen oder Schauspieler, die längere Zeit nicht mehr von einem Publikum gefeiert wurden, niedergedrückt und nutzlos fühlen. Sie brauchen das «Bad in der Menge», wie es Dagobert Duck braucht, in seinen Dukaten zu baden: beide verschmelzen mit einer idealisierten und idealisierenden Umgebung. Sie fühlen sich dadurch sicherer.

3
Übertragungsliebe, Übertragungshaß

> Anderseits ist es eine peinliche Rolle für den
> Mann, den Abweisenden und Versagenden zu
> spielen, wenn das Weib um Liebe wirbt, und
> von einer edlen Frau, die sich zu ihrer
> Leidenschaft bekennt, geht trotz Neurose und
> Widerstand ein unvergleichlicher Zauber aus.*

Aus den genannten Gründen wird deutlich, daß die Idealisierung des Helfers ebenso mächtig wie gefährlich sein kann. Im guten Fall gibt sie Kraft, Depressionen zu überwinden und Entscheidungen zu treffen, sich dem bisher Gemiedenen auszusetzen und es mit inzwischen gewonnenen Kräften zu bewältigen. Aber dieser Prozeß ist sensibel, die Gefahr, daß er scheitert, ist stets präsent.

Unter den Gefahren ist zunächst das Umschlagen der Idealisierung von Verehrung in Haß zu nennen. Es tritt ein, wenn eine positive Idealisierung nicht aufrechterhalten werden kann, sei es, daß der Klient selbst sich überfordert hat und nun im Zusammenbruch der Erwartungen an die eigene Person auch den idealisierten Therapeuten vernichtet sieht, sei es, daß er ihn haßt, weil er ihn nicht immer und überall begleitet und schützt, son-

---

* S. Freud, Bemerkungen über die Übertragungsliebe, Ges. W. X, S. 319.

dern bequem in seinem Behandlungszimmer bleibt, während sich der Klient doch den Unannehmlichkeiten der Welt stellen muß.

Die Übertragungsliebe ist in jedem Fall eine Begleiterscheinung der Idealisierung; sie ist ihr stärkster Ausdruck und zugleich ihr größtes Risiko, weil sie an mächtige irrationale Wünsche appelliert, die auch der Therapeut niemals ganz verarbeitet und bewältigt hat. Unsere Sexualität gleicht immer einem Palimpsest: die Schrift der kindlichen Wünsche bleibt unter der Schrift einer erwachsenen Leidenschaft erhalten. Wenn beispielsweise der Gegenstand unserer Liebe anwesend ist, fühlen wir uns ihm auf einer erwachsen-erotischen Ebene verbunden; ist er aber nicht zugegen, überfallen uns kindliche Verlustängste und Haßtiraden.

Wenn es gelingt, solche Zusammenbrüche der Idealisierung zu bearbeiten, weil sich Reste einer mild positiven Übertragung erhalten und pflegen lassen («Arbeitsbündnis» ist ein zweckrationales Wort für diese Situation), dann haben Analytiker und Analysand gewonnen. Wenn nicht, wird die Zusammenarbeit unerträglich. Der Analysand bricht ab, der Analytiker erscheint ihm ebenso unfähig wie diesem der Analysand unanalysierbar, psychotisch, frühgestört und so weiter.

Eine zweite Gefahr ist die psychotische Übersteigerung der Idealisierung, eine dritte der Mißbrauch einer Idealisierung. Wenn die Idealisierung wahnhafte Züge annimmt, ist ein therapeutischer Prozeß sehr erschwert, weil sich die Basis drastisch verschmälert, auf der die Realität geprüft und eine Entwicklung vollzogen werden kann.

Die Übertragungsidealisierung wird zum Wahn, wenn in der Klientin jede Distanz zu ihrem Erleben verschwindet. Sie entdeckt den Analytiker überall, er sendet ihr Botschaften durch die Television und drückt seine Liebe durch Manipulationen des Inhalts der Tageszeitung aus. Die Sitzungen selbst werden immer schwieriger, weil die Klientin durch ein komplexes System den Analytiker in ihren Wahn einbaut und zugleich ausschließt. Sie kann den Wahn nicht besprechen, aber außer ihm fällt ihr nichts ein. So schweigt sie oder ergeht sich in Andeutungen. Sie hofft, daß demnächst der Analytiker, der doch unsterblich in sie verliebt ist, sich zu diesen Gefühlen offen bekennen wird, ist aber überzeugt, daß er jetzt noch, aus Rücksicht auf seine berufliche Rolle, auf seine oder ihre Ehe, schweigen muß.

Wenn eine Idealisierung derart übersteigert wird, gerät der Analytiker in eine schwierige Situation. Wenn er sich entzieht, wird dieses Verhalten ebenso wahnhaft gedeutet, wie wenn er verfügbar bleibt. Selbst wenn es ihm gelingt, aus der gewährenden, den Ausdruck von Gefühlen fördernden Haltung, die ihm üblicherweise zur beruflichen Einstellung geworden ist, in eine konfrontierende, strenge und eng an der Realität orientierte Haltung überzuwechseln, kann die Klientin diesen Wechsel als Prüfung ihrer Liebe idealisieren und gerade dann an ihrem Wahn festhalten, wenn sie energisch auf ihn hingewiesen wird.

Der Analytiker soll nach seinem professionellen Credo die Idealisierung weder stützen noch aktiv zerstören, weder ausbeuten noch moralisierend bekämpfen. Er soll sie schrittweise und rücksichtsvoll auflösen. Aber dieser Gestus führt in dem beschriebenen Szenario dazu, daß der Analytiker denkt, wenn er sich nach dieser professionellen Regel der Analyse verhält, seiner wahnkranken Patientin zu schaden, und wenn er sich dieses Verhalten verbietet, ihr ebenfalls zu schaden.

Die Überweisung zu einer Kollegin ist dann das kleinste Übel. Doch ist leider damit zu rechnen, daß die Kranke den Wahn anziehender findet als seine Auflösung und der Therapeut in ein seelisches Geschehen verstrickt wird, das er nicht überblicken, geschweige denn beherrschen kann und für das ihn die Umgebung der Kranken zum Sündenbock macht.*

Solche Ereignisse sind glücklicherweise sehr selten. Aber es scheint mir eine Illusion, daß es gelingen kann, sie immer zu vermeiden. Die psychotische Entwicklung ist ein existenzielles Risiko, gegen das es keine Versicherung gibt; die analytische Theorie, welche uns belehrt, wie gefährdet und komplex die Durchsetzung des Realitätsprinzips immer bleiben muß, mag es erleichtern, solche Risiken zu akzeptieren, hilft uns aber nicht, sie technisch zu bewältigen.

Nachdem ich selbst als Anfänger mit einer wahnhaften Übertragung konfrontiert war und nach diesem Ereignis zwanzig Jahre ungestört davon blieb, schmeichelte ich mir, ich sei doch durch meine gewachsene Erfahrung in der Lage, solchen Prozessen auszuweichen. Aber ich wurde eines Besseren belehrt. Ich mußte erkennen, daß die größere Erfahrung keinen Schutz vor dem Auftreten einer solchen Störung bietet, sondern allenfalls den Umgang mit ihr ökonomisieren hilft. Das heißt konkret: ich brach den Versuch, einen Wahn analytisch zu bearbeiten, diesmal weit schneller ab, ohne jedoch meinen Zweifel zum Schweigen zu bringen, ich hätte dies aus Bequemlichkeit getan und meine analysetechnischen Argumente seien Rationalisationen.

* In harmlosen Fällen beschränken sich die Aktivitäten der Wahnkranken auf Briefe, die über viele Jahre hin trotz aller Abmahnungen eintreffen. Sind die aggressiven Tendenzen stärker, kommt es zu regelrechtem Telefonterror oder zu Versuchen, den «schuldigen» Therapeuten juristisch zu verfolgen (z. B. wegen Vernachlässigung seiner Aufklärungspflicht: er hätte vor der Therapie auf die Gefahr hinweisen müssen, daß sich ein Wahn entwickeln könne). Mir ist sogar eine Gerichtsverhandlung bekannt geworden, in der die entsprechende Klage einer Wahnkranken verhandelt (und abgewiesen) wurde.

4

Die Verletzung der Abstinenz

Die Kur muß in der Abstinenz durchgeführt
werden; ich meine dabei nicht allein die
körperliche Abstinenz, auch nicht die
Entbehrung von allem, was man begehrt,
denn dies würde vielleicht kein Kranker
vertragen. Sondern ich will den Grundsatz
aufstellen, daß man Bedürfnis und Sehnsucht
als zur Veränderung treibende Kräfte bei der
Kranken bestehen lassen und sich hüten muß,
dieselben durch Surrogate zu beschwichtigen.
Anderes als Surrogate könnte man ja nicht
bieten, da die Kranke infolge ihres Zustandes,
solange ihre Verdrängungen nicht behoben
sind, einer wirklichen Befriedigung nicht fähig
ist.*

Durch die Idealisierung gewinnt der Therapeut Macht. Wer
Macht erhält, gerät immer in Versuchung, sie zu mißbrauchen.
In der Therapie bedeutet das, Macht zu anderen Zwecken einzusetzen als zum Wohl des Klienten. Die Grenzen, innerhalb derer
sich der Helfer bewegen soll, werden durch seine Ausbildung
vorgeformt und während seiner Arbeit durch seine berufliche

---

* S. Freud, Bemerkungen über die Übertragungsliebe, Ges. W. X, S. 313.

und persönliche Entwicklung verändert. Es werden sogar Reglements diskutiert, in denen ein Analytiker bereits als wenig abstinent gilt, wenn er Analysen in seiner Privatwohnung durchführt oder das Behandlungszimmer mit den Bildern schmückt, die ihm gefallen.

In der Geschichte der Psychoanalyse wurde die Abstinenz vor allem im Zusammenhang mit der «aktiven Analyse» diskutiert, die Sándor Ferenczi vorschlug und von der Freud urteilte, sie lasse die analytische Therapie zur Petting Party entgleisen. Ferenczi berichtete von Experimenten, mit Analysandinnen Zärtlichkeiten auszutauschen, mit ihnen in Urlaub zu fahren, ihnen gegenüber eigene Gefühle bloßzulegen («wechselseitige Analyse»).*

Es ist zu erwarten, daß Patientinnen, die an der Möglichkeit zweifeln, daß eine idealisierte männliche Gestalt ihnen wirklich positiv zugewandt ist, immer deutlichere Liebesbeweise fordern und schließlich die Therapie völlig entwerten, wenn ihnen nicht Zärtlichkeit oder erotische Erfüllung gewährt wird. In dieser Situation ist es für den Analytiker niemals einfach, unbeeinträchtigt zu seiner Arbeit zurückzufinden. Die Theorie sagt, daß erotische Erfüllung den therapeutischen Prozeß lähmt. In der Praxis meint der Analytiker nur die Wahl zu haben, entweder ganz aufzugeben oder sich auf ein Experiment einzulassen, das ihm über den Kopf wächst.

Eine sexuelle Beziehung ist in der Gesellschaft kein neutraler Akt, sondern intensiv geregelt und zwischen Personen, die in einem beruflichen Abhängigkeitsverhältnis stehen, durch professionelle Normen und in manchen Fällen auch gesetzlich verboten. Der Analytiker, welcher in dieser Weise seine Abstinenz verletzt, beraubt sich selbst seiner beruflichen Integrität. Er hat

---

* Ferenczis eigenes Liebesdrama wird auf S. 276 ff. genauer untersucht.

auf die Idealisierung, die ihm entgegengebracht wird, mit einer Idealisierung der Patientin geantwortet, die ihn blind macht für die Ambivalenz solcher Verhältnisse. Er rechnet dann nicht mehr damit, daß diese sich, wenn sich ihre Idealisierung trübt, im Stich gelassen fühlt. Sie tut das, weil sie bitter enttäuscht ist. Sie wünschte sexuelle Befriedigung als Krönung ihrer verliebten Idealisierung, erkennt nun aber, daß sie den bewunderten Analytiker verloren und ihn gegen nicht mehr als eines der problematischen Verhältnisse getauscht hat, die ihr Leben bisher geprägt haben.

Diese Szene bezieht sich auf eine Interaktion der Idealisierungen in der Therapie. Es kann aber auch sein, daß der Analytiker seinerseits sich verliebt und aktiv eine Patientin verführt, weil sie ihm gefällt und er die Grenzen seiner professionellen Ethik nicht wahrnimmt. Extremfälle moralischen Versagens sehen so aus, daß ein Therapeut die Schäferstunden mit einer Patientin in seinen Abrechnungsbogen einträgt und sich von ihrer Krankenkasse dafür bezahlen läßt.

Während kein Zweifel daran herrscht, daß dieses Verhalten illegal ist und den Tatbestand des Betrugs erfüllt, scheint es sehr schwierig, Kriterien zu finden, die ein erotisches Verhältnis nach dem Ende einer Therapie betreffen. Ein rigoroser Standpunkt besagt, daß die Idealisierung niemals völlig verschwindet und daher nie ein Kontakt möglich sein wird, in dem Ex-Patientin und Ex-Analytiker wirklich partnerschaftlich miteinander umgehen. Ein anderes Modell geht davon aus, daß erwachsene Menschen über ihre Sexualität nach der Beendigung professioneller Abhängigkeitsverhältnisse frei entscheiden können und daher moralisch nichts einzuwenden ist, wenn ein Analytiker seine Behandlung beendet und – sich selbst als Privatperson definierend – der Privatperson seiner einstigen Analysandin entgegentritt.

Da es sich um ein Problem handelt, das im Rahmen von Psychotherapien entsteht, könnten wir versuchen, spezifisch psychotherapeutische Umgangsformen damit zu entdecken. Aus therapeutischer Sicht scheinen weder die rigorose noch die laxe Regelung angemessen. Beide versuchen, was unmöglich ist: ein Urteil zu fällen, ohne die Dynamik der jeweils ausgeformten Beziehungen zu kennen. Von unserem analytischen Wissen her ist jedenfalls soviel deutlich, daß wir weder davon ausgehen können, daß sechs Monate nach Ende einer Therapie alle Übertragung dahingeschmolzen ist, noch mit Sicherheit wissen, ob unzuträgliche Idealisierungen verhindern, daß die Liebesbeziehung zwischen einem Analytiker und seiner von ihm abgenabelten Analysandin gelingen kann.

Wer aber soll diese Dynamik erkennen, wenn es die Beteiligten selbst nicht vermögen, weil sich der bisherige Analytiker seines Amtes entkleidet hat, ohne daß er als gleichberechtigter Partner bereits wirklich glaubwürdig geworden ist? Eine Lösung wäre eine gemeinsame Beratung bei einem vertrauenswürdigen Kollegen; eine andere der gemeinsame Entschluß, sich das Ende der Abstinenz nicht leicht zu machen, sondern Zeit zu gewinnen, eine Art Trauerjahr zu halten und dann zu sehen, wie die wechselseitigen Gefühle sich entwickelt haben. Wir müssen in jedem Fall davon ausgehen, daß der Abbau einer Idealisierung und der Gewinn von Gleichberechtigung zwischen Therapeut und Patient weder immer unmöglich noch in allen Fällen erreichbar sind. In psychotherapeutischen Gesellschaften wird gegenwärtig eine «um – zu» Regel diskutiert. Sexuelle Beziehungen auch nach dem Abschluß einer Therapie sind als Mißbrauch zu bewerten, wenn die Therapie abgeschlossen wurde, *um die intime Beziehung zu beginnen.*

Der außenstehende Supervisor könnte erkennen, ob die Idealisierung des Therapeuten und die Abhängigkeit der Patientin bereits reflektiert und in ihrem Gefahrenpotential für eine erotische Alltagsbeziehung erkannt wurden oder ob diese Risiken in wechselseitiger Schwärmerei verleugnet werden.

Ich muß gestehen, daß ich eine solche Beratung bisher noch nicht durchgeführt habe, aber ich halte es doch für eine sinnvolle Einrichtung, sie anzubieten und an diese Möglichkeit zu denken.

5

Die Ambivalenz der Abstinenz

> Unzweifelhaft ist die geschlechtliche Liebe
> einer der Hauptinhalte des Lebens und die
> Vereinigung seelischer und körperlicher
> Befriedigung im Liebesgenusse geradezu einer
> der Höhepunkte desselben. Alle Menschen bis
> auf wenige verschrobene Fanatiker wissen das
> und richten ihr Leben danach ein; nur in der
> Wissenschaft ziert man sich, es zuzugestehen.*

Der Begriff der Abstinenz stammt aus dem Latein. Abstinentia
bedeutet Enthaltung. Freud meinte mit seinem Satz «Die Kur
findet in der Abstinenz statt» vor allem die Abstinenz des Patienten von Ersatzbefriedigungen. Nur wer ihn mißverstehen wollte,
faßte das so auf, als gelte während der Analyse ein Sexualverbot.
Wesentliche und während der Analyse zu meidende Ersatzbefriedigungen sind betäubende Drogen und Alkohol, aber auch
Nebenanalysen (der Patient bespricht seine Träume und Einfälle
mit einem Dritten, zum Beispiel dem Ehepartner) und sympto-
matische Befriedigungen. Hier fällt das Abstinenzgebot mit dem
Gebot zusammen, phobische Vermeidungen möglichst einzuschränken. Der Angstkranke soll zum Beispiel ohne Begleitper-

---

* S. Freud, Bemerkungen über die Übertragungsliebe, Ges. W. X, S. 319.

son in die Analyse kommen, auch wenn ihm das schwerfällt; der Prüfungsneurotiker soll sich der Prüfung stellen, auch wenn er fürchtet, ohnmächtig zu werden, und so weiter.

Die Abstinenz des Analytikers richtet sich ebenfalls dagegen, daß er dem Analysanden Ersatzbefriedigungen gewährt. Er soll ihm die Befriedigung anderer Bedürfnisse als jene verweigern, die unmittelbar oder mittelbar der Einsicht in die eigene Psyche dienen. Ein eigenes Sexualtabu auszusprechen, hat Freud zunächst für unnötig gehalten. Er beläßt es bei dem bereits zitierten Vergleich der Befriedigung sexueller Wünsche während einer Analyse mit dem Verhalten eines Spaßvogels, der bei einem Hunderennen einen Kranz Würste auf die Bahn wirft.

Freud spricht so, als sei die Sexualität zwischen Analytiker und Analysandin eine lästige Störung auf dem Weg zum Ziel, ein technisches Versagen. Heute finden sich Aussagen, dasselbe Ereignis, das Freud mit einem hinderlichen Zwischenfall oder der Niederlage in einem Ringen gegen die Neurose verglich, sei schlimmer als Inzest. Die klassische Auffassung der Analyse, wonach die Wiederholung einer kindlichen Erfahrung durch den Erwachsenen Korrekturmöglichkeiten erschließt, wird sozusagen umgekehrt. Theoretisch ist das schwer zu begründen. Dieser Versuch wird allerdings in den moralischen Exzessen auch gar nicht unternommen. Zu fragen wäre immerhin, mit welcher Begründung der erwachsenen Analysandin unterstellt wird, sie sei durch den sexuellen Übergriff der imaginierten Eltern-Instanz stärker verletzbar als ein Kind durch den Übergriff der realen.

Wenn gegenwärtig nicht mehr von einer Verletzung der Abstinenz durch sexuelle Befriedigung, sondern von sexuellem Mißbrauch gesprochen wird, dann scheint mir das mit einer wiedergewonnenen Dominanz der therapeutischen Pädagogik gegenüber der therapeutischen Analyse zusammenzuhängen.

Ich meine damit, daß in der Pädagogik auf *Werte* hingearbeitet werden soll, während es in der Analyse um *Erkenntnis* der Ambivalenz geht.

In einem Mißbrauchskonzept wird eine pädagogisch-juristische Unterscheidung von Täter und Opfer zugrunde gelegt, während es in einem analytischen Konzept eher um die wechselseitige Befriedigung oder Schädigung geht. Vorformulierte Urteile sind in Pädagogik und Jurisprudenz nicht nur zulässig, sondern auch notwendig. In der Analyse sind sie nicht notwendig, mögen aber manchmal zulässig sein, wenn es darum geht, Schaden zu verhindern. Freuds Befriedigungskritik geht mit der modernen Mißbrauchskritik insofern konform, als sie die sexuelle Aktion während der Analyse ablehnt. Aber sie enthält den Ansatz für ein Verständnis der Interaktion, das über eine Täter-Opfer-Schematisierung hinausgeht.

In das begriffliche Umfeld der Abstinenz gehören noch einige Ausdrücke, die hier kurz erläutert werden sollen:

1. *Neutralität* des Analytikers, der sich üblicher Werturteile enthalten soll und in der Art eines Unparteiischen dem Spiel (und Kampf) zwischen den Trieben und der Zensur einen «wohlgeschliffenen Spiegel» (Freud) entgegenhält.

2. *Indifferenz* des Analytikers im Sinne der «gleichschwebenden Aufmerksamkeit», die nicht gezielt nach bestimmten Inhalten (auch nicht nach denen, welche die Theorie erwarten läßt) Ausschau hält, sondern ohne Unterschied (sine differentia) alle Einfälle gleich aufmerksam betrachtet.

3. *Präsenz* des Analytikers im Sinne eines wachen, möglichst intensiven und auch dem Analysanden vermittelten Interesse für dessen seelische Inhalte, für seine Phantasien, seine Gegenwart, seine Zukunft, auch sein Wohlergehen.

Zur Verdeutlichung dieser Begriffe beschreibe ich auch ihre Gegensätze. Der Gegensatz zur *Abstinenz* ist die *Befriedigung* eigener Wünsche des Analytikers auf Kosten der Arbeit mit dem Analysanden. Die Idealisierung kann dann mißbraucht* werden, um dem Patienten einzureden, es sei etwas gut für ihn, was ihm schadet. Der Gegensatz der *Neutralität* ist die *Parteilichkeit* des Analytikers, der nicht mehr aus der Distanz eines Richters nach Orientierungen für sich und den Patienten über die Konflikte zwischen Zensur, Triebwunsch und Realität sucht, sondern für eine Seite Partei ergreift.

In gewisser Weise ist auch der neutrale Helfer Anwalt seines Klienten. Er wird, wenn zum Beispiel eine Frau bei ihm in Behandlung ist, es ablehnen, ihren Ehepartner zu beraten oder ihrem Arbeitgeber Auskünfte zu geben. Aber Aussagen wie: «Ihr Mann ist wirklich ein Lügner» erfüllen die analytische Aufgabe weniger als Aussagen wie: «Ich frage mich, warum Sie nach diesen Vorerfahrungen immer noch glauben, daß Ihr Mann nicht mehr trinken wird, wenn er es Ihnen verspricht.»

«Parteiische Therapie» wird heute in bestimmten Problemfeldern (mißbrauchte Kinder, vergewaltigte Frauen) angeboten, um Situationen zu bewältigen, in denen ein deutliches Machtgefälle eine unparteiische Haltung erschwert. Vom professionellen Standpunkt des Analytikers ist die situative Parteinahme von einer ideologischen zu unterscheiden. Situative Parteinahme ist immer dann notwendig, wenn eine wesentliche Stimme zu schwach ist, um sich zu formulieren (also etwa in Fällen von

---

* Der Therapeut kann die Idealisierung mißbrauchen, indem er vom Patienten etwas fordert und erhält, was diesem unbekömmlich ist. Umgekehrt kann auch der Patient die Idealisierung mißbrauchen, indem er vom Therapeuten etwas fordert, was dieser nicht geben kann, und dann seine Wut an ihm ausläßt, weil er es nicht erhalten hat. Und da es sich in der Realität um zwei miteinander kommunizierende Menschen handelt, kann es sich bei jeder Aussage auch um eine Projektion oder um ein Täuschungsmanöver handeln, das eigene narzißtische Interessen legitimiert.

43

Kindsmißbrauch), oder aber eine starke Traumatisierung das Ich unfähig macht, selbst Distanz zu irrationalen Schuldgefühlen zu gewinnen (wie angesichts der Selbstvorwürfe nach einer Vergewaltigung). Aber es gehört zum analytischen Umgang mit Parteilichkeit, auch über diese Position zu reflektieren und danach zu streben, sie wieder zu überwinden, wenn das Ich des Analysanden sich hinreichend kräftigen läßt.

Gegensatz der Indifferenz ist die *Ideologie* des Therapeuten, eine weltanschauliche Haltung, welche sich selbst Unfehlbarkeit zuschreibt und von einer unangreifbaren Position aus über unterlegene und angreifbare Werte oder Glaubenshaltungen anderer urteilt. Diese Ideologie soll im Rahmen der analytischen Methode der freien Einfälle bereits in ihren unbewußten Formen als Verzerrung und Einseitigkeit der Wahrnehmung zurückgedrängt werden. Die analytische Gesellschaftskritik ist eine Hilfe in dieser Richtung.

6

Gegenseitigkeit in der Therapie

> Diese Situation hat ihre peinlichen und
> komischen Seiten wie ihre ernsthaften; sie ist
> auch so verwickelt und vielseitig bedingt, so
> unvermeidlich und so schwer lösbar, daß ihre
> Diskussion längst ein vitales Bedürfnis der
> analytischen Technik erfüllt hätte. Aber da wir
> selbst nicht immer frei sind, die wir über die
> Fehler der anderen spotten, haben wir uns zur
> Erfüllung dieser Aufgabe bisher nicht eben
> gedrängt.*

In der Regel wird die Frage der Abstinenz so diskutiert, als ginge
es hier ausschließlich um Bedingungen, welche dem Wohl der
Patientin oder des Patienten dienen. In einer eher traditionell-
expertenhaften als analytisch-interaktionellen Auffassung erscheint das Patientenwohl als würdiger Gegenstand der Aufmerksamkeit, während in Hinsicht auf das Wohl des Helfers der
Wirksamkeit des menschlichen Egoismus naiv vertraut wird.
Man muß ihm nur verbieten, sich zu sehr zu vergnügen; den Rest
wird er schon in die Wege leiten.

Demgegenüber gebietet ein konsequentes Verständnis der
Analyse, auch das Wohl des Analytikers zu beachten. Gewiß

* S. Freud, Bemerkungen über die Übertragungsliebe, Ges. W. X, S. 306 f.

nicht, um es gegen das Wohl des Patienten durchzusetzen, sondern um jene alte, in diesem Zusammenhang vielleicht plump
wirkende Bauernregel zu beachten, daß die gut gefütterte Kuh
mehr Milch gibt. Die Art, wie sich die Abstinenz gestaltet, sollte
auch damit zusammenhängen dürfen, welche spezifischen Befriedigungen der Helfer braucht. Wenn er sich in seiner Arbeit
wohl fühlt, arbeitet er besser. Wenn er sich unwohl fühlt, brennt
er schneller aus. Wenn es nicht anders geht, muß er akzeptieren,
daß er Belastungen erträgt, um seiner Sorge für den Patienten
nachzukommen. Aber oft geht es anders. Auch der masochistische Aspekt der Arbeit des Helfers sollte durch Ichfunktionen
und nicht durch Überich-Einschränkungen reguliert werden.

Praktisch bedeutsam sind diese abstrakten Konzepte vor allem in der
Supervision von Therapien, die angehende Analytiker durchführen.
Ein Fall: Der angehende Analytiker absolvierte seine Ausbildung neben seiner Tätigkeit als Kinderarzt in einer Kleinstadtpraxis. Er berichtete dem Kontrollanalytiker in der Supervision seiner zweiten
Analysepatientin, daß diese bald nach Behandlungsbeginn heftige
Widerstände entwickelt habe und während der Sitzungen in gequäl-
tem Schweigen verharre. Verweise auf die Grundregel fruchteten
ebensowenig wie Widerstandsdeutungen. Schweigendes Abwarten,
mit dem er es in letzter Zeit versuche, belaste ihn ebenso wie die
Patientin.
    Die Untersuchung der Situation zeigte, daß der Kinderarzt über-
zeugt war, er müsse dieser Analysandin ganz anders begegnen, als er
es üblicherweise mit den Müttern der Kinder tat, die er behandelte.
Während er dort, ganz der Mentalität seiner teilweise ländlichen
Klientel angepaßt, immer bereit war, über alltägliche Dinge zu plaudern, einen Scherz zu machen oder besorgte Fragen der Mütter zu
beantworten, hatte er diese rund dreißigjährige Bäuerin, die er aus
der Behandlung einer ihrer Töchter kannte, von Beginn der Analyse
an ganz anders behandelt als vorher. Der freundliche Kinderarzt ver-
wandelte sich in einen ernsthaften und verschlossenen «Analytiker»,

der von seiner Patientin – sie litt an einer Angstneurose – forderte, sie solle ganz offen sein, alles sagen, was ihr durch Kopf und Gemüt gehe, er werde mit diesem Material arbeiten, aber keine direkten Fragen mehr beantworten. Denn das war ihr anfangs natürlich am nächsten gelegen: mit ihm über die Sorgen mit den Kindern zu sprechen. Aber da sollte sie doch den neuen Kinderarzt fragen, in einer Psychotherapie hätte so etwas keinen Platz.

Während er in der Supervisionssitzung über diese Vorgeschichte der Analyse berichtete, fiel dem angehenden Analytiker auf, welche Umstellung er seiner Patientin zugemutet hatte. Diese wiederum hatte zu dem, was er vorschlug, willig ja gesagt. Darin, wie sie sich jetzt als bockig erwies, wiederholte sie – wie sich später herausstellte – die Geschichte ihrer Vaterbeziehung und die ihrer Ehe; in beiden Fällen hatte sie erst nachgegeben und sich dann trotzig gewehrt. Der Kinderarzt-Analytiker gestand nun auch, daß er sich bei dem Schweigen und der verbissenen Situation während der Analysestunden nicht wohl fühlte und lieber die Patientin etwas gefragt oder mit ihr über eine ihrer Fragen gesprochen hätte. Das aber schien ihm nur «ärztlich», nicht aber «analytisch».

Nachdem er festgestellt hatte, daß der Kontrollanalytiker ebenfalls nicht so «streng analytisch» war, wie er es befürchtet hatte, lockerte sich sein Verhalten, und er wollte von mir nicht mehr Regeln, wie er diesen Widerstand bearbeiten könne. Die Rückkehr zu seinem natürlichen, in vielen Jahren erprobten Umgang mit Menschen führte dazu, daß die Analysandin weniger schwieg, mehr Material brachte und der analytische Prozeß in Gang kam.

Gleichzeitig fühlte sich auch der Arzt wohler. Die Stunden waren keine schwere Aufgabe mehr, die er mit Hilfe von Selbstdisziplin und Leistungsbereitschaft durchstehen mußte. Er freute sich darauf, die Patientin zu sehen und einmal länger mit einer jener Frauen zu sprechen, deren Lebenssituation er im Sprechstundenbetrieb immer nur ansatzweise kennenlernte.

Supervisoren kennen die Neigung angehender Therapeuten sehr gut, viel zu früh anzunehmen, daß ein Patient etwas gegen die

Behandlung einzuwenden hat. Er äußert nach ihrem Urteil Widerstände: latente Aggressionen, mangelnde Mitarbeit und Gesprächsbereitschaft. In Wahrheit handelt es sich gar nicht um Zeichen fehlender Eignung oder Motivation zur Behandlung, sondern um eine Krise in einer zwischenmenschlichen Beziehung. Der Patient weiß zuwenig, was die Therapie bedeutet, er ist zuwenig aufgeklärt darüber, was er tun soll und warum der Therapeut bestimmte Dinge nicht tut, die ein Patient aufgrund seiner Vorerfahrungen von Autoritätsfiguren erwartet.

7

Rituale der Abstinenz

> Vor allem hat man den Eindruck, daß der
> Widerstand als agent provocateur die
> Verliebtheit steigert und die Bereitwilligkeit
> zur sexuellen Hingabe übertreibt, um dann
> desto nachdrücklicher unter Berufung auf die
> Gefahren einer solchen Zuchtlosigkeit das
> Wirken der Verdrängung zu rechtfertigen.*

Aus den Quellen über den Beginn der Psychoanalyse – von zentraler Bedeutung sind Breuer/Freuds «Studien über Hysterie» – wird deutlich, wie sehr die heutigen Abstinenzvorstellungen aus einer Gegenbewegung entstanden sind. Die Abstinenz sollte die Verwurzelung der Analyse in hypnotischer Suggestion beseitigen. Während der späte Freud den Analytiker mit einem Chirurgen vergleichen will, der doch mit kaltem Sinn und unerschüttertem Blick in blutendem Gewebe arbeitet, gesteht der frühe durchaus zu, daß es notwendig ist, sich für den Menschen hinter den Symptomen wahrhaft zu interessieren, wenn man die Voraussetzung schaffen will, ihm zu helfen.

Er könne, sagt Freud in seinem Frühwerk, einen Tabiker oder Tuberkulösen behandeln, auch wenn ihn die Person des Kran-

---

* S. Freud, Bemerkungen über die Übertragungsliebe, Ges. W. X, S. 311.

ken nicht zur Teilnahme reize. Bei einer Neurotikerin oder einem Neurotiker sei das nicht der Fall. Freud bekannte damals noch freimütig, bei wertlosen Personen und unangenehmen Charakteren lasse ihn das psychologische Interesse bald im Stich.

Anfangs legte Freud seinen Patientinnen die Hand auf die Stirne, um durch diese Berührung den Fluß freier Einfälle in Gang zu bringen. Später betont er die Distanz des Analytikers und fordert von diesem, *keinen* Druck auszuüben, sondern widerzuspiegeln, was er mit gleichschwebender Aufmerksamkeit wahrnimmt. Auch hier läßt sich eine Gegenbewegung erkennen, in der sich ein drängender Zugang zur Zurückhaltung mäßigt.

Freud wachte mißtrauisch über seine Schöpfung und suchte zu verhindern, daß sie von der Medizin oder von der Weltanschauung aufgeschluckt wurde. Die Analyse sollte weder eine Technik der Psychotherapie neben vielen anderen sein noch eine neue Religion, die mit Hilfe von Predigt, Bekehrung und Ritual den Analysanden von ihren theoretischen Inhalten überzeugte, statt ihm Gelegenheit zu geben, diese selbst zu entdecken.

Allerdings wurde diese Gegenbewegung zur Suggestion, zum pädagogisch-belehrenden oder gar missionarisch-überwältigenden Ritual im Zug einer Institutionalisierung der analytischen Ausbildung durch neue Rituale, diesmal Rituale der Abstinenz verfestigt. Diese sind ein wenig eintönig, aber doch vielfältig und eine Quelle unerschöpflicher Diskussionen, kleiner Rivalitäten und großer Dissidenzen. Analytiker und Analytikerinnen * sollen in Kleidung und Benehmen keine aufdringliche Note haben, die sich aufdrängen könnte. In ihren Behandlungszimmern hängen keine Bilder, in der Vitrine stehen nur Freuds gesammelte

---

* Ich erinnere mich an einen Vormittag, in dem ich mit angehenden Gruppentherapeuten und -therapeutinnen lange darüber diskutierte, ob eine Gruppenanalytikerin ein ausgeschnittenes Kleid und einen Minirock tragen dürfe.

Werke. Sie beantworten keine Fragen, ob sie verheiratet seien, schulpflichtige Kinder oder ein erfülltes Sexualleben hätten, im Urlaub lieber Museen besuchen oder Golf spielen würden. Sie kontrollieren Mimik und Stimme, um Übertragungen nicht zu lenken, die sich frei und spontan entfalten sollen. Sie lassen nicht erkennen, ob es sie berührt, wenn ein Analysand sein Examen besteht oder in ihm scheitert, wenn ihm der Vater stirbt oder seine Schwester erkrankt.

Dieses Ritual der Abstinenz ist auch ein Ritual der Macht. Wenn der Analytiker es ungestört zelebrieren kann, dann ist er der wohlgeschliffene Spiegel, dann führt alles, was der Analysand in bezug auf ihn erlebt, letztlich zu diesem zurück. Wie der Spiegel keine Tiefe hat, sondern nur eine Oberfläche, so blickt der Analysand in ihm in sein eigenes Unbewußtes, während die professionell intendierten Interventionen des Analytikers den Spiegel poliert halten. So kann der Therapeut in der analytischen Situation so handeln, als habe nur der Analysand, nicht aber auch er ein Unbewußtes, als sei nur dieser, nicht aber auch er ein in vielen Bereichen von Triebwünschen und Abwehrmechanismen bestimmter Mensch.

Illusionen, wie ich sie hier konstruiere, drücken nicht nur eine intellektuelle Größenphantasie aus. Sie haben, auf ein realistisches Maß zurückgenommen und einfühlend gehandhabt, therapeutische Aufgaben, die sehr wesentlich sind. Sie schützen Patientinnen und Patienten davor, daß sie persönliche Stellungnahmen in ihrer Arbeit blockieren. Sie erinnern Analytiker und Analytikerinnen daran, sich zurückzuhalten, sich zu bescheiden und etwa die Entrüstung über perverse oder sozial unerwünschte Verhaltensweisen eines Patienten in Deutungen zu sublimieren.

Die erste Analyse einer Dreißigjährigen mit Mißbrauchsanamnese scheiterte daran, daß die Analytikerin Berichte der Patientin, wie sie ihren dreijährigen Sohn anschreie und schlage, nicht mehr ertragen konnte, ihr moralische Vorhaltungen machte und sie anschrie. Eine Untersuchung dieser Situation ergab, daß diese Abstinenzverletzung mit einem rigiden Abstinenzritual der Analytikerin zusammenhing.

Sobald die ersten inneren Einwände gegen das auftraten, was die Patientin über ihre Erziehungspraktiken berichtete, begann die Therapeutin, ihre Verurteilung der Analysandin streng zu verurteilen. Dieser Prozeß verzehrte seelische Energie, die für die analytische Arbeit benötigt wurde. Als die Analytikerin schließlich ihre Wut nicht mehr beherrschen konnte, weil die Patientin so negativ über ihre eigenen Fähigkeiten als Mutter sprach, kam ein Teil der in diesem Ausbruch entfesselten Kräfte aus dem Bestreben, zunächst überhaupt nichts von ihrer Empörung in ihre Deutungsarbeit einzubringen, ein anderer aus dem Schuldgefühl, daß es ihr nicht gelungen war, durch ihre liebevolle Zuwendung die Patientin zu einer besseren Mutter zu machen. So war die Analytikerin zu einer ähnlich hilflos-wütenden Mutter geworden, wie es die Patientin war. Sie fühlte sich in ihrer Zuwendung überfordert und war unfähig geworden, sich rechtzeitig abzugrenzen und ihren Ärger konstruktiv umzusetzen.

Hier schlug die Überforderung durch ein Verständnis der Abstinenz als Gebot, *unbedingt* wohlwollend zu bleiben, eruptiv in einen Abstinenzverlust um. Diese Über-Abstinenz gleicht einem starren Werkzeug, das bei Belastung bricht. Sie ist mit dem naiv-moralischen Bild von Mutterliebe verwandt, das fordert, einem Kind Liebe zu *beweisen*, indem die Mutter jede Kritik unterdrückt. Das Abstinenzgebot ist sinnvoll, wenn Suggestionen vermieden werden sollen, die den analytischen Prozeß nicht fördern, sondern durch Anpassungsleistungen ersetzen. (Suggestionen, die diesen Prozeß fördern, sind demgegenüber nicht nur normal, sondern unausweichlich.) Seinen Sinn verliert es dann, wenn der Analytiker verstummt und untätig wird, sobald er glaubt, die Intervention, die ihm jetzt eingefallen sei, vertrage sich nicht mit seinen Abstinenzpflichten.

Ein Analysand, der gesellschaftlich geächtete, für ihn selbst und seine Umwelt bedrohliche Impulse äußert, fühlt sich kaum angemessen behandelt, wenn der Analytiker lediglich darauf *verzichtet*, die üblichen gesellschaftlichen Umgangsformen, etwa die moralische Entrüstung oder den Ruf nach der Polizei zu produzieren. Er wartet mit Recht auf eine originellere Antwort.

In dieser Situation ist Franz Morgenthalers Forderung wesentlich, gerade in den Situationen, die diese Überzeugung *erschweren*, konsequent davon auszugehen, daß der Analysand weiterhin daran interessiert ist, mit dem Analytiker zusammenzuarbeiten. Warum versucht der Klient gerade jetzt, den Helfer besorgt zu machen, ihn zu alarmieren, ihn zu zwingen, geschädigte Dritte zu schützen oder sich vor einer Verstrickung in kriminelle Einstellungen zu fürchten? Will er ihn verwirren, ihn aus der Fassung bringen, weil er dann seine gegenwärtigen, unbewußten Übertragungen besser beim Analytiker unterbringen kann? Will er sich selbst – und den Analytiker – gefährden, weil er sich (oder/und diesem) einen Erfolg, eine Erleichterung nicht gönnt?

Aus der Supervision einer Therapie bei einer siebenundzwanzigjährigen, sehr ehrgeizigen und beruflich erfolgreichen Frau, die wegen Bulimie und Beziehungsängsten Hilfe gesucht hatte, greife ich zwei Abstinenzfragen heraus. Die Patientin fragte in der zweiten Sitzung den Analytiker, ob er damit einverstanden sei, sich Du zu sagen, sie würde sich dann besser fühlen, er sei nicht mehr so weit entfernt und sie könne es dann besser ertragen, von ihren Schwierigkeiten zu sprechen, ohne von den seinen zu erfahren.

Der Analytiker in Ausbildung arbeitete als Psychologe in einer Wohngemeinschaft für psychisch Kranke. Er fühlte sich zwar ein wenig befremdet, wie schnell und intensiv die Patientin auf ihn zuging und am angebotenen Szenario rüttelte, war aber in seiner Arbeit vertraut damit, sich mit Patienten und Patientinnen zu duzen, und stimmte zu. Ich führte dann mit ihm eine Ambivalenzdebatte. Positiv scheine mir, daß er sich bemüht habe, der Patientin entgegenzukommen und sie zu entlasten; problematisch hingegen, daß er davon auszugehen scheine und ein Zeichen in der Richtung gesetzt habe, die ängstliche Spannung der Analysandin ließe sich durch solche Mittel beheben.

Eine genauere Betrachtung bestätigte meinen Verdacht, daß der Analytiker ein Abstinenzritual geopfert habe, weil er selbst in seiner analytischen Identität noch unsicher und zum Teil ambivalent war. Er hatte vor Antritt der psychoanalytischen Ausbildung als Körpertherapeut gearbeitet und bemühte sich nun sehr, seine aus dieser Zeit stammenden Ressentiments abzubauen. Sie richteten sich gegen eine verkopfte, asketische, adynamische Karikatur der Analyse, die in solchen Umfeldern als Feindbild gehandelt wird.

Als Vertreter dieser Analyse war ich als sein Supervisor einerseits eine strenge und potentiell feindliche Autorität, andererseits ein Bundesgenosse auf seinem neuen Berufsweg. Die Analysandin, die in ihrem Leben bisher fast nur gearbeitet und Sport getrieben hatte, kannte als «Entspannung» nur ihre Freßattacken mit anschließendem Erbrechen. Einen Partner konnte sie zu Hause nicht brauchen, das hätte sie dabei gestört. In ihrem blitzschnellen Überschreiten einer Distanzgrenze drückte sie aus, wie schnell sie Erfolge sehen wollte und wie wenig sie das regressive Angebot der Analyse annehmen konnte. Der angehende Analytiker war ebenfalls unter Druck; er mußte sich beweisen, daß seine Entscheidung, die strukturierenden Methoden der bioenergetischen Therapie zu verlassen, richtig war.

Das Thema der Angst, sich in ehrgeizigen Bemühungen eine Blöße zu geben, galt also für die Analysandin, für den Kandidaten, und – da ein Kontrollanalytiker von seinen Kollegen überwacht wird und es seinem Ruf schaden kann, wenn die von ihm supervidierten Behandlungen scheitern – auch für mich. Ich weiß zum Beispiel aus einer Supervisorenkonferenz, daß andere Kontrollanalytiker ihre Kandidaten darauf festlegen, nichts am Setting zu ändern, ehe sie das nicht mit ihnen besprochen haben. Soviel Aufsicht paßt nicht zu meinem Bild, die autonome Arbeit des angehenden Therapeuten zu fördern; aber ich ärgerte mich doch darüber, daß der Kandidat mich jetzt vor vollendete Du-Tatbestände stellte. Ich fragte mich, ob mein pädagogisch disziplinierender Kollege nicht die bessere Maxime habe.

Angesichts dieser ersten Abstinenzfrage hätte ich mir gewünscht, der Kandidat wäre zurückhaltender gewesen, den Wünschen der Analysandin entgegenzukommen. Warum hatte er nicht versucht, die Ängste der Patientin vor der notwendigen und hilfreichen Asymmetrie der Aufgaben in einer Analyse zuzulassen, sie zu klären, sie von den Phantasien abzugrenzen, einem von Autorität und Macht bestimmten System ausgeliefert zu sein, das mit der kindlichen Überschätzung von Elternbildern zusammenhängt? Er hatte sich und mir keine Zeit gelassen, er war allzurasch auf die Wünsche der Klientin eingegangen.

In der zweiten Abstinenzdebatte kehrte sich die Situation geradezu um. Diesmal war es der Kandidat, der mich mit einem Blick bedachte, als hätte ich ihm vorgeschlagen, seiner Patientin zu nahe zu treten. Diese zeigte nach einer Phase der Zusammenarbeit immer deutlichere Abbruchstendenzen. Es war wenig Aufschluß über die Hintergründe zu gewinnen; sie schwieg viel – «trotzig», fand der Kandidat – und berichtete über eine Bewerbung in einer anderen Stadt. Beim Antritt der neuen Stelle wäre eine Fortführung der Analyse unmöglich gewesen. Dann klagte sie über zuviel Berufsarbeit und zuwenig Zeit für die Analyse. Sie müsse die Stunden reduzieren.

Der angehende Analytiker erschien mir diesmal ebenso kühl und sachlich, wie ich ihn entgegenkommend und freundlich gefunden hatte, als es darum ging, sich mit der Analysandin zu duzen. Seine Botschaft schien: Wenn du aufhören willst, ich halte dich nicht. Ich fragte, ohne mein Staunen zu verhehlen, weshalb er nicht wenigstens erklärt habe, die Analyse sei mit drei Wochenstunden für das Kassenkontingent von damals achtzig Sitzungen fest vereinbart. Der Zeitpunkt des erneuten Berichts an den Gutachter sei demnach auch der beste Anlaß, über eine Veränderung dieser Abmachung zu sprechen.

Als ich das vorschlug, war der angehende Analytiker geradezu schockiert, welche Abstinenzverletzung ihm sein Supervisor vorschlug. An einen solchen Vertrag zu erinnern, das sei doch moralischer Druck, ja Erpressung. Er hätte nie daran gedacht, jemals mit solchen Mitteln zu arbeiten; außerdem könne er die Patientin nicht um weitere Zusammenarbeit anbetteln.

Diesen beiden äußerlich verschiedenen Reaktionen auf Abstinenzkrisen war gemeinsam, daß der Helfer an die Patientin die Aufgabe abtrat, seine unsichere Überzeugung zu stützen, die therapeutische Arbeit sei wertvoll. Er glaubte selbst nicht von Herzen daran, daß es produktiv ist, sich für einen analytischen Prozeß einzusetzen und dafür andere – durchaus auch wichtige – Befriedigungen zurückzustellen. Aus diesem Grund ließ er sich im ersten Fall so schnell dazu bringen, der Patientin entgegenzukommen, als sie *mehr* wollte als «nur Analyse», und aus eben demselben Grund konnte er im zweiten Fall nur resignieren, als sie *weniger* wollte als «soviel Analyse».

Er hätte die Anerkennung der Patientin für seine analytische Arbeit gebraucht, um sich als guter Analytiker für sie zu fühlen. Die teilweise Erfüllung ihrer Nähewünsche war ebenso wie die gleichgültige Hinnahme ihrer Abbruchstendenzen aus der Sorge geboren, nicht gut genug für die anspruchsvolle Patientin zu sein. Die Gegenübertragung entsprach dem Übertragungsangebot, daß die Mutter nicht gut genug ist, um sich mit ihr zu identifizieren.

Diese Unsicherheit des Analytikers konnte aufgeklärt werden; sie hatte ihre Wurzeln in der Kindheit (der Analytiker hatte damals einen verletzenden Zwang erlebt, «hinter meiner Mutter herzulaufen, um wenigstens ein bißchen zu kriegen»), ihre realen Anteile (jeder Berufsanfänger hat Mühe, sein theoretisches Wissen praktisch umzusetzen) und ihre Überich-Komponente (die Anpassung an die Ausbildungsforderungen und die analytische Identität im Gegensatz zur Identität des Körpertherapeuten). Die Analyse konnte fortgeführt werden. Später genoß es der Supervisor zu beobachten, wie die Patientin und der angehende Therapeut in einer stabilen Beziehung zusammenarbeiten konnten. Die Analyse war nach den Anfangsschwierigkeiten ein gemeinsames Unternehmen geworden, das alle drei beteiligten Personen (Patientin, Analytiker und Supervisor) in ihren Identitäten festigte.

Die Betrachtung dieser Situation zeigt, daß unproduktive Abstinenzrituale ebenso wie Abstinenzüberschreitungen durch zu rasches Entgegenkommen angesichts außertherapeutischer Be-

dürfnisse nicht nur mit der jeweiligen Übertragungs- und Gegen-
übertragungsdynamik verknüpft werden können, sondern auch
mit allgemeinen Fragen nach der Schwächung der beruflichen
Identität des Analytikers auf der einen, seiner Überzeugung vom
Sinn seiner Arbeit auf der anderen Seite.

Diese Situation läßt sich auch mit der Lage in einer Partnerthe-
rapie vergleichen, in der es nützlich ist, sich von der Beschäftigung mit konkreten Anlässen teilweise zu befreien. Statt den
alltäglichen Streitigkeiten, Mißverständnissen, Entwertungen
wendet sich die Aufmerksamkeit dann dem zu, was *fehlt* und,
wenn es vorhanden wäre, die gegenwärtigen Streitigkeiten un-
wesentlich erscheinen ließe. So bin ich versucht, was die Abstinenzfrage angeht, einen Goethe-Spruch zu zitieren und dann ab-
zuwandeln:

«Wer Wissenschaft und Kunst besitzt, der hat auch Religion;
wer diese beiden nicht besitzt, der habe Religion.» Abgewan-
delt: Wer seine berufliche Identität als Analytiker aufrechterhalten kann, der hat auch Abstinenz. Wer in ihr unsicher ist, der
habe Abstinenz-Regeln und -Rituale.

Aus solchen Überlegungen wird auch verständlich, weshalb
sich Freud selbst in seinen Behandlungen Freiheiten erlaubt hat,
die heute in einem analytischen Fallseminar als grobe Abstinenzverletzungen getadelt würden – Analyse der eigenen Tochter;
Blumengeschenke an Patientinnen; Feiern einer gelungenen
Traumdeutung mit einer Zigarre, verfrühtem Abschluß der
Stunde und der Bemerkung «seien Sie nicht so gierig», als die
Analysandin sich beklagt; wohlwollende Duldung des Mitbrin-
gens von Ziegenmilch für die Ehefrau während der Hungerzeit
nach dem Ersten Weltkrieg.

Freud war sich seiner analytischen Interessen so sicher, daß er
mit vielen Mitteln arbeiten konnte, die spätere Autoren als «unanalytisch» bewerten und über die Supervisoren in der gegen-

wärtigen Ausbildung den Kopf schütteln würden. Quod licet Jovi, non licet bovi? *

Es geht wohl weniger um einen Prestigeunterschied als um eine Differenz in der Persönlichkeit und in dem Punkt der beruflichen Entwicklung, an dem die analytische Identität auf ihre Proben gestellt wird.

Freud hatte seine Methode selbst aufgebaut und von den Schlacken der Hypnose gereinigt. Er wußte ziemlich genau, was er tat, und er tat sicher oft gut daran, nicht als Olympier, sondern als Mensch aufzutreten, abgesehen davon, daß er es nach den Berichten seiner Biographen gar nicht anders gekonnt hätte, denn aller Aplomb war ihm zuwider, auch der analytisch verbrämte.

Wenn eine psychoanalytische Ausbildung organisiert werden muß, ist die Ausgangsanalyse ganz anders. Das war im Berlin der zwanziger Jahre der Fall, als die bis heute gültigen Komponenten der analytischen Curricula entwickelt wurden: Lehranalyse, Supervision, Fallseminare. Hier geht es nicht darum, eine gefestigte analytische Identität optimal auf die Notwendigkeiten der Behandlung einzustellen, sondern überprüfbar und systematisch noch unsichere Kandidaten so anzuleiten, daß sie schwere Fehler vermeiden.

So wäre es falsch, die Bedürfnisse nach Normen, Regelungen, Stundenzahlen für Ausbildungseinheiten und Ritualen der Abstinenz nur den Ausbildern psychoanalytischer Institute zuzuordnen. Es mag sein, daß sie Macht ausüben wollen und Siegfried Bernfeld nicht unrecht hat, wenn er in der Schöpfung so vieler und ausgearbeiteter Regelwerke eine Ersatzbefriedigung am Werk sieht: Weil die Analytiker in ihrer höchst persönlichen, kreativen und im Unberechenbaren wirkenden Tätigkeit so we-

* Lateinisches Sprichwort: Was Zeus erlaubt ist, ist dem Vieh nicht erlaubt.

nig Chancen haben, als Gesetzgeber zu wirken, halten sie sich in ihren Ausbildungsordnungen schadlos. Aber es gibt auch mächtige Bedürfnisse nach Gesetz und Ritual bei Ausbildungskandidaten.

Ich habe in Seminaren nicht selten Szenen erlebt, wo es mich drängte, angehende Therapeuten vor der unbarmherzigen Strenge zu schützen, mit denen ihnen andere Kandidaten vermutete Verfehlungen vorhielten. Sie verhielten sich ähnlich wie Geschwister, die in ihren pädagogischen Anstrengungen untereinander doch oft auch strenger miteinander umgehen, als es ihre Eltern tun.

Abstinenz richtet sich gegen (Trieb-)Befriedigung. Nicht jede solche Befriedigung ist schädlich. Meist gelingt die Therapie um so besser, je wohler sich beide Beteiligten in ihrem Austausch fühlen. Das ist die verbreitete Regel der vielen, im großen ganzen wohlgelungenen Behandlungen, die zwar gewiß nicht alle Probleme erleichtern, aber normalerweise das Ich kräftigen, die Lebensbewältigung fördern und die künftige Symptombildung einschränken. Immer noch eindrucksvoll ist hier die Studie von Annemarie Dührssen, die gezeigt hat, wieviel seltener sich analysierte Personen in Krankenhausbehandlung begeben, wenn man sie mit unbehandelten Neurotikern vergleicht. Sie sind, obzwar vorher nach diesem Kriterium weit «kränker» als der Bevölkerungsdurchschnitt, nachher deutlich stabiler.*

Was die Befriedigung des Patienten durch die Therapie angeht, kann der Analytiker diesem ebenso zuwenig geben wie zuviel. Beides wird um so problematischer, je unsicherer beide Beteiligten werden, ob sie sich auf der vereinbarten Ebene der analytischen Arbeit *genug* geben. Andererseits kann auch der

* A. Dührssen, Analytische Psychotherapie in Theorie, Praxis und Ergebnissen, Göttingen 1972.

Analytiker sich selbst zuwenig nehmen oder zuviel. Nur durch eine dem Verständnis unzuträgliche Vereinfachung läßt sich die Asymmetrie aufrechterhalten, wonach es bei der Frage der Abstinenz nur um die Bedürfnisse des Analysanden und nicht auch um die des Analytikers geht. Wo der Schwerpunkt zu sehr auf die Bedürfnisse des Analysanden gelegt ist, können die Bedürfnisse des Helfers tiefer in den Schatten geraten, als es zuträglich ist.

Die Bedürfnisse des Analytikers sind in einem wesentlichen Teil auch die der akademischen Berufe, aus denen die Kandidaten kommen: der selbständige Verdienst und die intellektuell fundierte Tätigkeit, ein sublimierter Abkömmling von Neugier. Darüber hinaus sind Bedürfnisse nach narzißtischer Bestätigung sehr wesentlich. Ihre Qualität ist auf das Erlebnis von engen, intensiven und zugleich vom Analytiker kontrollierten Beziehungen zu anderen Menschen ausgerichtet; in diesem Punkt unterscheiden sich die therapeutischen Professionen von anderen akademischen Berufen.

Weil der Analytiker einerseits eine sehr wichtige Person für andere ist, andererseits aber diesen Bezug mit intellektuellen Mitteln herstellt und kontrolliert, hängt diese Berufswahl häufig mit einer aktiven Bewältigung von Gefühlen zusammen, verlassen und unsicher zu sein – etwa des Erlebens, in der Familie keine herausragende Rolle zu spielen, übersehen zu werden, überfordert zu sein. In dieser Situation ist die spezifische Bewältigungsform des künftigen Helfers die, sich mit einer Idealgestalt zu identifizieren, die anderen das gibt, was er schmerzlich vermißt.* Darin verarbeitet er die heftige Wut über die unzureichende Bestätigung durch die Familie, indem er ein inneres Ge-

* Unter diesem Blickpunkt unterscheiden sich auch die Pioniere eines helfenden Berufs von ihren Gefolgsleuten. Freud zum Beispiel war in seiner Familie ein

genbild sowohl zu den enttäuschenden Eltern wie auch zur eigenen, primitiven Aggression aufrichtet.*

Spezifisches Element des künftigen Analytikers in diesem Entwicklungsgeschehen, das deutliche Parallelen zur Ausbildung der depressiven Charakterstruktur aufweist, scheint eine ausgeprägte Neigung zu intellektuellen Sublimierungen. Das Verstehen ist libidinös besetzt. Dieser Vorgang läßt sich auf die Triebkomponenten des Voyeurismus und Exhibitionismus zurückführen. Der Analytiker will Einblicke in das Leben anderer gewinnen, die tief, gründlich und schonungslos auch die Dynamik der «Urszene» sichtbar machen, und er will sagen, daß diese Einsicht in die Tiefen anderer Personen nicht böse, sondern gut, nicht schädlich und eigennützig, sondern produktiv und altruistisch ist.

Zwar sitzt er in seiner Praxis wie eine Spinne im Netz, saugt die Bizarrerien, die Leiden und Freuden, die Karrieren und Schicksalsschläge anderer Menschen ein. Aber anders als die Spinne vergiftet er seine Opfer nicht und läßt sie als leere Hüllen zurück, sondern er versucht, ihnen die Augen und Sinne zu öffnen, daß sie ihre gegenwärtige Realität nicht mehr durch unzeitgemäße Abwehrzwänge entstellen, ihre kreativen Möglichkeiten durch irrationale Ängste lähmen. Abstinenz ist also keine moralische Tugend, die ein Analytiker hat oder nicht hat, sondern ein kompliziertes, störbares Geschehen. In den Abstinenzverlusten wird die Balance zwischen Sublimierungen und primitiveren Strebungen gestört. Wünsche nach Befriedigung,

privilegiertes Kind; zu seinen adoleszenten Idealen gehörten Konquistadoren und Feldherren.
* Diese Identitätsfindung spiegelt sich auch in Motiven der populären Literatur, besonders deutlich in den Reiseerzählungen von Karl May. Vgl. W. Schmidbauer, Die Ohnmacht des Helden. Unser alltäglicher Narzißmus, Reinbek (Rowohlt) 1982.

Bewunderung, Geltung und Sicherheit werden ohne Rücksicht auf den ursprünglichen Vertrag und die professionelle Verantwortung befriedigt.

Obwohl die Anwendung der Narzißmusforschung auf die helfenden Berufe naheliegt, wird dennoch in technischen Anleitungen über die Arbeit des Psychotherapeuten meist so vorgegangen, als sei eine solche Betrachtungsweise gar nicht wünschenswert. Auch aufgeschlossene und selbstkritische Autoren wie Leo Stone, Ralph Greenson und Fritz Morgenthaler erwähnen sie nicht. Solange diese narzißtischen Bedürfnisse bewußt bleiben und nicht zum Agieren führen, kann ich keine Gefahr in ihrer Befriedigung sehen. Es scheint mir im Gegenteil riskanter, sie nicht zu beachten. Dann entstehen perfektionistische, in ihren Folgen das Selbstgefühl (und damit die Abstinenz) des Analytikers bedrohende Illusionen, als müßte der «richtig» analysierte oder dem «richtigen» Institut angehörende Analytiker *jeden* Kranken aus seinen menschlichen und wissenschaftlichen Idealen heraus erfolgreich behandeln können.

8
Wieviel Erfolg braucht ein Therapeut?

Die feineren und zielgehemmten
Wunschregungen des Weibes sind es vielleicht,
die die Gefahr mit sich bringen, Technik und
ärztliche Aufgabe über ein schönes Erlebnis zu
vergessen.*

Wenn es richtig ist, daß Abstinenz weniger mit Ritualen und
Regelwerken aufrechterhalten werden kann als durch Stabilisierung der therapeutischen Identität und des Selbstgefühls, dann
wird auch die Frage zulässig, wie viele Erfolgserlebnisse der Helfer in seiner Arbeit braucht, um weiterarbeiten zu können. Wir
denken dann nicht mehr in hochmoralischen, sondern eher in
ökomoralischen Kategorien. Sie gleichen jenen, die uns auch na-
helegen, Unbestechlichkeit nur von gutbezahlten Beamten zu erwarten, nicht aber von Würdenträgern eines Regimes, das seine
Söldner so schlecht versorgt, daß sie kaum der Versuchung widerstehen können, an Plünderung zu denken.

Es gibt in der Psychotherapie eine alte Tradition, möglichst
sachlich und ohne inneren wie auf den Patienten ausgeübten Er-
folgsdruck zu arbeiten. Sie greift bewußt ältere, medizinische
Traditionen auf – etwa den Satz des französischen Wundarztes

* S. Freud, Bemerkungen über die Übertragungsliebe, Ges. W. X, S. 319.

Ambroise Paré aus dem 16. Jahrhundert: «Ich schneide; Gott heilt.»

Morgenthaler betont, daß es unanalytisch sei, vom Patienten eine Besserung von Symptomen, die Preisgabe perversen oder dissozialen Verhaltens, einen beruflichen Erfolg oder das Eingehen einer Liebesbeziehung zu erwarten. Derart energische Verdikte informieren uns aber auch darüber, wie sehr wir als mitfühlende, am Glück unserer Analysanden interessierte Menschen entsprechende Bedürfnisse *haben*, von denen wir uns dann distanzieren sollen.

Wenn ich das häufigste Ergebnis einer gelingenden Reflexion der Schwierigkeiten eines Therapeuten mit einem Patienten zusammenfassen will, lautet dieses etwa so: Weiterarbeiten, ohne nach dem Erfolg zu schielen. Akzeptieren, was ist. Den Dialog eröffnen, warum Erwartungen enttäuscht bleiben. Nicht alleine nach Lösungen suchen, sondern den Kontakt mit der Situation, mit dem Patienten verbessern.

Die Selbstbeobachtung belehrt den Therapeuten, daß sich sein seelisches Befinden je nach der Art seiner Patienten und seiner Interaktion mit diesen verändert. Es gibt Analysanden, die ihn stärken und zufriedenstellen, ebenso wie andere, die ihn lähmen und seine Stimmung verschlechtern. Es gibt Sitzungen, die gut gelingen und ihn freuen, aber bei demselben Patienten auch Situationen, in denen er sich scheitern fühlt, sich ärgert oder sich mit Selbstvorwürfen traktiert. In den meisten Fällen wird weder das eine noch das andere Extrem erreicht. Die eigene emotionale Befindlichkeit und die Befriedigung aus der Arbeit schwanken in einem erträglichen Rahmen; es geht auf und ab.

Für unsere Überlegungen sind die seltenen Extreme interessant. Es gibt Therapien, die so viel Freude machen, daß der Analytiker mit Gewissensbissen ringen muß, sich für die Sitzungen bezahlen zu lassen. Ihnen stehen andere gegenüber, in denen sich der Analytiker so belastet fühlt, daß er geneigt ist, kein Honorar der Welt für ausreichend zu halten, und daran denkt, den Beruf zu wechseln. In diesem Fall wäre die professionelle Überlegung die, solche Stimmungen als Ausdruck einer nicht genügend bearbeiteten Gegenübertragung anzusehen und Supervision anzuraten. Dieser Rat ist brauchbar, aber er wird naiv, wenn hinter ihm die Illusion steht, alle Übertragungen seien auflösbar – und ebenso alle Gegenübertragungen.

Nehmen wir an, daß trotz angemessener Supervision eine starke emotionale Belastung durch eine analytische Arbeit nicht aufzulösen ist. Der Therapeut ist in seinen emotionalen Einstellungen derart erschüttert, daß er die Termine des für ihn so schwierigen Patienten am liebsten vor seine Mittagspause legen will, weil er dann Zeit hat, sich ein wenig zu erholen und für seinen nächsten Klienten zu regenerieren. Nehmen wir weiter an, unser geplagter Therapeut bekommt durch diese Lösung ein Magengeschwür. Darf er jetzt die Behandlung abbrechen, oder gehört es zu seinen Abstinenzpflichten, seine eigenen Interessen zurückzustellen und sich weiter um den Patienten zu bemühen?

Mir scheint, daß es nicht sinnvoll ist, hier einen Rat zu geben oder ein normales Verhalten vorzuschlagen. Das Grundrecht, die Behandlung wegen eigener Schmerzen zu beenden, würde ich aber dem Therapeuten nicht absprechen, freilich ihm zur Auflage machen, die betreffende Entscheidung nicht einsam und über den Kopf des betroffenen Patienten hinweg zu treffen, sondern sie mit diesem zu diskutieren und zu ergründen, weshalb die Beziehung derart entgleist ist. Abstinenz heißt schließlich nicht, selbst im Schmerz auszuharren, damit dem Vertragspartner der Schmerz erspart bleibt; es heißt, dem Partner keinen Schmerz zuzufügen, um selbst Lust zu gewinnen. Aber da Lustsuche und Unlustvermeidung oft nur mit großen Unschärfen getrennt werden können, bleibt das in jedem einzelnen Fall eine knifflige Unterscheidung.

Wie alle konstruktiven, aufbauenden, entwicklungsfördernden Beziehungen braucht auch die Therapie eine Basis an elementaren wechselseitigen Bestätigungen. Da die Form, in der Erwachsene solche Bestätigungen üblicherweise austauschen, Höflichkeit genannt wird, gerät die Therapie dort in ein Dilemma, wo sie den Analysanden im Rahmen der sogenannten Grundregel auffordert, alles auszusprechen, auch das, was unhöflich, unpassend, pervers, weit hergeholt ist.

Nun mischen sich in allen Therapieformen Alltagskontakt und spezifisch therapeutischer Kontakt. In der Analyse findet der spezifisch therapeutische Kontakt so statt, daß der Analysand auf der Couch seine Einfälle äußert; der Analytiker unsichtbar hinter ihm sitzt und diese Einfälle interpretiert. Der Alltagskontakt beginnt, sobald sich Analytiker und Patient an der Tür begegnen, und endet, wenn der Analytiker den Patienten nach der Stunde verabschiedet. Während der Sitzung kann er wieder hergestellt werden, wenn zum Beispiel der Analytiker durch ein Klopfen an der Tür unterbrochen wird oder der Patient zur Toilette gehen möchte.

In diesen kurzen Phasen des Alltagskontaktes scheint mir eine wesentliche Quelle des Krisenmanagements zu liegen. Wenn der Analytiker darauf besteht, daß während des Alltagskontaktes höflich miteinander umgegangen wird, gewinnt er ein wesentliches Mittel, die therapeutische Situation konstruktiv zu erhalten. Er wird dazu diese Höflichkeit nicht nur selbst anbieten, sondern sie auch fordern und ein Einschießen von Übertragungen in diese Phase aufgreifen. Das heißt, daß der Patient zwar von der Couch oder dem Therapiesessel aus den Analytiker beschimpfen und entwerten kann; daß aber dasselbe Verhalten während der Phase des Alltagskontaktes nicht geduldet wird.

Zur Verdeutlichung: Wenn der Analysand auf der Couch sagt, er wolle einem Schweinehund wie dem Analytiker nie mehr begegnen, dann ist das in Ordnung, es besagt aber nicht, daß es auch in Ordnung ist, wenn der Patient nach der Sitzung türenschlagend aus dem Behandlungszimmer stürmt. In solchen Fällen ist die Regression des Analysanden nicht mehr förderlich, sie wird zu einer Gefahr für die Behandlung.

In dieser Phase des Alltagskontaktes kann auch dann noch eine elementare gegenseitige Anerkennung stattfinden, wenn in der Analyse selbst negative Einstellungen dominieren. In der Regel ist aber die Basis des höflichen Austauschs, der wechselseitigen Bestätigungen viel breiter. Wie in einer gelingenden Ehe oder Eltern-Kind-Beziehung vermitteln sich die Partner der Situation im Lauf der Verbindung immer deutlicher, daß sie gut füreinander sind: die Mutter vermittelt dem Kind, es sei ein gutes Kind, auf das sie stolz ist; das Kind vermittelt der Mutter ähnliches. Der Analytiker ist in einer guten Position, konstruktive Beziehungen aufzubauen, weil er viele Möglichkeiten der Entlastung vom Handlungsdruck und der Einsicht hat, die den früheren Bezugspersonen des Analysanden nicht zur Verfügung standen. Er kann immer wieder das Verständnis der Ängste, des Mißtrauens, der Entwertungsneigungen des Patienten hinzuziehen, um sich nicht persönlich abgelehnt zu fühlen.

Aber es kann dennoch geschehen, daß ihm das nicht gelingt, daß er sich von seinem Analysanden so entwertet fühlt, daß er ihm ein ebenso schlechter Analytiker wird, wie sich dieser als schlechter Analysand fühlt. Dann ist es nicht rechtzeitig gelungen, Gegenkräfte zu wecken, die den Wiederholungszwang einschränken, der in seinen Es-Anteilen unveränderlich ist. Dann sollte es dem Therapeuten gestattet sein, seine Arbeit zu beenden, ehe er noch mehr Zeit und Kraft in ein zum Scheitern verurteiltes Unternehmen steckt. Ich bin überzeugt, daß Therapeuten eher dazu neigen, die Chancen zu überschätzen, daß sich eine in Unhöflichkeit und Entwertung hingeschleppte Behandlung noch zum Guten wendet, als einen solchen Versuch so früh aufzugeben, daß die Trennung ohne heftige Enttäuschungen und Wutausbrüche beziehungsweise Suizidimpulse gelingt. Man muß gewiß bedenken, daß die Fälle aufdringlicher sind, in denen Behandlungen noch Jahre über den Zeitpunkt der ersten Wahrnehmung wechselseitiger Belastungen und Mißerfolgserlebnisse hinaus fortgeführt wurden, als andere Fälle, in denen negative Phasen durchgestanden und schließlich doch noch das gesteckte Ziel erreicht werden konnte.

Wer die Therapieszene kennt, kommt aber wohl auch nach einer Korrektur möglicher Verzerrungen seiner Wahrnehmung zu dem Schluß, daß die Gefahr der hartnäckigen Verlängerung größer ist als die Gefahr eines Abschlusses, wenn die Zeichen gegenseitiger Entwertungen hartnäckig werden, aber die Kraft der Beteiligten noch nicht völlig erschöpft ist. Vor allem aber erlaubt ein erleichterter Zugang zur Phantasie, daß Therapien immer dann beendet werden können, wenn Unhöflichkeit und wechselseitiges Mißbehagen dominieren, eine viel offenere, gründlichere und illusionslose Auseinandersetzung darüber, wie es um die therapeutische Partnerschaft steht.

Verhängnisvoll scheinen mir Durchbruchskonzepte, in denen ein um so größerer Erfolg am Ende erwartet wird, je mehr auf dem Weg dorthin gelitten wurde. Hier haben sich Helfer und Schützling in ein Spiel der Erpressung verstricken lassen, das bisher in einem inneren Konflikt zwischen unbarmherzigen Idealen und entwerteter Realität latent geblieben war. Der Klient beteuert glaubhaft, bisher seien alle seine Beziehungen gescheitert. Die bisher noch nicht gescheiterte Beziehung zum Therapeuten sei nun seine einzige Hoffnung, sich seinen Glauben an die Möglichkeit von Liebe zu erhalten und sich nicht aufzugeben.

So unter Druck gesetzt, kann der Therapeut nicht mehr frei über den Sinn von Fortführung und Beendigung dieser Arbeit nachdenken. Er ist die letzte Chance des Kranken. Obwohl er den unbarmherzigen Druck spürt, der auf ihm lastet, verstärkt er ihn durch seine eigene Überzeugung, er sei für diesen Menschen (der bisher doch schon eine ganze Reihe von gravierenden Enttäuschungen überstanden hat) der Erlöser und, wenn nicht dieser, so doch der letzte Strohhalm vor dem Sturz in den Abgrund.

9

Der traumatisierte Therapeut

> … daß Arzt und Patientin auseinandergehen
> und die begonnene Arbeit, welche der
> Herstellung dienen sollte, als durch ein
> Elementarereignis gestört aufgeben.*

Freuds Seufzer vom «unmöglichen Beruf» des Therapeuten konkretisiert sich in drei praktischen Unmöglichkeiten, die doch theoretische Ideale sind und es auch bleiben sollen: die Abstinenz, die freie Assoziation und die gleichschwebende Aufmerksamkeit. Alle drei Qualitäten sind untereinander verwandt; von allen dreien läßt uns unsere Kenntnis der Metapsychologie erwarten, daß sie nicht stabile Funktionen, sondern eher Ergebnis von Balanceakten sind.

Der Balanceakt der Abstinenz vollzieht sich zwischen dem persönlichen Engagement und der kreativen, innovativen Gestaltung einer zwischenmenschlichen Beziehung einerseits, dem Überschreiten der Grenzen des therapeutisch Zuträglichen andererseits. Der Analytiker soll echt sein, aber er darf nur so viel an seiner Echtheit zulassen, daß er dem Patienten nicht schadet. Er soll sich emotional einlassen, aber nur so viel, daß er sich seinem nächsten Klienten mit demselben freien Sinn zuwenden kann.

---

* S. Freud, Bemerkungen über die Übertragungsliebe, Ges. W. X, S. 307.

Der «freie Sinn» besagt, daß der Analytiker zwar möglichst viel von dem behalten soll, was ihm gesagt wird – wenn er wichtige Daten vergißt, ist der Analysand mit Recht empört. Aber er soll nicht angestrengt memorieren, sondern immer offen sein für Überraschungen, für plötzlich auftretende Fehlleistungen, verwirrend scheinende Zusammenhänge – kurz, für jene Wirbel an der Oberfläche des Bewußtseins, welche die Tiefenströmung signalisieren. Die gleichschwebende Aufmerksamkeit erfordert entspannte Ruhe und genaue Wahrnehmung zugleich. Vielleicht hat Freud an den Greifvogel gedacht – den «Geier» der Leonardophantasie, der in Wahrheit ein Milan war –, der über einer Landschaft schwebt, in weitem Abstand, aber doch so nahe, daß er die kleinste Bewegung wahrnehmen und ergreifen kann, wenn es ihm sinnvoll erscheint.

Die freien Einfälle setzen in ähnlicher Weise das Idealbild eines von allen Erwartungen und Anpassungsversuchen gereinigten Bewußtseins voraus, das sich vom Hundertsten ins Tausendste treiben läßt. Alle diese Versuche, einen begrifflichen Rahmen zu entwerfen und zu festigen, in dem das Unbewußte erkannt und dem Ich angegliedert werden kann, spielen sich vor dem Hintergrund des Wissens ab, daß eben dieses Ich schwach ist, von allen Seiten bedrängt. Seine Schwierigkeit, dem organischen Gebot der Triebe zu widerstehen, ohne die starre Norm zu Hilfe zu rufen, welche aus den verinnerlichten Elternbildern im Überich aufgebaut wurde, ist konstituierend, unausweichlich. Der Analytiker teilt diese Anfälligkeit und Verwundbarkeit mit dem Patienten. Er weiß über sein eigenes Unbewußtes letztlich nicht mehr als dieser über das seine; er hat allenfalls gelernt, diese Unwissenheit besser zu ertragen und sie nicht durch voreilige Gewißheiten zu ersetzen.

Sobald wir ein Bild des unangreifbaren, unverletzlichen Analytikers als infantiles Ideal erkannt haben, können wir uns mit der Frage beschäftigen, in welcher Weise traumatische Erlebnisse des Analytikers seine abstinente Haltung beeinträchtigen. Diese Traumen lassen sich in drei Bereiche gliedern:

1. Einflüsse aus der Privatsphäre, die den Analytiker gerade plagen. Er steht vor einer Scheidung und kann deshalb nachts nicht schlafen; sein Vater liegt auf der Intensivstation und ringt um sein Leben; ein Kind ist schwer krank. In solchen Fällen kann der Analytiker entweder generell nur mit erhöhter Anstrengung weiterarbeiten, oder aber er reagiert erst dann mit einer Störung seiner Aufmerksamkeit, wenn gerade *sein* Problem angesprochen wird. Die erste Qualität entspricht der beruflichen Verantwortung allgemein, sorgfältig zu klären, ob volle Handlungsfähigkeit besteht oder nicht. Es ist lästig, wenn mein Anwalt einen Gerichtstermin verschiebt oder mein Zahnarzt eine notwendige Untersuchung absagt – aber sie sollen es bitte tun, wenn sie sonst nur eingeschränkt tätig werden könnten und ich fürchten muß, meinen Prozeß oder meinen Zahn durch ihr Ungeschick zu verlieren.

Daher sind die Unzuträglichkeiten aus *spezifischen* Traumatisierungen auch problematischer als die aus *allgemeinen*. Denn der Analytiker kann sich in diesem Fall durchaus voll handlungsfähig fühlen, reagiert aber in dem Augenblick eingeschränkt, in dem der Konflikt des Patienten an seinen eigenen anklingt. Zur Zeit der Hochschätzung menschlicher «Grundtypen» in der deutschen Psychoanalyse während und nach dem Nationalsozialismus hat Fritz Riemann versucht, seine «Grundformen der Angst» auf diese Thematik anzuwenden. Er formulierte spezifische Gegenübertragungsprobleme von schizoiden, depressiven, zwanghaften und hysterischen Persönlichkeiten unter den Psychotherapeuten. Wie durch alle Typologien wird dadurch gleichzeitig Klarheit gewonnen und Unklarheit erzeugt: Die diagnostische, typisierende Umgangsform mit letztlich individuellen Störungen kann den Blick schärfen, aber auch verstellen, wenn die Diagnose verdinglicht wird und die Einsicht in ihre metaphorischen Qualitäten verlorengeht.

Während wir von den infantilen Konflikten des Analytikers erwarten, daß sie während seiner Lehranalyse hinlänglich bearbeitet worden sind, ist er angesichts der späteren Belastungen aus seinem familiären Bereich weitgehend sich selbst überlassen. Angesichts dieser Situation empfiehlt sich eine über die gesamte Dauer der Berufsarbeit ausgedehnte Supervision.

2. Eine zweite Quelle von Traumatisierungen entspringt aus dem beruflichen Umfeld des Analytikers. Er kann von Kollegen verleumdet werden oder sich darüber ärgern, daß die Krankenkassen den Punktwert für seine Leistungen so gesenkt haben, daß er bei einem AOK-Patienten kaum mehr die Praxiskosten erwirtschaften kann.

In der Supervision schildert ein Nervenarzt und angehender Analytiker, daß er bei einem seiner Patienten immer wieder das unabweisbare und deprimierende Gefühl habe, er tue nicht genug, gebe sich nicht genug Mühe, es gelinge ihm einfach nicht, seinen anspruchsvollen und intelligenten Patienten zufriedenzustellen. Dieser habe wirklich Pech, er sei begabt, aber begegne immer wieder unerklärlichen Hindernissen – beispielsweise erledige er gegenwärtig fast die ganze Arbeit für seinen kränkelnden Vorgesetzten, müsse aber damit rechnen, daß man ihn, wenn dieser demnächst in den Ruhestand gehe, nicht befördern werde. Er müsse weiter zweiter Mann in der Abteilung bleiben. Ähnlich sei es auch in der Analyse gewesen; gerade dieser Patient, der immer nicht richtig anerkannt werde, sei von ihm nach einer erheblich längeren Wartezeit als andere angenommen worden.

Es zeigte sich, daß sowohl hinter diesem Zögern des Arztes wie auch hinter seinem quälenden Gefühl, er sei nicht gut genug für den Patienten, eine Art Umkehrung stand: Angesichts der in den letzten Jahren sinkenden Punktwerte rechnete der Arzt sich damals manchmal erbittert vor, daß er an dieser Analyse eines schlecht versicherten Patienten wirklich nichts mehr verdiene. Er verbot sich solche Gefühle und bezog sich schuldbewußt darauf, daß der Analysand «schon immer» zu kurz gekommen sei und in der Analyse «auf keinen Fall» zu kurz kommen dürfe.

In Wahrheit war der Analytiker von Gefühlen geplagt, *er* komme zu kurz, *er* müsse sich aufopfern. Er projizierte diese auf den Analysanden und versäumte daher auch, dessen Anspruchshaltungen und Trennungsängste zu bearbeiten, wie sich in seiner Identifizierung mit dem Opfer-Status des Analysanden an dessen Arbeitsplatz ausdrückte.

Der Analysand hätte mehr als das Mitgefühl damit, daß er immer wieder benachteiligt werde, eine Analyse seiner Trennungsängste gebraucht, die ihn hinderten, sich bei einem anderen Unternehmen zu bewerben, wenn er sich gegenwärtig ausgebeutet und wenig anerkannt fühlte. Der Analytiker hingegen kam zu dem Entschluß, AOK-Patienten künftig an Kollegen zu überweisen, die keine eigene Praxis unterhielten und dank ihrer geringen Unkosten auch bei einem sehr mäßigen Stundenhonorar noch genügend verdienen konnten.

Wie angesichts der Abstinenz ist auch angesichts des seelischen Traumas eine kritische Haltung angebracht, die zwischen Idealisierung und Realität differenziert, nicht aber die Realität durch Idealisierungen verwirrt und entwertet. Konkret bedeutet das, daß ein Trauma weder als unheilbare, für immer die seelische Struktur demolierende Kraft dämonisiert werden sollte noch als prinzipiell immer durch Willenskraft und/oder Therapie überwindbare Schädigung. Traumen sind vor allem dann gefährlich, wenn sie die *Regenerationsprozesse* gefährden, welche bei leichten Verletzungen einsetzen (das durch Kraft A verletzte Kind sucht weinend Zuflucht bei Kraft B, welche ihm eine tröstende Erfahrung vermittelt). Ketten traumatischer Ereignisse zerstören diese Zufluchtsmöglichkeiten und bewirken Vermeidungshaltungen, die korrigierende Erfahrungen blockieren.

3. Eine dritte Quelle von Traumatisierungen eines Therapeuten sind seelische Verletzungen, die dem Therapeuten durch seine Patienten zugefügt werden. Die Eigenanalyse bietet hier einen begrenzten Schutz. Dennoch scheint es naiv zu leugnen, daß solche Traumen vorkommen, daß sie oft schwierig zu überwinden sind und daß sie Folgen für die weitere Arbeit haben. Durch lange Erfahrung mit Supervisionstätigkeit in Einrichtungen zur Suizidprophylaxe und zur Drogentherapie kann ich mindestens zwei Traumen benennen, die für kürzere oder längere Zeit die abstinente Haltung von Therapeuten gefährden.

3.1. Das erste Trauma ist der Selbstmord eines Klienten oder einer Klientin. In der Arbeit mit Suizidalen gewöhnen sich Therapeuten niemals wirklich an diese Gefahr, obwohl sie intellektuell mit ihr rechnen und in ihren Teams einen Konsens finden, daß sich kein wirklich zum Selbstmord Entschlossener zurückhalten läßt. Solche Versuche eines vorweggenommenen Trosts versagen vor allem dann, wenn der Suizid unerwartet kommt, wenn der Berater die Situation harmloser eingeschätzt hat, als sie tatsächlich war, wenn Elemente hinzutreten, die zu signalisieren scheinen, es hätte nicht viel gefehlt, und das jetzt verlorene Leben wäre erhalten geblieben. Das gilt vor allem für die «versehentlich geglückten Suizidversuche», die besonders grausam wirken, weil eine Kette unglücklicher Umstände einen Menschen ausgelöscht hat, der sonst erfolgreich seine Therapie hätte abschließen können.

Der typische «vollzogene Selbstmord» betrifft einen älteren Mann mit einer schweren körperlichen Krankheit; der typische Suizidversuch eine junge Frau mit Liebeskummer. Es kann geschehen, daß beispielsweise eine solche Klientin nur deshalb nicht überlebt, weil der Mann, an den die Einnahme einer Überdosis Tabletten verzweifelt appelliert, einen Rausch ausschläft und nichts bemerkt. In solchen Fällen wird der Therapeut für geraume Zeit Hilfe brauchen (und daher ist das Kollegenteam in dieser Arbeit auch so wichtig), um nicht in dem einfühlenden Umgang mit Selbstmordgefahren beeinträchtigt zu sein.

In dieser Form von Krisenintervention geht es immer wieder um die knifflige Entscheidung, wieviel Risiko von der Ultima ratio einer Krankenhausaufnahme beziehungsweise einer teilweisen Entmündigung akzeptiert werden darf. Ein Therapeut, der einen Klienten durch Suizid verloren hat, überweist in der Regel in den Monaten danach mehr Männer und Frauen in stationäre Behandlung, als er das vor diesem Zwischenfall tat. Es kann sein, daß er durch seinen krampfhaften Versuch, den Schaden zu vermeiden, den eine zu späte Einweisung anrichtet, neue Schäden setzt, wie sie durch zu frühe Einweisung entstehen.

Diese Situation beleuchtet eine sozusagen janusköpfige Qualität der Abstinenz. Oft wird Abstinenz nur so verstanden, daß sich der Therapeut mehr herausnimmt, als es seinem Auftrag entspricht – mehr Intimität, mehr Befriedigung – und so den Klienten in seinem Entwicklungs-, Heilungs- oder Lernprozeß stört. Aber eine Abstinenzverfehlung kann auch so verstanden werden, daß der Helfer in seiner beruflichen Korrektheit erstarrt und sich damit – durch eine Art «Dienst nach Vorschrift» – in Wahrheit seines Auftrags entledigt.

Er überschreitet dann nicht die professionelle Grenze, sondern gibt professionelles Terrain preis oder versteckt sich hinter einer Pseudoprofessionalität. Ein einfaches Beispiel: Wenn der Therapeut einen Termin vergißt oder hinter der Couch einschläft, und sein Patient stellt ihn deshalb zur Rede, ist es eine *Abstinenzverfehlung*, mit den bewährten beruflichen Distanzierungsmitteln Projektionen des Patienten zu analysieren, den eigenen Fehler aber nicht zuzugeben.

Beide Formen des Abstinenzmangels treten häufig zusammen auf. So wird manchmal das Opfer eines sexuellen Übergriffs in der Therapie bezichtigt, es habe sich alles nur eingebildet, wenn es den Therapeuten anklagt, der die Abstinenz verletzt hat. Es ist im Grunde nicht möglich, hier primäre und sekundäre Traumatisierung auseinanderzuhalten.

3.2. Eine zweite Traumatisierung entsteht dadurch, daß der Therapeut über längere Zeit hin belogen wurde, um Vorteile zu erschleichen. Gemeint sind also nicht Verleugnungen oder Ausflüchte, die durch einen unbewußten Widerstand motiviert sind, sondern absichtliche Manöver von betrügerischer, latent oder offen krimineller Qualität. Der Therapeut glaubt, gute Arbeit zu leisten, mit einem kooperativen Klienten in einen Entwicklungsprozeß eingetreten zu sein. Plötzlich wird ihm deutlich, daß er benutzt worden ist, um einen Rentenantrag durchzubringen oder eine Gefängnisstrafe zu vermeiden. Sobald der Klient erkennt, daß sein Betrug aufgeflogen ist, verliert er jedes Interesse an der Behandlung; zur Rede gestellt, weicht er aus, kommt nicht mehr zu den vereinbarten Terminen oder sagt dem Helfer gerade ins Gesicht, die Dummen wären noch nicht ausgestorben.

Wie alle Opfer eines Verbrechens wird auch ein Therapeut durch solche Erlebnisse in seinem Weltbezug verletzt. Ähnlich der Frau, die auf einen Heiratsschwindler hereingefallen ist, gerät der von einem Süchtigen «gelinkte» Therapeut bei seinem nächsten Patienten in eine Zwickmühle. Mißtraut er übermäßig, tut er dem neuen Partner unrecht; vertraut er, wie er es das letzte Mal tat, muß er fürchten, wieder betrogen zu werden.

Mikrotraumatische Vorgänge spielen in den Entscheidungsprozessen eine große Rolle, durch die Therapeuten ihre Klienten auswählen (vorausgesetzt, sie haben eine solche Wahlmöglichkeit). Sie sind optimistischer bei Personen, die sie an Vorgänger erinnern, mit denen sie Erfolgserlebnisse gesammelt haben, und distanzieren sich skeptisch von Menschen, die Assoziationen an

Mißerfolgserlebnisse wecken. Dieser Auswahlprozeß dient dem Selbstschutz des Therapeuten. Wenn er reflektiert abläuft (unterstützt von jener Supervision in einer Kollegengruppe, die ein unabdingbares Hilfsmittel der beruflichen Entwicklung ist), kann er die Kräfte des Helfers schonen und einem beruflichen Ausbrennen vorbeugen.

Der weitaus größte Teil der Abstinenzprobleme läßt sich durch eine selbstkritische Auswahl der Klienten und eine genaue Einschätzung der eigenen Belastbarkeit und therapeutischen Kompetenz vermeiden. Dann treten jene kippligen Idealisierungen nicht auf, die als letzte Rettung einer vom Scheitern bedrohten Beziehung in sexuellen Illusionen Zuflucht suchen. Umgekehrt sind Abstinenzfragen dann besonders schwer zu beantworten, wenn Helfer und Klient nicht frei sind, einander zu wählen oder abzuwählen.

Diese Lage kann auftreten, weil es sich bei einem Klienten um einen gut zahlenden Privatversicherten handelt, weil ihn respektierte Kollegen geschickt haben oder er über soziale Beziehungen verfügt, die den Analytiker beeindrucken. Noch erheblich vielfältiger sind solche Zwangsgemeinschaften in Einrichtungen, etwa in Krankenhäusern, Heimen oder Behörden.

10

Eine Lücke in der Abstinenz

> Immer wieder stoßen wir hier mit der Pflicht
> der ärztlichen Diskretion zusammen, die im
> Leben nicht zu entbehren, in unserer
> Wissenschaft aber nicht zu brauchen ist.
> Insoferne die Literatur der Psychoanalytik
> auch dem realen Leben angehört, ergibt sich
> hier ein unlösbarer Widerspruch.*

Das Ritual der analytischen Abstinenz soll im Idealfall dazu führen, daß der Analysand ungestört durch Vorgaben des Analytikers seine Übertragungsphantasien ausgestalten kann. Dieser,
da in seiner realen Situation unbekannt, kann dann die Phantasien auf ihre frühen Wurzeln hin untersuchen. Schließlich ent-
läßt er einen Patienten aus der Analyse, der sich mit aufgelöster
Übertragung der Realität seines Lebens zuwendet. Sein Analytiker hat darin nichts mehr zu suchen. Dieser sollte sich eher
freuen als gekränkt sein, wenn sein früherer Analysand, mit dem
er doch einige Jahre lang jede Woche mehrere Stunden zusammengearbeitet hat, ihn auf der Straße bei einem zufälligen Treffen nicht mehr erkennt.

Zum gelingenden Abschluß einer Analyse gehört es nach die-

* S. Freud, Bemerkungen über die Übertragungsliebe, Ges. W. X, S. 307.

ser Betrachtungsweise, daß der Analytiker als neutrale, vermittelnde Instanz verinnerlicht wird und verinnerlicht bleibt. Aus eben diesem Grund ist es auch immer problematisch, wenn Analytiker und Analysand nach Abschluß der Behandlung private Beziehungen aufnehmen. In diesem Fall wird diese innere, neutrale und in der Trennung sozusagen abgekapselte Instanz durch eine ersetzt, die weiteren, unkontrollierbaren Veränderungen unterworfen ist.

Wenn der Analytiker nach einem Jahr oder sogar unmittelbar nach Abschluß der Analyse eine sexuelle Beziehung mit seiner einstigen Analysandin beginnt, muß sich auch das Introjekt in ihr verändern, das sich im Lauf der Analyse aufgebaut hat. Die verinnerlichte Struktur, welche in der Art eines neutralen Mittlers zwischen Triebwünschen und Überich stand und die Ichfunktionen stärkte, gewinnt eine andere Qualität. Das kann beispielsweise dazu führen, daß verstärkte Idealisierungen einsetzen, die zunächst zu einer Folie à deux mit manischen Qualitäten führen, später aber zu einem depressiven Zusammenbruch.

Der Analytiker hat sich in seiner eigenen Triebhaftigkeit exponiert. Dadurch droht das Ich der Analysandin von Triebwünschen überflutet zu werden, gegen die eine Idealisierung des Analytikers aufgebaut wird. Solange er mich liebt, bin ich sicher; wenn er mich verläßt, bin ich tödlich bedroht.

Um die spezifische Problematik von Ausbildungsanalysen anzudeuten, hier eine Geschichte. Sie ist fiktiv. Jede Ähnlichkeit mit lebenden Personen wäre rein zufällig.

I.

Sie hatte ihre Diplomarbeit nur bei ihm schreiben wollen. Es gab niemanden wie ihn an der Universität. Er war jung geblieben und konnte doch diese Vorlesungen halten, die so lückenlos alles erfaßten, was es in diesem Gebiet zu wissen gab, in dem auch sie einen Platz wollte. Sie hatte doch eigentlich alles, unterschied sich in ihrem

Schicksal höchstens vorteilhaft von anderen Frauen, die keine Kinder bekamen oder keinen Mann. Gut, die Ehe war schiefgegangen, aber das passierte oft und war keiner Rede wert. Auch hatte nicht ihr Mann sie verlassen, sie hatte das Interesse verloren, sich träge verhalten im Bett (und er wußte wohl, wie leidenschaftlich sie war, wenn sie nur wollte). Da mußte er nach dem ersten blonden Halm greifen, der sich bot. Sie schieden friedlich, er zahlte, solange sie studierte, sie hatte endlich eine ganz eigene Zukunft, das wog den Verlust doch auf.

Die Studentinnen erzählten sich, er sei so breitschultrig und halte sich, kleingewachsen, derart gerade, weil er regelmäßig im Fitneßclub trainiere. Sie hätte ihn gerne einmal nackt gesehen, sie stand nicht auf Muskeln, aber bei einem Professor war das eine andere Sache. Vorerst gab es aber nichts Wichtigeres als die Diplomarbeit über das Thema: Verändert das Geschlecht von Therapeuten die Art, in der sie die Beziehung zu ihren Patienten erleben?

Endlich hatte sie Zeugnis und Diplom in der Tasche. Sie war eine arbeitslose Psychologin mehr unter den Absolventen deutscher Hochschulen, belastet durch die beiden Kinder, die sich ihre Wünsche an die Mutter auf die Zeit nach dem Examen aufgespart hatten. War das alles gewesen? Der Professor drohte aus ihrem Leben zu verschwinden. Sein «sehr gut», um das sie so gebangt hatte, schien ihr nun ein Mittel, sie abzuspeisen. Vielleicht würde sie eines Tages ihre Studien in einem seiner Bücher wiederfinden? Sie wußte nicht mehr, ob sie darüber sonderlich glücklich gewesen wäre.

Sie fürchtete sich vor solchen Grübeleien und trauerte den klaren Aufgaben während des Studiums nach. Da gab es noch Ziele. Jetzt war sie sich selber fremd. Morgens lagen ihre Hände wie häßliche, bedrohliche Tiere auf der Bettdecke, sie duschte dann eiskalt und fühlte sich wohler. War sie die Versagerin, die keinen Mann zufriedenstellen konnte? Dann wieder fühlte sie sich selbst von Schmarotzern umgeben, die Kinder schienen blutsaugerische Quälgeister, ihr Mann hatte ihr die besten Jahre ihres Lebens gestohlen und zugelassen, daß seine neue, blonde Freundin die Früchte erntete und für ihre Mühe abkassierte, aus einem verwöhnten Muttersöhnchen einen Kerl zu formen. Und der Professor versprach viel und hielt nichts.

Sie entschloß sich, ihn zu fragen, ob sie bei ihm eine Therapie machen dürfe, vielleicht eine Lehranalyse. Er war freundlich und vereinbarte ein Vorgespräch. Sie duzten sich, wie damals im Studium. Es wäre auch zu förmlich gewesen, davon abzugehen, so war er nicht. Als ihr die Zeitspanne zum nächsten Gesprächstermin zu lange erschien, rief sie ihn einfach an. Sie habe Hunger, ob sie ihn zum Essen einladen dürfe.

Er überlegte nicht lange und kam mit, wurde locker und lustig, als sie zusammen den zweiten Liter Tischwein bestellten, nahm sie zum Abschied in die Arme und küßte sie. Sie hatten auch darüber gesprochen, daß er Probleme mit seiner Freundin hatte, die war eifersüchtig auf seine Arbeit, wollte ihn ganz für sich. Andere Analytiker hielten sich etwas zugute auf ihre Zugeknöpftheit und Zurückhaltung, wie gut, daß sie einen getroffen hatte wie ihn! Sie sollte ihm alles sagen, was sie dachte, was sie träumte, wünschte – was sagen? Es gab Dinge, die sie nicht sagte, die sie tat!

Es war nach einem ihrer vereinbarten Vorgespräche, als sie ihn in seinem Behandlungszimmer anlächelte. Er lächelte zurück. Es war Sommer. Sie nahm allen Mut zusammen, ging auf ihn zu und zog ihn auf die Couch, als er sich gerade setzen wollte. Es war ganz einfach, er wollte es geradeso wie sie, sie hatte nun endlich das Mittel gegen die Ungewißheit, die sie so ängstigte: wenn er sie liebte, dann war alles gut. Sie war nie mehr allein, kein Rätsel würde sie jemals wieder quälen, er kannte die Lösungen von allen und gehörte ihr jetzt für immer.

Dann geriet alles in Unordnung. Die Therapie müßten sie nun beide vergessen, sagte er. Sie stimmte gerne zu, sie hatte nun etwas viel Besseres. Solange sie die Wärme seiner Zärtlichkeiten auf der Haut spürte, war sie auch sicher, sie hätten genau die richtige Entscheidung getroffen. Es war richtig, sie wollte ihn und keinen Therapeuten, der aus beruflichem Abstand stundenweise an ihren Problemen bosselte. Er hatte versprochen, sie anzurufen, sie wartete, blieb zu Hause, auch wenn ihre Freundin sie einlud. Er hätte doch gerade dann anrufen können! Wie ihr die regelmäßigen Treffen jede Woche fehlten, die wie von selbst da waren! Dann erreichte sie nicht den Anrufbeantworter, der falsche Versprechungen über Rückrufe machte, sondern kurz vor der vollen Stunde ihn selbst, freundlich wie immer. Endlich höre ich wieder von dir, nie Zeit gehabt, Kongreß, Ausbildungsausschuß, Fakultätssitzung, schrecklich. Jeder Abend vergeben, nächste Woche telefonieren wir wieder und verabreden uns.

Die Woche war voller Vorfreude, verdünnt hielt sie noch eine weitere Woche. Dann kam die Unruhe, kam etwas wie Angst, in der nun jeder Wunsch unterging, ihn zu treffen, ja auch nur von ihm zu hören. Im Fernsehen gab es Anspielungen, der Nachrichtensprecher musterte sie bedeutungsvoll, wenn er vom Bürgerkrieg in Jugoslawien sprach, vor dem Küchenfenster parkten und fuhren schwarze BMW-Limousinen in einem Rhythmus, der etwas verriet, ohne Genaueres preiszugeben. Wahrscheinlich wurde sie abgehört, jedenfalls beobachtet, es machte ihr Sorgen und tröstete sie doch, denn dahinter stand ein großes, geheimgehaltenes Interesse, das IHN mit ihr verband. Er hatte sie zum Gegenstand eines einzigartigen Experiments gemacht, dessen Ziele unergründlich waren und zu dessen Wesen es sehr wohl gehören konnte, daß sie nie wirklich erfuhr, worum es ging.

Als sie nicht mehr schlafen konnte, erzählte sie ihrer Schwester davon, die Ärztin war und vielleicht ein Mittel wußte, das beruhigte, ohne süchtig zu machen. Die Ursache ihrer Unruhe wollte sie nicht verraten. Sie dachte eine Weile, die Klinik, an der Roswitha arbeitete, sei in den Versuch eingeweiht (schließlich hatten der Professor und der Chefarzt im Ausbildungsausschuß miteinander zu tun). Schließlich gestand sie, warum sie über ihre Sorgen nicht in der geplanten Therapie spreche und keine regelmäßigen Termine mehr erhalten habe.

Es tat ihr gut zu sehen, wie Roswitha vor Neid und Wut fast platzte. Einen Teil des verlorenen, liebevollen Gedenkens an den Professor konnte sie wiederfinden, als Roswitha haßerfüllt vorschlug, den Verführer doch anzuzeigen – nein, das wolle sie auf gar keinen Fall. Endlich konnte sie ihm wieder etwas geben. Sie schrieb an keinen Staatsanwalt, verwendete keine Ausdrücke wie «Unzucht mit Abhängigen», «Mißbrauch», die ihre Schwester lauthals in den Raum hinein sagte. Er würde es von seinem Personal in den schwarzen Limousinen erfahren, vielleicht mithören durch eine längst installierte Wanze in ihrem Wohnzimmer, wie sehr sie ihm die Treue hielt.

II.

Ob es nicht besser wäre, diese sinnlosen Abenteuer mit Studentinnen zu lassen? Dann packte es ihn doch wieder. Eine leise Stimme im Hintergrund wiederholte «Rationalisierung, Rationalisierung». Er aber erklärte sich, daß es in der Therapie um Triebhaftigkeit gehe, die nicht pauschal vom Über-Ich, sondern differenziert vom Ich geregelt werden sollte. Seine Sache war es nicht, Askese zu üben, nur um sich nicht nachsagen zu lassen, er nehme es nicht genau mit der Abstinenz. Und er war doch schon viel ruhiger geworden. Freilich gab es auch mehr zu verlieren; er selbst verdankte seine Position im Institut der Tatsache, daß sein Vorgänger eine Patientin geheiratet hatte.

Wer nie einer Verführung nachgab, machte seinen Fehler in einer anderen Richtung als er; den fehlerlosen Analytiker (das sagte er auch seinen Studentinnen immer wieder, wenn sie mutlos wurden über ihrem Perfektionismus) gab es nicht und konnte es nicht geben. Eine lustvolle Affäre war um Welten besser als eine in wechselseitiger Frustration steckengebliebene, verfahrene Psychotherapie. Man durfte das freilich nicht allzulaut sagen.

In seinen Seminaren ging er nie weiter als bis zu der Feststellung, wer glaube, durch Abstinenz allein sei eine erfolgreiche Analyse garantiert, lebe in einer gefährlichen Illusion. Was zähle, sei die Präsenz des Analytikers, seine lebendige Gegenwart in der Übertragung, durch sie verändere sich der Analysand. Wer immer distanziert bleibe, sei ebenso skeptisch zu betrachten wie einer, der sich zu weit einlasse und schließlich der Versuchung zum Opfer falle. Seine Gedanken wiederholten sich, aber sie liefen immer darauf hinaus, daß in dem, was sich nach außen wie ein Fehltritt ausnahm und besser nicht öffentlich wurde, sehr wohl ein geheimer guter Sinn stecken konnte, von dem nur er und seine Geliebten wußten. Eine hatte ihm doch einmal beteuert, die lebendige Erotik sei die Krönung ihrer therapeutischen Gespräche gewesen, habe sie so aufgebaut, daß sie sich endlich von ihrer Vaterbindung befreit habe und selbstbewußt mit Männern umgehen konnte.

Auf Umwegen erfuhr er vom Schicksal seiner früheren Studentin. Roswitha hatte es einem Kollegen in der Klinik erzählt, dieser berichtete in einer Balint-Gruppe davon, die Leiterin der Balint-Gruppe erzählte es in einer Kollegenrunde, in der auch eine gute Freundin der Lehranalytikerin saß, mit der zusammen der Professor den Ausbildungsausschuß leitete. Jetzt legte er sich seine Verteidigung zurecht. Er habe nach zehn Sitzungen wegen einer deutlichen Ichschwäche der Bewerberin Bedenken bekommen und aus diesem Grund die geplante Behandlung abgelehnt. Die Geschichte von den Intimitäten sei Teil des Wahns und als Reaktion auf eine phantasierte Zurückweisung zu deuten. Er sei gerne bereit, sich dafür einzusetzen, daß in einer neuen Therapie die Dekompensation dieser Borderline-Persönlichkeit aufgefangen werde.

Manchmal wird mit besonderer Empörung registriert, daß die therapeutischen Lehrer (ebenso wie die akademischen oder die Lehr-Supervisoren) keineswegs auch Vorbilder an professioneller Abstinenz sind. Aber diese Empörung berücksichtigt nicht, daß in Ausbildungssituationen auch Risiken stecken, welche die Distanz gefährden.

In der oben erzählten Geschichte verändert die Tatsache, daß Professor und Studentin in einem Ausbildungsverhältnis stehen, das mit dem Abschluß des Diploms beendet wurde, die Qualität der Beziehung. Die in Heilanalysen normale Form des Endes der Beziehung nach Abschluß der Analyse findet in einer Ausbildung nicht statt. Lehranalytiker und Kandidat sind enger verbunden als Therapeut und Patientin.

Der (Lehr)Analytiker tritt nicht als neutraler Angehöriger eines fremden Berufs auf, sondern als Vertreter einer idealisierten Tätigkeit, die auszuüben dem Kandidaten so begehrenswert erscheint, daß er die Versagungen der Ausbildung auf sich nimmt. Denn eine Versagung ist es doch, eine eigene Analyse, die dem Patienten in der Regel von der Krankenkasse finanziert wird, selbst zu bezahlen.

Die Ausbildungssituation öffnet für beide Beteiligte eine Lücke in der Abstinenz, die in der Therapiesituation nicht in dieser Form besteht. Denn auch der Analytiker erkennt im Kandidaten den künftigen Kollegen. Er kann mit ihm die eine oder andere Frage auf einem abstrakteren Niveau diskutieren, als es sonst der Fall ist. Er fühlt sich ihm auch näher, denn während der Patient wie ein Gast aus einer anderen Berufswelt wieder in seine ursprüngliche zurückkehrt, ist doch der Lehranalysand wie ein Kind, das Unsterblichkeitsphantasien fragmentarisch erfüllen kann: wenn ich nicht mehr bin, wird es die Fackel weitertragen. Wenn der Lehranalytiker stirbt, lebt sein Können doch in seinem Kandidaten fort, wie doch auch das Können so vieler Analytiker in irgendeiner Form auf Freud bezogen ist, von dessen Lehranalysen sie sich doch alle herleiten. Mein Analytiker war bei einem Analytiker in der Lehre, der bei Hanns Sachs gelernt hat, der ein Freud-Schüler der ersten Generation war ...

Aus eben diesem Grund ist aber auch die Gefahr größer, daß sich Lehranalytiker und Lehranalysandin verstricken. In unserer Geschichte ist es die imaginierte Gleichberechtigung der «fertigen» Studentin und des «einstigen» Professors, die sich über das analytische Abhängigkeitsverhältnis legt. Sie erschwert es dem Professor zu erkennen, daß er eine wirklich hilfesuchende und in ihren Idealisierungen seiner Person verstrickte Patientin vor sich hat.

Weil es sich mit seinem Bedürfnis, auch einmal als Mann und nicht nur immer als kompetenter Analytiker bestätigt zu werden, besser verträgt, löscht er die Wahrnehmungen, daß es sich um eine Patientin handelt, aus seinem Gedächtnis. Nein, es ist eine frühere Studentin, eine Frau, die schon Eheerfahrung und zwei Kinder hat, die weiß, was sie will. Wenn sie ihn verführt – in Ordnung. Sie wird schon wissen, was sie tut. Sie hat schließlich studiert, hat sogar ihre Diplomarbeit über ein psychoanalytisches Thema geschrieben. Da kann man doch voraussetzen, daß sie weiß, daß sie ihn nicht als Analytiker haben kann, wenn sie ein erotisches Abenteuer sucht!

Soweit das Wunschdenken des Analytikers. Die Lehre, welche wir aus einer solchen Geschichte ziehen könnten, wäre immerhin, uns auf das alte Wissen der Psychoanalyse zu besinnen, daß unsere vernünftige Kontrolle über unser Handeln auf einem labilen Gleichgewicht brisanter Kräfte beruht, das jederzeit in die Richtungen entgleisen kann, die von Trieben oder Überich-Positionen vorgegeben sind.

Die Tatsache, das der analytische «Unterricht» in einer hochidealisierten Situation stattfindet, erschwert es sehr, mit Störungen umzugehen. Störungen können in solchen idealisierten Situationen schlecht eingegrenzt werden. Sie drohen, das makellose Bild aufzulösen, das – wie es Idealen eigen ist – eine Erfüllung von Harmonie- und Verschmelzungswünschen verspricht. Wenn ich Analytikerin werde, so scheint die Kandidatin zu glauben, dann werde ich nie mehr enttäuscht.

In lange etablierten analytischen Institutionen ist auch der Umgang mit den unweigerlichen Enttäuschungen und Einschränkungen während einer analytischen Ausbildung bereits institutionalisiert. Es gibt eine Basis von Erfahrungswerten und Handlungsmodellen angesichts der dabei entstehenden Probleme. Anders ist die Situation während der Aufbauphase eines solchen Instituts. Um sich von bereits bestehenden, als potentielle Rivalen erlebten Einrichtungen abzugrenzen, werden diese eher negativ, die eigene Institution eher positiv idealisiert. Diese Einstellungen erschweren nun den Umgang mit Realitäten, die allen Ausbildungssituationen gemeinsam sind, und mit Abstinenzproblemen, die immer auftauchen. Bei «uns» darf doch nicht sein, was wir immer bei «denen» angegriffen haben!

Während der Aufbauphase (oder «Bewegungsphase») einer Institution gelingt es zunächst, die innerhalb der aufbauenden Gruppe bestehenden Differenzen zu neutralisieren, indem Aggressionen auf die konkurrierenden Einrichtungen gerichtet werden, die den Neuankömmling mißtrauisch betrachten, ihn entwerten oder es ihm schwermachen, öffentliche Geltung zu gewinnen. In analytischen Einrichtungen ist diese Periode besonders dann sehr schwierig, wenn die neue Ausbildung sich von der «alten» dadurch unterscheiden möchte, daß sie deren Verkrustungen kritisiert und deren Unbequemlichkeiten durch nutzerfreundliche Angebote ersetzt.

Da in diesen Verkrustungen und autoritären Härten ein Feindbild aufgebaut wurde, hat es die neue Einrichtung schwer, mit den eigenen Problemen einer disziplinierten Zusammenarbeit umzugehen, sobald das Anfangsziel erreicht und die öffentliche Anerkennung gesichert ist. Jetzt schwindet die Möglichkeit, in der Solidarisierung gegen den gemeinsamen Gegner die eigenen Reihen zusammenzuhalten. Es zeigt sich auch, daß die eigene Originalität unproblematisch als sicherer Besitz erlebt werden konnte, solange klar war, das man sich gegen die erstarrten Traditionen der anderen abgrenzen wollte.

Wenn jetzt selbst Traditionen verteidigt werden müssen, geschieht das in einem unsicheren Klima: ein Teil der Institution – etwa eine Untergruppe – erinnert sich noch an die einstigen Formen der Geringschätzung von Autoritäten, der Privilegierung des Charismas vor dem Gesetz. Ein anderer Teil der Institution fürchtet, im jetzt realistischen Wettbewerb mit anderen Institutionen zurückzufallen, wenn in den eigenen Reihen Schlampereien geduldet werden, die anderswo nicht denkbar sind.

Dadurch entsteht eine Gefahr von Polarisierungen, die das

«neue» Institut ernstlich bedrohen. Denn wenn in einer Gruppe im Übergang zwischen Bewegung und Institution der Umgang mit den gemeinsamen Gesetzen noch nicht etabliert ist, sondern zwei Kräfte miteinander ringen, eine eher legalistische, konsolidierende und eine zweite, die den kreativen Impuls der Zeit idealisiert, in der das Ganze noch eine Bewegung war, kommt es zu Polarisierungen. Die «Charismatiker» idealisieren die Zeit, in der Überzeugung und Einsatz noch mehr galten als Erfüllung der Regeln; die «Legalisten» fürchten das Chaos und den schlechten Ruf, die entstehen müssen, wenn eine größere Institution nach Lust und Laune regiert wird.

Es würde in einen anderen als den hier untersuchten Bereich führen, diese Entwicklungen noch genauer zu verfolgen. Hier geht es um die Abstinenz von Therapeuten, insonderheit um den Zusammenhang zwischen Abstinenzverfehlung und Institution beziehungsweise Ausbildung. Während der Aufbauphase einer therapeutischen Institution ist die Abstinenzlücke, die immer dann entsteht, wenn Kandidat und Analytiker nach dem Ende der Analyse in einem sozialen Zusammenhang bleiben, besonders groß. Denn eine Institution in der Bewegungsphase braucht, ähnlich der kämpfenden Truppe, schnell möglichst vertrauenswürdige und solidarische Mitarbeiter. In Instituten, die gerade aufgebaut werden, ist daher der Abstand zwischen dem Status des Kandidaten und dem des fertigen Therapeuten, Dozenten und Lehranalytikers besonders gering.

Aus diesen Gründen sind Abstinenzverletzungen an der Tagesordnung, aber sie bleiben während der Bewegungsphase eher unauffällig, werden vielleicht sogar idealisiert – wir wagen etwas, was sich die verkopften und verknöcherten «Alten» nicht zutrauen, wir nehmen Psychotiker in Analyse, gehen mit unseren Patienten ein Bier trinken, sitzen nach den Gruppentherapiestunden mit ihnen zusammen und plaudern. Wenn der Partner eines Analysanden ebenfalls unsere Behandlung wünscht – keine Frage. Unsere charismatische Gründergestalt hat das auch alles mit uns getan – wir können das.

Weil es am Anfang nur einen oder zwei Lehranalytiker gibt, sind alle Kandidaten bei diesen. Noch während der Analyse werden sie Dozenten. Weil es selbstverständlich ist, private Rückzugsbedürfnisse und analytische Abstinenzrituale gegenüber der gemeinsamen Aufbauarbeit zurückzustellen, sieht niemand ein Problem darin, daß der medizinisch geschulte Kandidat der Hausarzt seines Lehranalytikers wird und die wirtschaftlich beschlagene Psychologin ihre Lehranalytikerin beim Kauf einer Eigentumswohnung berät.

Solche Erfahrungen bereiten die künftigen Analytiker nicht hinreichend auf ihre Rolle vor. Ihre Abstinenz bleibt erschütterbar, und es hängt von verschiedenen Einflüssen ab, wie sie sich entwickelt. Während der engen gemeinschaftlichen Kontakte und der intensiven Auseinandersetzung während der Aufbauphase sind nach meinen Erfahrungen grobe Abstinenzverletzungen selten. Sie treten eher dann auf, wenn die Institution sich konsolidiert hat und es keine gemeinsame emotionale Gruppenspannung mehr gibt. Jetzt bilden sich Untergruppen. Wer in einer Untergruppe ist, in der er weiter die eigene Entwicklung reflektieren und die Grenzen des eigenen Wissens und der eigenen Vorerfahrungen erkennen und erweitern kann, wird die anfänglichen Mängel seiner beruflichen Sozialisation überwinden. Gefährdet erscheinen mir jene, die aufgrund ihrer Persönlichkeitsstruktur aus solchen Untergruppen herausfallen.

Während der Aufbauphase von größtem Wert, sind diese Personen in der Konsolidierungszeit ein großes Problem. Sie können sich nicht in einem festen Rahmen entwickeln, sondern brauchen die Möglichkeit, an diesem Rahmen zu rütteln, sich ihm gegenüber dissident zu verhalten, um ihre Identität zu behaupten. So werden sie, die einst der kraftvolle Motor des Aufbaus waren, zu einem Störfaktor. In extremen Fällen führt das dazu, daß sie sich der von ihnen als dissidente Institution gegründeten Einrichtung gegenüber erneut dissident verhalten. Aus der Wegbegleiterin im Kampf gegen die böse Mutter ist in ihrem unbewußten Erleben dann wieder die böse Mutter geworden. Die Beziehung von Sandor Ferenczi zu Freud ist ein Beispiel aus der frühen Geschichte der Psychoanalyse.

In dieser Situation werden die immer bestehenden Abstinenzlücken in Ausbildungseinrichtungen zum Problem. Sie eignen sich immer, in Auseinandersetzungen zwischen Analytikern den Ruf eines unliebsamen Konkurrenten zu beschädigen. Anderseits ist die Abstinenzverletzung auch ein Mittel für einen sozial belasteten Analytiker, sich in ähnlicher Weise zu stimulieren, wie es ein Extremsportler in einer emotionalen Krise tut, wenn er ein unkalkulierbares Risiko eingeht.

Wenn es in einer analytischen Institution heftige Spannungen gibt, ist das solidarische Auftreten gefährdet. Eine Phantasie, von den Kollegen im Stich gelassen oder bekämpft zu werden, führt in allen Helfer-Institutionen zu einer Distanzverminderung zwischen Helfer und Klient. Helfer, die sich isoliert und unsicher fühlen, können ihre Identität – und damit die Souveränität ihrer Abstinenz – längst nicht so gut bewahren wie Helfer, die sich in einer Gruppe integriert fühlen.

Einige Schlußfolgerungen zu dem Zusammenhang institutioneller Dynamiken mit Abstinenzlücken:

1. Die therapeutische Identität und mit ihr die Abstinenzsicherheit hängt davon ab, wie gut ein Therapeut in seiner Kollegengruppe integriert ist und wieviel narzißtische Zufuhr er von dort bekommt. Umgekehrt steigern Gefühle der Isolation und mangelnden Anerkennung von seiten der Kollegen die Gefahr,

daß therapeutische Beziehungen mißbraucht werden, um zusätzliche Gratifikationen zu gewinnen.

2. Ausbildungssituationen gefährden die Abstinenz von seiten des Kandidaten, weil sie die Idealisierung eines Lehrtherapeuten als berufliches Vorbild steigern und es erschweren, angesichts der künftigen beruflichen Zusammenarbeit die Therapie wirklich in eine stabile Trennung auslaufen zu lassen.

3. Auch der Lehrtherapeut ist stärker gefährdet, weil die Tatsache, daß seine Patientin nach dem Ende der Analyse Kollegin ist, ihn in einer illusionären Überschätzung ihrer Fähigkeiten bestärken kann, mit ihm eine gleichberechtigte Beziehung zu leben.

11

Die posttherapeutische Liebe

> Gewiß ist auch ein dritter Ausgang denkbar,
> der sich sogar mit der Fortsetzung der Kur zu
> vertragen scheint, die Anknüpfung illegitimer
> und nicht für die Ewigkeit bestimmter
> Liebesbeziehungen; aber dieser ist wohl durch
> die bürgerliche Moral wie durch die ärztliche
> Würde unmöglich gemacht.*

Aus den Anfängen der Psychotherapie ist vor allem eine Beobachtung zum Bestandteil unserer Alltagstheorie geworden: daß menschliche Emotionen Elementarereignisse sind, welche nicht ohne Schaden für die Person auf Dauer unterdrückt werden können. Diese Trivialisierung der Lehre vom Unbewußten ist unvollständig. Sie denkt nicht an die Möglichkeiten der Sublimierung, die Freud für so wesentlich gehalten hat: den wilden Affekt nicht auszuschließen, aber ihm auch nicht nachzugeben, sondern ihm standzuhalten und ihn in bewußter Arbeit auf einer höheren, sozial anerkannten und nützlichen Ebene zu befriedigen.

Kritische Beobachter der allzu wohlwollenden Aufnahme der Psychoanalyse in der Konsumgesellschaft haben seit den dreißi-

---

* S. Freud, Bemerkungen über die Übertragungsliebe, Ges. W. X., S. 307.

ger Jahren auf eine «repressive Entsublimierung» (Herbert Marcuse) hingewiesen. Gemeint ist die Tendenz, nicht mehr den Verzicht auf sexuelle Befriedigung hochzuschätzen, aber die Libido auch nicht wirklich freizulassen, sondern ihre Befriedigung in eine Art Lust-Leistung hineinzukanalisieren. Die Liebenden der Jahrhundertwende durften nicht miteinander schlafen; taten sie es doch, so war es ihre Sache, was geschah. Die Liebenden der sechziger Jahre waren über kleinbürgerliche Vorurteile erhaben und konnten sich ihre Emanzipation im Bett beweisen. Aber es gab eine Art Orgasmuspflicht und sehr besorgte Gespräche in einem keineswegs leidenschaftlichen Klima, wenn «es» nicht geklappt hatte.

Vielleicht hängt die Kritik an der repressiven Entsublimierung beziehungsweise an den unterdrückenden Qualitäten der scheinbar freigesetzten Triebhaftigkeit durchaus mit den Wahrnehmungsverzerrungen zusammen, welche gegenwärtig an den Debatten über sexuellen Mißbrauch kritisiert werden. In den 68ern war es eine beliebte und von den Partnerinnen der männlichen Protagonisten durchaus demütig akzeptierte Aussage, daß sexuelle Verweigerung kleinbürgerlich sei und widerwärtige Verkrampfungen ausdrücke. Ähnliche männliche Rhetorik wird heute im Extremfall mit einer Anzeige wegen sexueller Belästigung quittiert. Beide Aussagen stehen für ein drittes Phänomen: gesellschaftlich produzierte Normierungen dringen in die Intimsphäre ein – ob sie nun die Erotik erzwingen oder dämonisieren. Es darf nicht mehr geschwiegen werden; in ihren moralischen Forderungen, «das Schweigen zu brechen», stimmten die 68er mit den 88ern überein, auch wenn sich die Inhalte der Rhetorik widersprechen. Es ist, als ob mit den Wissenschaften der Pädagogik, Psychologie und Soziologie die moderne Gesellschaft in ihrem Innen Kolonien entdeckt hat. In diesen gibt es zwar Palastrevolutionen, Unabhängigkeitserklärungen und langwierige

«Befreiungskriege», denen mit ihren Ebenbildern in der äußeren Geschichte die Tatsache gemein ist, daß dort, wo einmal kolonisiert wurde, auch die «Befreiung» keinen ursprünglichen Zustand herstellt.

Unbeantwortbar scheint mir die Frage, ob die psychoanalytisch «befreite» Sexualität glücklicher ist als die viktorianische, die von Mißbrauchsvorwürfen umzingelte moralisch geordneter als die rebellische der Kommune I. Unklar ist noch, wohin die gegenwärtigen Versuche führen, den einst gegen die Privilegien des Adels gerichteten Straftatbestand der «Unzucht mit Abhängigen» auszuweiten, bis der Zölibat in den Hierarchien der Arbeitswelt durchgesetzt ist.

Ob es den Interessen der Betroffenen dient, wenn es unmöglich wird, sich ohne moralische Fußangeln aus einer professionellen Abhängigkeit heraus zu lieben, scheint ebenso ungewiß wie die Herstellung sexueller Tugend durch Strafdrohungen. Wo es um Lust und Abhängigkeit geht, sei es die Lust an der Droge, sei es die Lust am Sex, ist es gegenwärtig kaum möglich, den Grundsatz aufrechtzuerhalten, daß dort, wo es keinen Geschädigten außer dem Täter beziehungsweise der Täterin gibt, der Staatsanwalt nichts zu suchen hat.

Fall 1: «Ich habe mich so gefreut und hatte soviel Angst, als sei ich nicht vierzig und geschieden, sondern siebzehn und das erste Mal verabredet. Bevor ich ihn traf, habe ich mich fünfmal umgezogen. Beim Essen zitterte ich so, daß ich kaum das Weinglas halten konnte. Dann wurde ich aber ruhiger. Er hat mir erklärt, daß er verheiratet ist und einen vierzehnjährigen Sohn hat, daß er aber mit mir befreundet sein will und sich weiter mit mir treffen möchte. Aber er will keine Komplikationen und Verwicklungen mit seiner Ehe, und er arbeitet viel und hat wenig Zeit.

Ich habe bei Freundschaft gedacht, das ist etwas ohne Sexualität, aber er hat den ganzen Abend mit mir geflirtet. Dann wollte ich ihn nach Hause fahren. Auf dem Parkplatz hat er mich in die Arme genommen und geküßt und mir gesagt, er spürt mich so gerne, und für mich wäre die Schwelle fast weggewesen, mit ihm zu schlafen. Aber ich hatte zwei Gläser Wein getrunken, und ich vertrage nicht mal eines, ich wollte nicht, daß ich dabei halb weg bin, wenn es schon nach zwei Jahren das erste Mal ist, daß ich mit einem Mann schlafe.»

«So habe ich ihn nach Hause gefahren und mit ihm vereinbart, daß er am nächsten Wochenende zu mir kommt. Ich habe dafür gesorgt, daß meine Tochter zu dieser Zeit bei Verwandten war, und auf seinen Anruf gewartet. Ich wollte ihn nicht anrufen, ich darf nicht aufdringlich sein und es für ihn schwierig machen. Aber er rief das ganze Wochenende nicht an. Ich dachte abwechselnd, es bedeutet gar nichts, oder es heißt, daß er im Krankenhaus liegt, während der Therapie hatte er immer wieder Sportverletzungen, er achtet nicht auf sich. Am Montag habe doch ich ihn angerufen, weil ich mir Sorgen machte. Er war ganz anders als sonst, nicht so, wie ich ihn als Therapeuten kannte, sondern eher wie ein Manager, er habe so viel zu tun gehabt, es sei nicht gegangen, es sei sonst nicht seine Art, er müsse verreisen, er werde nächste Woche wieder anrufen.»

«Jetzt weiß ich nicht, ob ich etwas falsch gemacht habe. Es geht mir sehr schlecht, ich glaube, ich werde nie wieder einen Mann finden, der mir gefällt. Am liebsten würde ich mir die ganze Sexualität wegmeditieren. Ich habe ihn doch immer gleichzeitig als Mann und als Therapeuten gesehen. Und der Mann hat mir sofort gefallen. Ich entscheide das bei Männern immer in den ersten Minuten – küßbar oder nicht küßbar. Und er war von Anfang an küßbar. Er hat mir während der Therapie gesagt, ich sei eine Frau, die Männern sehr viel geben kann. Aber wenn er eine Frau und ein Kind hat, was braucht er dann davon?»

«Ich habe meiner Freundin gesagt: Neben dem kannst du den Kevin Kostner glatt vergessen, so gut sieht der aus. Sie sagte: Du spinnst, der ist doch ein ganz normaler Mann.»

«Aber er hat mir sehr geholfen, mich von meinem früheren Freund zu trennen. Er hat mir klargemacht, was das für eine masochistische Beziehung war. Ich mußte immer um alles betteln, ich habe die Wohnung bezahlt und das Essen, er hat gemacht, was er wollte, kam oft nächtelang nicht nach Hause, dann stand er wieder da, und ich mußte ihm alles verzeihen. Er hat mich von allen früheren Freunden weggebracht, weil er mit keinem zurechtkam. Nach vier Wochen mußte ich sagen, daß ich jetzt langsam Kopfweh bekomme, dann hat er sich herabgelassen, mit mir zu schlafen. Seit der Therapie bin ich wirklich frei von ihm, ich konnte mich abgrenzen. Jetzt war ich die Stärkere und habe ihn weggeschickt. Aber die letzten Monate der Therapie hab ich immer nur darauf gewartet, daß sie endlich vorbei ist und wir uns privat treffen können. Er hat auch immer gesagt, daß das möglich wäre. Er müsse allerdings noch warten, mindestens drei Monate.»

«Manchmal denke ich, ich müßte sagen: Rutsch mir den Buckel runter! Dann denke ich, ich habe einen riesigen Fehler gemacht, nicht gleich am ersten Abend mit ihm zu schlafen – jetzt ist er beleidigt. Ich meine, ich muß ganz vorsichtig sein und darf ihm nichts zumuten, er hat schließlich gesagt, er will keinen Ärger.»

Kommentar: Die dreiundvierzigjährige, sportlich gekleidete Patientin ist beruflich erfolgreich, aber in ihren Liebesbeziehungen wenig selbstbewußt, was sie zum Teil durch forsches Verhalten ausgleicht. Sie stellt sich unterwürfig, teilweise masochistisch auf ihre Partner ein und sucht dadurch, Selbstgefühlsmängel auszugleichen und Aggressionen zu binden, die zwangsläufig entstehen, wenn ihre liebevollen, aufopfernden Bemühungen nicht erwidert werden. Weil sie nach dem Abschluß ihrer ersten Therapie fürchtete, ihre früheren Depressionen würden in der posttherapeutischen Liebe wiederkehren (an der sie festhalten wollte), suchte sie Hilfe und akzeptierte das Angebot, in einer analytischen Therapiegruppe mitzuarbeiten.

Mir schien, daß sie mit der Verliebtheit in den Therapeuten aufkeimende Aggressionen überspielt hatte und die Schwierigkeiten einer depressiven Persönlichkeit, mit der Enttäuschungswut in einer Liebesbeziehung umzugehen, nicht hinreichend bearbeitet worden waren. Sobald sie sich mit der Enttäuschung hätte auseinandersetzen müssen, daß der Therapeut die masochistische Beziehung beenden half, damit aber auch die befriedigenden Seiten dieser Partnerschaft verloren waren, setzte eine Abwehr ein, welche ihre negativen Gefühle durch eine Steigerung der Idealisierung des Therapeuten zur Verliebtheit ausglich.

Statt diese Verliebtheit zu deuten und auf ihre Widerstandsqualität hinzuweisen, fühlte sich der Therapeut geschmeichelt und bot an, sie zu erwidern, wenn erst die Therapie zu Ende sei. Die Patientin «wußte» gar nicht, daß er verheiratet war, das heißt, sie wollte es nicht wissen. Die so verstärkte und nicht in kritische Distanz gerückte Hoffnung führte dazu, daß sich die Patientin größte Mühe gab, eine lästige Therapie schnell abzuschließen, um die ersehnte posttherapeutische Erfüllung zu finden. Sie machte sozusagen nur noch Fortschritte, einen allerdings nicht: Sie konnte in keine neue Liebesbeziehung finden, sondern wartete auf den idealisierten Helfer-Geliebten.

Unter diesen Umständen war die Eröffnung des Therapeuten, daß er verheiratet sei und nicht mehr bieten könne als eine «unkomplizierte» Freundschaft, bereits eine herbe Enttäuschung. Die Patientin war jedoch trotz der Pause nach der Therapie und ihrer oberflächlichen Bereitschaft, zwischen dem «Mann» und dem «Therapeuten» zu trennen, zu sehr mit dem Geliebten und seiner Sicht der Situation identifiziert, um sich zu wehren. Sie steigerte ihre Bereitschaft, dem geliebten Mann alles zu verzeihen und die Beziehung anzunehmen, die er ihr anbot. Das heißt, sie inszenierte mit dem Therapeuten die masochistische Beziehung erneut, die sie in die Behandlung geführt hatte. Sie versuchte, an der Hoffnung festzuhalten, die Liebesbeziehung mit dem Therapeuten erfülle endlich die in der Behandlung unerfüllt gebliebene Sehnsucht nach einer idealen, aufwertenden, alle Mängel des Selbstgefühls lösenden Beziehung. Allerdings war sowohl im Verhalten des Therapeuten, der eine Denkpause forderte, wie im Verhalten der Patientin, die eine neue Therapie aufsuchte, auch ein Stück Abstand und Reife zu beobachten.

Durch sein taktierendes Entgegenkommen hat der Therapeut sie behindert, sich wirklich aus ihrer masochistischen Einstellung zu befreien. Der weitere Verlauf dieser Beziehungsgeschichte überraschte die Therapiegruppe, die während einer ersten Sitzung zu diesem Thema an den Illusionen und Ängsten der Verliebten gearbeitet hatte. Sie ging danach etwas ruhiger in die nächste Begegnung.

«Ich sagte mir, er hat ja auch was von mir, ein schönes Essen, guten Wein und mich! Und ich habe mir vorgestellt, daß jetzt wirklich nur ein Mann kommt und nicht mein Therapeut. Er hatte auch erst ein schlechtes Gewissen und hat gesagt, daß es ein Fehler war, sich überhaupt auf diese Sache einzulassen. Dann ist er aber doch die halbe Nacht geblieben, und es war wunderschön. Ich habe mich auch nachher so gut gefühlt wie schon lange nicht mehr. Es war mir egal, wie es weitergeht, ich wollte das jetzt einfach haben, und wenn ich später leiden muß, hatte ich wenigstens etwas Schönes gehabt.

Wir haben kein neues Treffen verabredet, sondern nur einige Male telefoniert. Aber es geht mir immer noch gut damit, daß es passiert ist. Ich hatte Angst, ich hätte es ganz verlernt, so lange hatte ich mit keinem Mann geschlafen. Aber ihr hattet schon recht: es ist wie mit dem Schifahren, man verlernt es nicht.»

«Es gibt da ein Buch», sagte ein Gruppenmitglied. «‹Als hätte ich mit dem lieben Gott geschlafen› oder so.»

«Das kenne ich, das habe ich gelesen. Aber da geht es um Verführung während der Therapie, nicht ein halbes Jahr später.»

Die Entwicklung meiner Gruppenpatientin zeigt, wie schwierig es ist, Folgen in diesem Feld zwischen Übertragung und realer Beziehung abzuschätzen. In diesem Fall führte die therapeutische Bearbeitung nicht dazu, daß die Patientin sich endgültig von dem früheren Therapeuten trennte, obwohl ich – ohne ihr nun direkt zu raten – diesen Ausgang durch meine Deutungen nahelegte und ein Gruppenmitglied empört nach dem Staatsanwalt rief. Sie blieb dem früheren Therapeuten treu und riskierte es, sich auf die sexuelle Beziehung einzulassen. Gegenwärtig, zwei Jahre nach dieser Szene, hat sich diese Beziehung zu dem früheren Therapeuten gefestigt. Er hat sich von seiner Frau getrennt. Meine erste Vermutung, daß die posttherapeutische Liebe wegen der mangelnden Bearbeitung ihrer Selbstwertprobleme und masochistischen Einstellungen scheitern müsse, hat sich nicht bestätigt. Die Einsicht der Patientin, sie müsse – wenn sie schon den früheren Therapeuten zum Liebhaber nehme – mit einem anderen Therapeuten weiterarbeiten, hat vielleicht zu dieser Entwicklung beigetragen. Sie hat die Ent-Idealisierung des Therapeuten erleichtert. «Ich muß einsehen, daß er ein ganz gewöhnlicher Mann ist, wie jeder andere auch, und daß ich dann schon sehe, ob ich ihn genügend liebe. Und er ist derselben Meinung!»

«Er ist immer so fertig, wenn er nach Hause kommt, und will dann gar nichts mehr von meinen Problemen hören. Ich muß dann einfach Rücksicht nehmen», sagte die Patientin einmal in der Gruppe, als sich die Beziehung schon zu größerer Nähe entwickelt hatte.

«Vielleicht willst du besonders viel von ihm, weil er einmal dein Therapeut war?»

«Kann schon sein. Aber ich wüßte wirklich gerne, ob alle Therapeuten so fertig nach Hause kommen, daß sie gar nicht mehr ansprechbar sind.»

«Wir haben ja einen Therapeuten hier. Fragen wir ihn!»

«Also, Herr Schmidbauer, es geht nicht anders. Sind Sie auch so fertig, wenn Sie nach Hause gehen?»

«Sie kennen mich doch schon eine ganze Weile, Sie sehen mich an einem Abend jede Woche, was haben Sie denn für einen Eindruck? Sieht es so aus, als ob mich die Arbeit total fertig macht?»

«Wenn ich Sie so anschaue, nein, eigentlich nicht. Ich hab den Eindruck, daß Sie nicht erschöpft nach Hause kommen. Das muß also nicht sein. Ich glaube, ich muß mich da mit ihm streiten, weil – das kenne ich ja: wenn man etwas nicht gerne hört, dann ist man plötzlich ganz müde von der vielen Arbeit; wenn es aber etwas Schönes gibt, hat man den Streß vergessen.»

Diese Geschichte ist eine unter mehreren, die mich gelehrt haben, die posttherapeutische Liebe nicht immer unter einem Mißbrauchs-Modell zu betrachten. Verglichen mit der masochistischen Beziehung zu einem Mann, der sie finanziell ausnützte und als Frau entwertete, ist der verheiratete oder überarbeitete Therapeut die weniger masochistische Variante. Ob es klüger ist, sich durch Askese auf reife Beziehungen vorzubereiten oder auch weniger reife Lustquellen zu akzeptieren, ist nicht leicht zu entscheiden.

Fall 2: Nach einem Kurs in einer Volkshochschule kommt eine Teilnehmerin – nennen wir sie Marianna – zu dem Dozenten und fragt, ob er sie in Therapie nehmen wolle. Während des Kurses ist beiden deutlich geworden, daß sie einander sympathisch sind, sie haben geflirtet und sind einmal auf einer gemeinsamen Wanderung ein Stück Hand in Hand gegangen.

Der Kursleiter gehört zu meinem Bekanntenkreis, und ich habe auch in Gruppen mit ihm zusammengearbeitet. So konnte ich seine Geschichte mit Marianna über rund fünfzehn Jahre verfolgen. Zunächst hatte er Mariannas Wunsch nicht strikt abgelehnt, sondern seine Zweifel mit ihr besprochen. Die bisherige, freundschaftliche und ein wenig flirtende Qualität ihrer Beziehung sei vielleicht ein Hindernis in ihrer therapeutischen Arbeit. Sie seien per Du, was eine Distanz erschwere. Ob sie sich wirklich die relativ weite Reise zumuten wolle, um in seine Praxis zu kommen?

Marianna wirbt um eine Behandlung bei ihm. Sie bewege sich – selbst Psychologiestudentin – in der kleinen Universitätsstadt viel zu sehr in den Kreisen der Therapeuten, um dort etwas zu machen; sie könne sich nicht vorstellen, zu einem gänzlich Fremden zu gehen, sie finde es wichtig, auch die Verliebtheit zu bearbeiten, die sie spüre, und zu klären, was sie mit ihrem verstorbenen Vater zu tun habe, mit dem sie eine sehr intensive und gespannte Beziehung gelebt habe. Sie bitte ihn, seine Bedenken zu überwinden.

Der Therapeut findet sich dazu bereit. «Ich dachte, es ist eigentlich keine schlechte Voraussetzung, daß ich sie mag, und es war mir klar, daß während der Therapie unser Kontakt strikt auf die Stunden beschränkt ist und dort wirklich gearbeitet wird.» Während der Behandlung verhält er sich also abstinent. Marianna kämpft gelegentlich darum, doch bei dem schönen Wetter spazierenzugehen oder einen Kaffee zu trinken. Er schlägt ihr diese Wünsche ab. Sie hätten sich nun eben für die Therapie entschieden, und das heiße Arbeit; Arbeit aber heiße doch keineswegs, daß erotische Wünsche und Sympathien nicht sein dürften. Aber es müßte bei den Wünschen bleiben.

«Was ich ihr nicht gesagt habe», gestand der Therapeut einmal, «ist, daß ich wirklich gerne mit Marianna zusammen wäre, wenn ich nicht glücklich verheiratet wäre. Es ist manchmal schon ein Jammer, daß ein Mann nicht zwei Leben an verschiedenen Orten führen kann.» Die therapeutische Arbeit befaßte sich immer wieder mit Mariannas Selbstwertproblemen und ihrer Neigung zu masochistischen Beziehungen. Sie schien sich nur in Männer zu verlieben, die sie auf Abstand hielten; andere, die sie begehrten, fand sie nicht attraktiv. Als sie berichtete, wie sich ihre Vermieterin über die Geräuschbelästigung der Nächte mit einem verheirateten Liebhaber beklagt habe, spürte der Therapeut sexuelle Erregung. «Ich wäre gerne an seiner Stelle gewesen. Ich vermutete, die Situation habe mit einer gespaltenen Übertragung zu tun. Ich bin nicht eifersüchtig, aber ich hätte auch gern etwas davon. Aber augenblicklich sind andere Themen im Vordergrund. Marianna muß endlich Ordnung in ihr Leben bringen. Sie muß sich entscheiden, ob sie ihr Studium fortführen oder eine andere Aufgabe anpacken will.»

Dieser Teil der therapeutischen Arbeit gelingt. Während der dreijährigen, wegen der großen räumlichen Distanz niederfrequenten Behandlung (eine Doppelstunde im Monat) lernt Marianna allmählich, ihre Arbeitsstörungen zu überwinden. Sie kann ihr Studium abschließen. Vor dem Examen beendet sie die Behandlung.

Marianna und ihr Therapeut bleiben in Briefkontakt. Sie trifft ihn drei Jahre später nach einem Kongreß. Sie gehen zusammen essen. Als er zu seinem Zug muß, gesteht sie ihm, daß sie eigentlich in ihrem Hotel die Nacht mit ihm verbringen wollte. Er sagt, wie schade, daß er davon nicht früher gewußt hätte, aber es sei vielleicht auch gut, daß sie sich nun noch einmal überlegen könne, ob die Therapie wirklich abgeschlossen und eine private Beziehung möglich sei. Marianna baut eine eigene psychologische Praxis auf und lädt ihn ein, doch in ihrer Heimatstadt einen ähnlichen Kurs zu halten wie den, in dem sie ihn kennengelernt hat. Er vereinbart einen Termin für nächstes Jahr. Während der Kurszeit wohnt er bei ihr; es entspinnt sich ein sexuelles Verhältnis.

Sie sprechen darüber, ob es in Ordnung ist, was sie tun. Auch Marianna ist inzwischen Therapeutin. Sie hat mit solchen Fragen der Abstinenz Erfahrungen. Dennoch verdächtigt sie der frühere Therapeut manchmal, daß sie ihm nach dem Mund redet, etwas sagt, was er hören will, weil es die erotische Nähe zuläßt.

«Ich weiß gar nicht, was du willst», sagt Marianna. «Wer, wenn nicht ich, soll denn wissen, ob ich dich als Freund oder als Therapeuten sehe? Eigentlich warst du immer mehr ein Freund. In der Therapie habe ich mich auch wohl gefühlt, es war nur manchmal etwas krampfig. Und das Wichtigste ist doch, daß du ganz anders bist als mein Vater. Mit dem konnte ich doch nicht reden. Er brauchte mich, daß es ihm bessergeht, aber ich zählte gar nichts dabei. Mit dir habe ich immer das Gefühl, daß du mich meinst.»

Immer wieder tauchen Zweifel auf, und immer wieder bestätigen sich die beiden, daß ihre Freundschaft eine Bereicherung ihres Lebens ist. Marianna betont, daß sie sich selbstbewußter fühlt, weil der Therapeut, den sie schon beim ersten Kennenlernen mochte, ihre Zuneigung erwidert. Manchmal ist sie enttäuscht, daß er sie nicht öfter besucht; einmal schreibt sie ihm, sie wünsche sich sehr, daß er mit ihr in Urlaub fährt. Er antwortet, er fühle sich zu sehr an seine Familie gebunden, um sich ohne die Entschuldigung eines beruflichen Termins mit einer Freundin zu treffen.

Kommentar: In dieser Geschichte versucht der Therapeut von Anfang an, die Frage der gegenseitigen Anziehung offen zu diskutieren. Er trennt klar zwischen Therapie und privater Beziehung; solange die Therapie läuft und er für seine Arbeit bezahlt wird, gibt es keine privaten Treffen. Auf der anderen Seite ist sein Verständnis von Abstinenz bereits im Vorfeld nicht strikt. Er ist nicht unempfänglich für die Anziehung, die Marianna ausübt, und scheint zu glauben, daß die Anziehung, welche er zu Marianna spürt, eine therapeutische Arbeit nicht behindert. Dahinter stehen wohl seine Ängste, sie einem anderen Therapeuten zu überlassen.

Daß hier der Therapieerfolg nicht durch die sexuelle Beziehung gefährdet wurde, hängt damit zusammen, daß er nicht im Hinblick auf eine solche Übertragungsbefriedigung eintrat, sondern unabhängig von ihr. Anscheinend hat sich in den insgesamt vier Jahren, die zwischen dem Ende der Behandlung und dem Beginn der Liebesbeziehung lagen, Marianna so weit gefestigt und verselbständigt, daß der Therapeut nicht wegen einer instabilen Idealisierung, sondern wegen realistischer und erwiderter Sympathie als Freund erlebt und in diesem Rahmen auch eine erotische Beziehung gesucht wurde.

Die Reste an Verschmelzungssehnsucht, die bei beiden vorliegen – der Therapeut berichtet, er habe gelegentlich phantasiert, wenn er seine Ehefrau verliere, wolle er Marianna heiraten; Marianna wünschte sich in analogen Phantasien ein Kind vom Therapeuten – wurden offen ausgesprochen und mit einem wehmütigen Lächeln beiseite gelegt. Die beiden haben sich in den letzten Jahren nicht mehr getroffen. Marianna macht gegenwärtig eine zweite Analyse; sie schreibt ihrem Freund gelegentlich davon und sagt, die Beziehung zu ihm hätte ihr sehr geholfen, sich mit ihrem Vater auszusöhnen. Der Therapeut reagiert auf diese Briefe mit einer Mischung aus Erleichterung und Sorge, der Analytiker Mariannas könnte ihn für jemanden halten, der leichtfertig mit seiner Verantwortung umgeht.

Diese beiden Fallbeispiele zeigen, wie komplex die Probleme sind, die durch Abstinenzverletzungen entstehen. Im ersten Fall erleben die Beteiligten zu Beginn eine Beziehung, die zu schön ist, um wahr zu sein. Entsprechend angenehm und erfolgreich ist die Therapie. Die Probleme konzentrieren sich auf den Punkt, an dem die Therapie zu Ende ist und die private Beziehung beginnen könnte. In den Fällen einer posttherapeutischen Liebe zeigt sich, daß nicht nur Professionalität, sondern auch Liebe vor einem Mißbrauch von Abhängigkeit und Idealisierung schützt. Problematisch ist unter dem Gesichtspunkt der Professionalität, daß Liebe die Menschen verwirrt und ihnen oft vorgaukelt, ihre eigenen Bedürfnisse seien auch die des oder der Geliebten. Unter dem Gesichtspunkt der Liebe hingegen ist es sehr fragwürdig, daß professionelle Macht Ungleichheit herstellt und die Macht des Beziehungshelfers verhängnisvoll wird, wenn er sie benützt, um seine Liebe durchzusetzen.

«Ich habe immer wieder diesen Konflikt erlebt», sagte Mariannas Therapeut. «Ich fand ihn unlösbar, obwohl ich meine Entscheidung nicht bedaure. Es ist aber für mich klargeworden, daß ich ein zweites Mal Marianna nicht in Therapie nähme. Ich denke, es war eine zu anstrengende und aufwühlende Erfahrung, um sie zu wiederholen. Das mag daran liegen, daß ich jetzt fünfzehn Jahre älter bin als damals. Vielleicht sind meine Bedürfnisse, eine attraktive Frau nicht loszulassen, geringer geworden. Denn das war sicher mein Anteil an der Sache: daß ich Marianna nicht loslassen konnte. Das war unprofessionell, aber liebevoll. Sie sagt, es habe ihr genützt und sei das beste gewesen. Aber vielleicht schont sie mich.»

Der Therapeut soll einen emotionalen Dialog aufrechterhalten und gleichzeitig diesen kontrollieren. Die rein objektivierende Position («Operation gelungen, Patient tot») gilt unter Therapeuten ebenso als Kunstfehler wie die Preisgabe der Abstinenz.* Daher läßt sich das Problem der Abstinenzverletzung auch mit legalistischen Argumenten nur sehr oberflächlich erfassen. Ich erinnere mich an eine feministische Therapeutin, die während einer Fernsehdiskussion kategorisch feststellte: «Selbst wenn die Patientin sich vor ihm nackt auszieht und auf den Teppich legt, muß der Therapeut auf Sex verzichten!»

Wenn es ausreichen würde, Therapeuten gegen solche groben Verführungsversuche zu wappnen, wäre die Aufgabe der Supervision leicht lösbar. Auf solche Szenen kann sich ein Mensch gut vorbereiten, in ihnen kann er klare Entscheidungen treffen. In der Realität wichtiger ist die Aufmerksamkeit für erosive Prozesse in einer Therapie.

Die legalistische Metapher geht davon aus, daß therapeutisch-abstinentes und egoistisch-triebbefriedigendes Verhalten klar unterschieden werden können. Aber die Situation ist erheblich komplizierter. Die Analyse konkreter Abstinenzverletzungen zeigt meist einen langen Prozeß der Entgleisung, der mißlungenen Einigung über die Inhalte und die Form der Therapie, eine intensive Wechselwirkung zwischen den an der Situation Beteiligten.

Nach außen sieht die Therapie noch ganz «normal» aus. In Wahrheit hat sie schon ihre Struktur verloren. Die legalistische Betrachtungsweise geht davon aus, daß Abstinenz eine Art stählernes Gitter ist, das Therapie und Privatleben trennt. Der Bruch

* Die lerntheoretisch fundierte Verhaltenstherapie hat zwar in strikter Abgrenzung gegenüber den psychoanalytischen Übertragungskonzepten begonnen und sich an experimentell objektivierbaren Daten orientiert. Aber die meisten praktizierenden Verhaltenstherapeuten integrieren heute Elemente der tiefenpsychologischen oder humanistischen Verfahren, in denen die emotionale Beziehung zum Therapeuten eine wichtige Rolle spielt.

der Abstinenz gleicht dann dem Versuch, dieses Gitter mit Me-
tallsäge oder Schweißbrenner durchlässig zu machen. Aber die
reale Entwicklung sieht eher so aus, daß in einem subtilen Zusammenspiel zwischen den zwei Personen, welche dieses Gitter
trennen soll, ein Stab nach dem anderen durch Attrappen ersetzt
wird – ähnlich dem Vorgehen des Gefangenen, der durch ein
Gemisch aus Staub und Brotteig durchgefeilte Stellen in seinen
Fesseln ersetzt.

Gemessen an solchen subtilen Distanzverlusten ist der sexuelle Übergriff eher klärend; er schließt etwas ab, macht ein
Scheitern deutlich, das sonst vielleicht noch länger im Dunkel
geblieben wäre. Autoren, welche sich über Mißbrauch in der
Therapie entrüsten, äußern nur selten Gedanken darüber, ob
ihre Empörung und die von ihnen geforderten Strafen für die
Täter wirklich den Opfern nützen, künftigem Mißbrauch vorbeugen und die Hilfe wirksam verbessern, welche seelisch lei-
dende Menschen finden. Die immer wieder bestätigte Einsicht
der Kriminologie, daß Strafandrohungen kein wirksames Mittel
gegen Vergehen sind und überführte Täter durch Verurteilungen
nicht gebessert werden, scheint plötzlich eine Berufsgruppe
nicht mehr zu beschäftigen, die einst mit solchen Beobachtungen
gegen eine repressive Justiz kämpfte.

Ich sprach einmal mit einer Psychologin, deren Lehrtherapeut
ein Verhältnis mit ihr begonnen hatte. Daß er schließlich mit ihr
geschlafen hatte, nahm sie ihm viel weniger übel als die Art, mit
der er in den drei Jahren zuvor, während einer formal noch absti-
nenten Therapie, mit ihr umgegangen war.

Sie hatte während dieser ersten Phase ihrer Lehrtherapie über
ihre heftige Abneigung gegen eine Schwangerschaft gesprochen. Statt diese Einstellung zu untersuchen und zu prüfen, ob
es sich um eine gereifte Entscheidung gegen eigene Kinder
handle, hatte ihr der Lehrtherapeut geschmeichelt. Es sei

ebenso selten wie kostbar, daß eine Frau ihre geistige Entwicklung höher schätze als die Mutterschaft. Hinter diesem subtilen Abstinenzverlust, der sich als Bestätigung der Patientin tarnte, erfuhr diese zunächst nichts von den Ängsten dieses Therapeuten, auf einen Kinderwunsch seiner Ehefrau einzugehen.

Zum Zeitpunkt unseres Gesprächs war sie bereits zu alt für eigene Kinder. Sie hatte in einer zweiten Therapie die Einsicht gewonnen, daß ihre frühere Entscheidung, keine Kinder zu haben, in ihrem Fall durchaus auf neurotischen Ängsten beruhe. Nun fühlte sie sich von dem geliebt-gehaßten Therapeuten beraubt. Er hatte sie bereits wieder verlassen.

Der therapeutische Umgang mit Abstinenzverletzungen ist am Einzelfall orientiert und nicht an abstrakten juristischen Kategorien. Das entlastet Therapeuten nicht, welche die Abstinenz verletzen; es individualisiert nur ihr Verhalten und erlaubt es, weniger zwischen verboten und erlaubt, als zwischen verantwortungsvoll und verantwortungslos zu differenzieren. Ein Gesetz müßte auch einen Rahmen schaffen, in dem die sexuelle Beziehung *nicht mehr verboten* ist. Aber gerade dieser Übergang vom Konstruktiven zum Destruktiven läßt sich nicht grundsätzlich, sondern nur fallbezogen finden.

Abstinenzverletzungen beginnen nicht beim Petting. Eher ist das Petting als Versuch zu beurteilen, den kritischen Blick auf eine unbefriedigende Therapie durch erotische Illusionen zu trüben. Dort, bei dieser ihrer Grenzen unkundigen, illusionsfördernden Therapie müßte die Kurskorrektur ansetzen. Der schrille Schrei nach Strafe für den Mißbrauch signalisiert die Hoffnung auf Abhilfe, wenn das Kind schon in den Brunnen gefallen ist.

Es ist für uns immer leichter zu erkennen, was wir haben wollen, als zu akzeptieren, worauf wir verzichten und was wir loslassen müssen, um es zu bekommen. Für den Klienten von

Psychotherapie ist dieser Grundkonflikt verschärft. Er kann in der Regel besonders schlecht erkennen, was er notwendigerweise verliert, wenn er unbedingt etwas anderes haben will: Er möchte gerne seine Wut loswerden, aber die Zuwendung der Personen behalten, die er schlecht behandelt, er will eine interessante berufliche Aufgabe, aber er hält die uninteressante Routine nicht aus, die in jedem Beruf anfällt, und so weiter.

Diese Dynamik ist es, welche die Liebe während und nach einer Therapie zu einem riskanten Geschehen macht. Die sexuelle Befriedigung lockt, sie entfaltet einen mächtigen Schub, in dem zunächst alle Beteiligten glauben, daß er sie zum Besseren bewegen wird. Der Therapeut glaubt, er könne das professionell Erreichte – den Respekt vor seiner Arbeit, die Besserung der Symptome, die Hochschätzung seiner Männlichkeit – allesamt behalten, ja steigern, wenn er sich auf die erotische Szene einläßt. Die Patientin ihrerseits hofft ebenfalls, daß die Verläßlichkeit, die Rücksichtnahme auf ihre Bedürfnisse und die hohe Einfühlung, welche sie während der Behandlung schätzen lernte, erhalten bleiben, ja sich steigern lassen.

Beide werden nicht selten – aber keineswegs immer – radikal enttäuscht, wobei einsichtig ist, daß der Wechsel von einer erotisierten Therapie zur therapeutisch verbrämten Erotik um so problematischer ist, je weniger reflektiert er stattfindet. Denn der Therapeut, welcher sein Draufgängertum bewundernswert findet, ist gewiß am wenigsten in der Lage, mit den Enttäuschungen umzugehen, die seiner vorschnellen Aktion folgen. Wer in der Liebe nicht nachdenklich und rücksichtsvoll sein kann, ist es auch nicht im Haß. Haß aber bedroht immer den, welcher den Traum einer idealisierten Beziehung nicht aufrechterhalten kann.

«Wenn ich nicht mit einem Mann/einer Frau schlafe, dann macht es mir auch nichts aus, wenn er/sie wochenlang nicht anruft und ich nicht weiß, wie es ihm/ihr geht. Aber wenn ich mich auf die Sexualität einlasse, dann will ich auch mehr als alle vierzehn Tage einen Anruf, eine Verabredung und dann das Bett!»

Sätze wie diese hören wir oft. Sie spiegeln eine Beziehungsnorm, die verbreitet ist, aber auch Unreife ausdrückt: Die Sexualität hat eine Qualität von Sehnsucht und symbiotischem Sog; wer sich auf sie einläßt, kann sich nicht mehr wie bisher seinem Alltag widmen und sich freuen, den neuen Partner zu sehen, wenn es diesem paßt oder die eigene Lust es gebietet. Der Partner muß vielmehr immer verfügbar sein, man muß wissen, wo er ist und was er treibt.

Die Patientin Maria M., eine attraktive fünfundvierzigjährige Frau, befindet sich wegen heftiger Angstzustände in ihrer zweiten Psychotherapie, nachdem sie ihre erste Behandlung nicht mehr fortführen wollte, weil sie sich ein intimes Verhältnis mit ihrem Therapeuten wünschte, wozu sich dieser erst nach einer Beendigung der therapeutischen Arbeit bereiterklärt hatte. Ihr eigenes Modell, mit dem sie ihre Symptome zu verstehen sucht, sieht ungefähr so aus:

«Seit ich meinen über alles geliebten Vater im Alter von neun Jahren verloren habe, leide ich an panischer Angst vor Einsamkeit. Ich fürchte, meine Partner zu verlieren, klammere mich an sie und zerstöre dadurch die Beziehung oder werde selbst zerstört. Von meinem ersten Freund habe ich mich getrennt, als ich schwanger war, weil ich fürchtete, er werde mir das Kind wegnehmen, und ich wollte doch unbedingt etwas für immer haben. Jetzt ertrage ich den Gedanken nicht, daß mein Sohn auszieht, ich war fünfundzwanzig Jahre mit ihm zusammen, und wenigstens er war immer da.»

Dieses Modell wirkt relativ einfach. Verglichen mit den Fällen, in denen Angstneurotiker auf jede historische Erklärung verzichten und ihr Leiden als organische Herzkrankheit oder ähnliches ansehen, ist es jedoch einsichtig und elaboriert. Die Patientin sieht ihre Kindheit als verlorenes Paradies. Ihr kriegsverletzter Vater ging nicht zur Arbeit. Er spielte mit der kleinen Tochter, fuhr – der saueren Miene der Mutter trotzend – in einem Floß aus alten Autoschläuchen die Isar hinunter oder schichtete mit ihr im Wohnzimmer Türme aus Bauklötzen. Die Neunjährige fand den Vater eines Tages tot auf dem Wohnzimmerteppich vor, rannte in Panik aus dem Haus und wurde von einer Nachbarin völlig erschöpft auf einer Straße weitab von der Wohnung gefunden.

Seither, sagt Maria, strenge sie sich an, eine Wiederholung des Traumas zu vermeiden, und begebe sich gerade durch diese Versuche in Gefahr. Ihr letzter Freund sei ein arbeitsloser Akademiker gewesen, der sich von ihr aushalten ließ, sich über ihre mangelnde Bildung lustig machte, ihr Aussehen entwertete und es zu einem gnädigen Entgegenkommen werden ließ, mit ihr zu schlafen. Und doch habe sie sich bemüht, alles zu tun, was er wollte, habe sich von allen Freunden zurückgezogen, weil er sie dumm fand, habe sich erniedrigen lassen und erst in einer Therapie von ihm befreit. Sie könne jetzt nicht mehr mit diesem Therapeuten arbeiten, weil sie sich in ihn verliebt habe und ganz schnell gesund geworden wäre, um ihm zu gefallen. Sie habe jetzt eine Beziehung zu ihm begonnen, die sehr schwierig sei, weil er von seiner Ehefrau erpreßt werde, die drohe, ihm die Kinder wegzunehmen.

Wenn die Verlustangst durch das äußere Trauma erklärbar wird, ist die Patientin entlastet. Sie hat einen guten Grund, der zu ihrem Leben gehört und ihr erklärt, was mit ihr anders ist. Dieser Grund liegt außerhalb ihrer Macht. Sie kann nichts dafür, daß der Vater in den Splitterhagel einer Granate geraten ist und schließlich daran stirbt, daß einer der Splitter zum Herzen wandert und es tödlich verletzt.

Marias autodidaktische Theorie* ihrer seelischen Störung entspricht der Reparatur eines defekten Schiffes mit Bordmitteln. Die Aufnahme einer Therapie läßt sich damit vergleichen, daß der Kapitän dieses Schiffes, von vergeblichen Anstrengungen ermüdet, in eine Werft einläuft. Die Versuche zur Eigenerklärung werden dadurch gegenüber dem Wunsch nach einer Fremdhilfe zurückgestellt.

Sobald das Schiff in der Werft liegt, kompliziert sich die Lage. Vordem gab es nur einen Kapitän, und seine Erklärungen waren, ob nun gültig oder nicht, nur von ihm bestimmt und von dem, was er für die günstige Sicht der Dinge für sein Schiff hielt. Jetzt gibt es zwei Autoritäten, den Kapitän und den Leiter der Werft, zwei Träger von Interessen.

Kehren wir zurück zu Patienten und Therapeuten. Wenn auch der Therapeut versuchen wird, im Interesse des Patienten zu handeln, ist nicht zu leugnen, daß er eigene Interessen hat – Geld zu verdienen ist das normalste davon, Erfolg zu haben, anerkannt zu werden, seine Neugier zu befriedigen wären andere legitime Interessen. Die Erklärungen des Therapeuten folgen – anders als die Erklärungen des Patienten – also zwei Kräftezentren. Der eine Pol ist die Realität des Patienten, mit dem der Therapeut arbeitet, den er beeinflussen will, dessen Störung er sich selbst begreiflich machen muß, um kunstgerecht einzugreifen.

---

* In seinem Verhalten unterscheidet sich der bereits einer «psychischen» Erklärung anhängende Patient erheblich von anderen Kranken, welche ihren Leidenszustand nicht zu erklären versuchen, sondern ihn beseitigt haben wollen und zunächst nicht bereit sind, sich auch geistig damit auseinanderzusetzen.

Fraglos sind diese Patienten für die Psychoanalyse die schwierigeren. Es dauert oft lange, ehe sie etwas wie ein eigenes Interesse an ihrer Person spüren. Manche scheinen, obwohl sie das Interesse des Therapeuten gut aufnehmen und davon profitieren, niemals diesen Schritt zu tun. Sie wollen immer gefragt werden, erklärt haben, was mit ihnen ist. Sie verstummen, eher ratlos denn aus Arglist oder Trotz, wenn der Analytiker versäumt, sein Interesse an ihnen zu zeigen.

Der Patient hat einen Teil seiner Autonomie abgetreten und wartet nun in verschiedenen Schattierungen von Zu- und Mißtrauen ab, was geschieht.

Der zweite Pol sind die Interessen des Therapeuten. Sie richten sich darauf, die Behandlungssituation so zu gestalten, daß er damit leben kann. Wenn wir von dem ethischen Überbau absehen, ist das materialistische Interesse des Therapeuten so angelegt, daß er den Patienten nicht so sehr belasten oder gar schädigen darf, daß dieser einen anderen Therapeuten aufsucht oder die Behandlung beendet. Anderseits hat der Therapeut aber kein egoistisches Interesse, die Behandlung eines Patienten zu beenden, der willig ist, ihn zu bezahlen oder ihm andere Annehmlichkeiten (wie Erfolgserlebnisse) zu verschaffen.

Der therapeutische Diskurs wird also von einer Unterströmung beeinflußt, die Behandlung angenehmer Patienten auszudehnen, die unangenehmer zu verkürzen, Störungen des Therapieverlaufs möglichst zu eliminieren und dem Therapeuten ein Höchstmaß an Kontrolle über diese Situation zu verleihen. Das klingt zynisch, muß aber nicht zum Schaden des Patienten führen. Im Gegenteil: In der Regel verlaufen soziale Interaktionen dann besonders stabil und befriedigend, wenn beide Seiten Vorteile aus ihnen gewinnen.

In sozialen Beziehungen mit dieser Struktur herrscht eine ehrwürdige Tradition, die Interessen derer zu «objektivieren», welche Kontrolle über eine Situation wünschen. Der Werftdirektor wird dem Kapitän, der ihm sein Schiff anvertraut, sogleich erläutern, welche Maßnahmen der objektive Zustand seines Fahrzeugs unentbehrlich macht. Er wird ihm nicht sagen, welche eigenen Interessen im Spiel sind. Ähnlich behaupten Eltern, zum objektiv Besten ihrer Kinder, Politiker zum Besten ihrer Wähler zu handeln.

Der Therapeut wird zunächst die Theorie des Patienten so entgegennehmen, wie der Werftdirektor die Schadensdiagnose des Kapitäns: freundlich, aber skeptisch, Ausgangspunkt für Revisionen. Allerdings läßt uns die Metapher bald im Stich, denn das Schiff ist wirklich etwas anderes als der Kapitän. Kapitän und Werftdirektor können beide in den Maschinenraum hinabsteigen, ihn inspizieren und sich über das weitere Vorgehen einigen. Der Patient ist hingegen immer er selbst, er kann sich nicht völlig von sich distanzieren.

Die besondere Natur der menschlichen Persönlichkeit läßt eine Gleichzeitigkeit verschiedener Funktionsebenen zu; Freud hat sie in einem seiner archäologischen Gleichnisse mit einem Rom verglichen, in dem auf ein und demselben Platz etruskische Tempel, römische Paläste und christliche Kirchen stehen. Der Analytiker wird also die Erklärung der Patientin wie einen ersten Entwurf nehmen, eine Skizze, die noch nicht durchgearbeitet ist und deshalb ungeklärte Widersprüche enthält.

Zum Beispiel ist nicht klar, weshalb die Patientin den Vater-Verlust derart dramatisch und unersetzlich erlebte. Es gibt viele Halbwaisen, längst nicht alle entwickeln nach dem Verlust derart heftige Symptome. Maria erkrankte an einem Asthma, an dem sie fast gestorben wäre.

Sie wurde in ein Sanatorium geschickt, wo sich das Asthma besserte, aber ein anderes Symptom hinzukam, das Maria noch heute zu beschämen scheint. Sie wurde Bettnässerin und wollte um keinen Preis, daß die strenge Stationsschwester davon erfuhr. So stand sie Todesängste aus, wechselte heimlich die Bettwäsche oder zog ihren ganzen Vorrat an Kleidern an. Es gelang ihr auch, das Bettnässen zu verheimlichen, bis sie nach einigen Monaten entlassen wurde.

Marias neue Theorie über ihre Ängste erfüllt eine ähnliche Aufgabe wie die alte, welche sie nicht revidiert, aber ergänzt. Der verlorene Vater ist der gute Mann-Therapeut-Sohn, der um keinen Preis verloren werden darf und dessen drohende Entfernung die Angst auslöst. Maria gelingt es nicht, gute und böse Anteile eines geliebten Menschen zu integrieren, sich darauf einzustellen, daß beide zusammengehören wie Licht und Schatten. So verliert sie nicht nur in der Liebe jede Erinnerung an den Haß, sondern auch im Haß jede Möglichkeit einer Rückkehr der Liebe. Sie kann sich in der Nähe ihre Distanzwünsche so wenig erhalten, wie sie in der Distanz die Möglichkeiten wahrzunehmen vermag, sich befreundeten Menschen wieder zu nähern. Daher droht ihr immer wieder die Panik des von allen verlassenen Kindes, die wie eine Notbremse verhindert, daß die Wut übermächtig wird, welche sich im Untergrund einer selbstlosen Unterwerfung unter den geliebten Menschen entwickeln muß.

Intensive Beziehungen zwischen zwei Menschen sind immer durch das Risiko belastet, daß Aggressionen aufkommen und zu einer Situation führen, in der die positive Qualität des Austauschs in eine negative umschlägt. Wir alle fürchten diese Veränderung und versuchen, sie entweder zu vermeiden oder doch wenigstens den Umschlag selbst zu bestimmen. Dort, wo wir von Anfang an Feinde wissen, ist es leicht, sowohl auf der Hut zu sein wie die eigene Aggressivität unterzubringen.

Angsteinflößend ist vor allem die Verwandlung von Liebe in Haß, der Ausbruch von Wut dort, wo man ihn nicht erwartet und fürchtet, unentbehrliche Kontakte zu verlieren. Daher sind in allen engen Beziehungen einzelne Personen (oder eine Gruppe von ihnen) willkommen, die Haß auf sich ziehen und dadurch den Kontakt, den man aufrechterhalten will, stabilisieren. Aus diesem Grund werden Schwiegermütter zu Dämonen stilisiert, und aus diesem Grund ist auch bei sehr vielen Therapeuten die Dämonisierung von Menschen, die mit ihrem Schützling zu tun haben oder hatten, ähnlich beliebt wie ein Blitzableiter auf dem Scheunendach.

Da wir eben angedeutet haben, wie stark seine materiellen Interessen den Helfer gefährden, die Schützlinge auszunützen, ist auch einsichtig, daß kein Teufel diese Aufgabe des Aggressionsmagneten besser erfüllt als der Elternteil oder Helfer-Rivale, der früher einmal eine Patientin mißbraucht hat. Mit ihm ist eine ideale Abfuhrmöglichkeit für alle in der Beziehung aufkommenden Aggressionen gefunden.

Die Betrachtung der Psychodynamik, des unbewußten neurotischen Konflikts, transzendiert die Selbsterklärung der Patientin. Maria erlebt Angstzustände ohne faßbaren Anlaß. Sie deutet sie als Reaktion darauf, daß sie verlassen werden könnte, und erklärt die unvernünftige, übermäßige, realitätsblinde Qualität dieser Angst damit, daß sie wirklich einmal von ihrem geliebten Vater verlassen wurde.

Der Therapeut stellt sich (und ihr) eine Reihe neuer Fragen. War nicht der Verlust des Vaters nur ein letzter Schlag, der ein viel früheres Geschehen abschloß, eine Kompensation zerstörte und so Maria an dem Asthma erkranken ließ? Könnte nicht das ursprünglich verlorene Liebesobjekt die Mutter sein, und die erste Symptombildung mit dem Asthma ein Ausdruck der Spannungen, mit dieser Mutter den Tod des Vaters zu verarbeiten? Wären dann die gegenwärtigen Ängste nicht eher Ausdruck der nicht hinreichend stabilen Identifizierung mit der Mutter, des unbewältigten Ödipuskomplexes, der dazu führt, daß die verführerische Seite des Vaters in Re-Inszenierungen des ursprünglichen Traumas zugleich gesucht und masochistisch abgewehrt wird? Dazu fügt sich doch Marias Neigung, sich von Männern erniedrigen und ausnützen zu lassen, ebenso wie ihre Unfähigkeit, sich gegen Forderungen abzugrenzen.

Weil ihr die Stabilität des Über-Ich fehlt, welche die gelingende Identifizierung mit der Mutter vermittelt, kann sie liebevolle und aggressive Impulse nicht integrieren. Sie will sozusagen eine rein

Liebende sein und wird dadurch unbewußt zu einer großen Hasserin, die sich gerade deshalb nicht die kleinste Abgrenzung gegen den Liebespartner erlauben kann. Sie ist nicht in der Lage, zwischen harmlosen und bösartigen Zurückweisungen zu unterscheiden – weder im Tun noch im Erleiden. Sie muß von allen Objekten ganz geliebt sein, oder sie ist verachtet, verlassen.

Dieses psychodynamische Modell unterscheidet sich nun von dem Modell Marias ganz erheblich. Während sie in ihren Modellen die Mutter nur ganz am Rand erwähnt, wird gerade dieses *Fehlen* der Mutter zu einem zentralen Teil der Erklärung. Maria hat sich nicht genügend mit der Mutter identifiziert und deshalb auch kein differenziertes Über-Ich aufgebaut, das die Aggressionen in libidinöse Bindungen einbettet und im Dienst der Interessen des Ich zuläßt. Ihre Angst entsteht nicht durch drohende Verluste von außen, sondern durch die Bedrohung ihrer Beziehungen durch die undifferenzierte, archaische Wut, die sie gerade deshalb in sich ansammeln muß, weil sie sich *bewußt* nur freundlich und liebevoll zu ihren Mitmenschen einstellen kann.

Auf den ersten Blick liegt der Vorteil solcher Modelle darin, daß sie Maria aus dem Opfer zu einer zumindest potentiellen Täterin machen. Sie hat nicht etwas *verloren* – den liebevollen Vater –, sondern etwas nicht *angenommen* – das Vorbild der Mutter, das ihr helfen könnte, sich in ihren Kontakten nicht blind zu verausgaben. Sie ist nicht das von zuviel Liebe bewegte Opfer böser Zufälle oder egoistischer Männer, sondern kann erkennen, daß ihre Über-Gefügigkeit und Aggressionsvermeidung die charakterliche Abwehr primitiver Wutreaktionen ist. Wenn sie sich ständig um ihren Liebespartner bemüht, ihm jeden Wunsch von den Augen abliest und doch im Morgengrauen weint, weil er sie sicher verlassen wird, dann kämpft sie mit ihrem eigenen, verdrängten Wunsch, diesen Vampir endlich zu beseitigen. Vampir geworden ist er aber, weil sie ihre eigenen vampirischen Wünsche an ihn abgetreten hat.

Das Kind Marias wurde von ihr als das erste «Eigene» erlebt, das sie endlich gewonnen habe. Es trat die Nachfolge des Vaters an. Nachdem Maria in der Gruppe von ihren Mißbrauchserfahrungen erzählt hatte, fühlte sie sich sehr schlecht. Sie fürchtete, abgelehnt zu werden – sie sei asozial, wertlos. So habe sie sich bereits nach dem Mißbrauch gefühlt – sie könne nichts wert sein, weil einfach jeder seinen Schwanz in sie hineinstecken könne. Sie habe gar nichts mehr für sich, nichts gehöre ihr, sie sei gar nichts wert.

Sie habe niemandem davon etwas erzählt, nicht einmal ihrem ersten Therapeuten (mit dem sie nach der Behandlung ein sexuelles Verhältnis begonnen hatte). Es sei so peinlich gewesen, sie sei sich ganz schlecht vorgekommen, als sie ihren ersten Freund hatte und er mit ihr schlafen wollte, weil das alle in ihrem Alter täten. Sie habe genau gewußt, was auf sie zukomme, während er keine Erfahrung hatte und nur etwas aus Büchern kannte. Aber sie konnte ihm das nicht sagen und kam sich wie eine Lügnerin vor, weil er ihr sagte, es müßte das erste Mal weh tun, und sie ihm erklärte, das sei doch nicht immer und bei allen Frauen so.

Maria hat in der Gruppe eine Freundin gewonnen, Karin, mit der sie nach den Sitzungen in der Kneipe sitzt und sich noch stundenlang unterhält. Beide fühlen sich sehr wohl miteinander. Im Anschluß an eine solche Nachsitzung hat Maria einen Traum:

«Ich habe Karins Kinder umgebracht. Ich fühle mich nicht schuldig, und Karin versteht mich völlig, ich habe aber große Angst, daß es aufkommt und mich die Polizei ergreift. Karin ist mit mir zusammen auf der Flucht, und ich versuche, die toten Kinder – oder die Beweise – unter meinem Armband zu verstekken. Dann bin ich auf einem Spaziergang im Wald mit dem Gruppenleiter. Der weiß alles. Ich sage mir: Hoffentlich hängt er mich nicht hin. Er spricht so therapeutisch mit mir, fragt mich aus, wie das mit den Kindern war. Ich denke: Er weiß alles, er kann mich jederzeit anzeigen, dann sitze ich mein Leben lang im Gefängnis. Aber er tut es vielleicht doch nicht.»

Wie immer, wenn äußerlich höchst gutmütige und rücksichtsvolle Personen von Mord und Totschlag träumen, wirkt auch diese Szene befremdlich. Maria ist immer besonders rücksichtsvoll, sie sorgt dafür, daß in der Gruppe jeder möglichst ungestört zu Wort kommt. Nur in ihrem aufblitzenden Groll gegen Störer und Unterbrecherinnen wird etwas von dem faßbar, was untergründig schlummert. Aber die Kinder ihrer liebsten Freundin zu meucheln ist buchstäblich undenkbar für jeden, der Maria ein wenig kennt.

Und doch hat sie es geträumt. Wieder ein Beweis, wie unsinnig die Vorstellungen der Psychoanalyse sind, daß Träume etwas bedeuten? Vielleicht nicht. Die «ermordeten Kinder» könnten etwas Verdichtetes sein, ein Gemenge aus der archaischen Wut auf die enttäuschende Mutter, die sich gegen das eigene Ich richtet. Das Motiv des Kindsmordes würde dann durch die Wut Marias auf die Rivalen, die Kinder des geliebten Therapeuten, verstärkt, und da sie diesen Todeswunsch schuldbewußt erlebt, sind es nicht die Kinder der Rivalin, der Ehefrau des Geliebten, sondern die Kinder der besten Freundin. So straft Maria in dem Mord sich selbst; das Motiv, ausgeliefert zu sein, jederzeit von ihrem Gruppentherapeuten verraten zu werden, signalisiert die ambivalente Beziehung zu mir: halb Vertrauter, halb Polizist, Komplize ihrer Leidenschaft und – wer weiß – Verfolger, der sie ihr verbietet.

Plausibel erscheint Maria, daß der «unmögliche» Mord für die Unmöglichkeit ihrer Aggression in einer Liebesbeziehung steht. Dieses Problem kennt sie gut; sie hat es in ihrer letzten Beziehung bis zur Neige durchlebt und fürchtet, es könnte in der posttherapeutischen Liebe wiederkehren. «Ich konnte mich nicht wehren. Ich hab alles mit mir machen lassen und nur geweint. Aber als ich dann endlich genug hatte und Schluß machte, war ich gnadenlos, er hat gebittet und gebettelt, aber mit mir war nichts mehr zu machen, es war aus und es blieb aus.»

Marias Geschichte lehrt, wie schwer es ist, die Entwicklung einer posttherapeutischen Liebe vorauszusagen. Meine eigene Prognose, daß die Situation für Maria in einer bitteren Enttäuschung enden würde, hat sich nicht bewahrheitet. Meine Empörung über den Therapeuten, der eine Klientin der Fata Morgana einer posttherapeutischen Liebesbeziehung nachjagen läßt, hat sich in Toleranz und Neugier verwandelt, wie es mit den beiden weitergehen wird. In der Gruppe wird über den Therapeuten heute so gesprochen wie über Marias Freund. Nur noch gelegentlich erinnert sich ein Mitglied an den Anfang dieser Beziehung.

Man kann vermuten, daß Marias Sehnsucht nach dem verlorenen Vater und ihre Angst vor ihrer archaischen Wut die Liebesbeziehung zu dem Therapeuten bedingten: In nahezu jeder Therapie ist die Aggression von seiten des Therapeuten streng geregelt; er ist entweder freundlich oder sachlich – zumindest gegenüber so gut motivierten und ihn bewundernden Patientinnen, wie es Maria gewiß von Anfang an war. Um so mehr, so könnte man meinen, müßte der Ausbruch dieser Ur-Aggression zu fürchten sein; könnte er nicht im Fall einer Enttäuschung Maria zu einem Rachefeldzug oder zum Suizid treiben?

Daß diese Bedenken nicht aus der Luft gegriffen sind, mag der Traum Marias zeigen. Aber auf der anderen Seite zeigt sich, daß auch eine Liebesbeziehung, die – analytisch gesehen – Wiederholungs- und Abwehrqualitäten hat, durchaus stabil und befriedigend sein kann. Wer in der Therapie eher einen Weg sieht, menschliche Unvollkommenheit kreativ zu handhaben, als Perfektion herzustellen, wird vielleicht dieses Ergebnis akzeptieren. Andere, die gerne allen Anfängen wehren, die in eine unerwünschte Richtung weisen könnten, werden sich nach wie vor über Marias Therapeuten empören und mir vorwerfen, ich hätte es versäumt, ihm das Handwerk zu legen und etwaige spätere Opfer zu schützen. Nun, ich halte seinen Fehler nicht für so schwerwiegend, daß ich den schwerwiegenderen eines Vertrauensbruches gegenüber Maria rechtfertigen könnte. Sie will mit ihm leben, und ich achte ihren Entschluß. Wenn ich sicher wäre, daß sie nach angemessener Trennungs- und Trauerarbeit eine für sie noch attraktivere Liebesbeziehung fände, würde ich vielleicht nicht so nachgiebig sein. Aber diese Sicherheit fehlt mir.

12
Täter-Typen

Für den wohlerzogenen Laien – ein solcher ist
wohl der ideale Kulturmensch der
Psychoanalyse gegenüber – sind
Liebesbegebenheiten mit allem anderen
inkommensurabel, sie stehen gleichsam auf
einem besonderen Blatte, das keine andere
Beschreibung verträgt.*

Im Rahmen dieser Untersuchungen habe ich einen persönlichen
Überblick erarbeitet, der alle Fälle sexueller Kontakte zwischen
Helfern und Schützlingen umfaßt, von denen ich im Lauf meiner
fünfundzwanzigjährigen Praxis als Therapeut, Lehranalytiker
und Supervisor erfahren habe. Das heißt, es handelt sich nicht
um Berichte von Dritten und nicht um Ergebnisse von anonymen Fragebogenuntersuchungen oder durch Zeitungsanzeigen
gewonnenen Interviewpartnern**, sondern um Kenntnisse aus
Therapien, Beratungen oder Supervisionen, in denen ich die
Glaubwürdigkeit der Darstellung und die Folgen für die Beteiligten abschätzen konnte.

Ich kam auf dreißig Fälle, in denen das Ideal des Verzichts auf

* S. Freud, Bemerkungen über die Übertragungsliebe, Ges. W. X., S. 307.
** Beide Forschungswege sind problematisch, weil harmlose oder gelingende
Formen der posttherapeutischen Liebe meist geheimgehalten werden.

eine sexuelle Beziehung nach dem Eingehen einer professionellen Helfer-Schützling-Beziehung in irgendeiner Form verletzt worden war. In meinem Beobachtungsmaterial gibt es nur drei sexuelle Beziehungen zwischen einer Helferin und einem Schützling. Die Mehrzahl der Beziehungen spielten sich nach *Beendigung* der professionellen Interaktion ab. Die häufigste Form war, daß sich zwischen dem Leiter einer Selbsterfahrungsgruppe und einer Teilnehmerin nach dem Ende der Gruppe eine intime Beziehung entspann.

Die Kontaktaufnahme nach dem Abschluß der professionellen Arbeit ging in diesen siebzehn Fällen fünfmal von der Klientin, zwölfmal von dem Leiter aus. Dieser häufigste Zwischenfall scheint gleichzeitig auch der harmloseste zu sein. Keine der Betroffenen berichtete über eine Verschlechterung ihres Zustandes im Zusammenhang mit dieser Beziehung. Sieben der Kontakte beschränkten sich auf ein einziges Treffen; sechs dauerten etwas länger (maximal fünf Treffen); zehn wurden über ein Jahr und mehr Zeit fortgesetzt. Die Intensität dieser Beziehungen war bei sechs Paaren durch größere räumliche Entfernungen eingeschränkt.

Die Struktur der gruppendynamischen Zusatzausbildungen spielt hier eine Rolle. Die Gruppen finden häufig außerhalb der Großstädte in Klausur statt. Gruppenleiter reisen viel und finden so Gelegenheit, Bekanntschaften wiederzubeleben oder neu zu knüpfen. Häufig begegnen Frauen, die ein Leiter während seiner Arbeit kennenlernt, ihm später in anderen Funktionen (zum Beispiel als Coleiterinnen, Beobachterinnen, Leiterinnen einer Parallelgruppe); die Integration der Gruppenarbeit in das Freizeitverhalten führt dazu, daß in der Kultur der Selbsterfahrungsgruppen ähnliche Erscheinungen zu beobachten sind, wie es früher der «Kurschatten» während der traditionellen Bade-Aufenthalte war.

Es gab und gibt Gruppenzentren (etwa in Poona in Indien), wo sexuelle Kontakte der Mitglieder untereinander, aber auch mit Leitern oder Leiterinnen während und nach der Selbsterfahrung sehr häufig berichtet wurden und ein Beobachter den Eindruck gewinnen konnte, diese Zentren würden auch mit dieser Absicht aufgesucht.

Der typische Fall ist in dieser Situation das einmalige sexuelle Erlebnis. Die Frauen und Männer, welche nach einem einzigen Treffen die sexuelle Beziehung abbrachen, sagten durchweg, sie hätten eine eigene feste Bindung nicht gefährden wollen und es deshalb mit dem einen Mal bewenden lassen.

Ich vermute, daß gerade bei diesen flüchtigen Beziehungen die Dunkelziffer auch unter sorgfältig interviewten Personen groß ist. Sie gehörten in gewisser Weise zum Lebensgefühl der Gruppenbewegung, die Motive der politischen Befreiungsbewegungen der sechziger Jahre aufgriff und weiterführte. Viele dieser Kontakte verliefen ähnlich wie Kneipen- oder Urlaubsbekanntschaften; der Ort außerhalb des Alltags begünstigte kurzzeitige Begegnungen.

Idealisierungen von Helfern sind in einer Gruppensituation anders strukturiert als in einer einzeltherapeutischen Situation. Durch die Möglichkeiten, Erlebnisse mit Gruppengeschwistern zu teilen und mit diesen gemeinsam gegen den Leiter Stellung zu beziehen, werden Übertragungen abgeschwächt, zumindest solange es sich nicht um sektenähnliche Bewegungen handelt, in denen der Gruppendruck auf die Idealisierung eines Gurus hinarbeitet.

Mein Erfahrungshintergrund sind vorwiegend psychoanalytische, psychodramatische und themenzentrierte Verfahren. In diesem Beobachtungsgut sind maligne Regressionen durch den Mißbrauch von idealisierenden Übertragungen innerhalb von Selbsterfahrungsgruppen nicht aufgetreten, was nicht heißt, daß solche Gefahren bagatellisiert werden dürfen. Konflikte und Auseinandersetzungen der Beteiligten zentrierten sich um Ängste vor einer unerwünschten Schwangerschaft, in einem Fall um eine Abtreibung, in einem anderen Fall um die Unsicherheit, ob ein schließlich ausgetragenes Kind vom Ehemann oder vom Geliebten gezeugt sei.

Von den zehn Fällen, in denen sich eine längere Beziehung ergab, liefen sieben über einige Jahre nach dem Modell der heimlichen Geliebten. Die Beteiligten trafen sich in unregelmäßigen Abständen für einige Stunden oder eine Nacht, zogen jedoch nicht zusammen, in der Regel deshalb, weil entweder einer oder beide in festen Beziehungen lebten. Die längste dieser heimlichen Begegnungen dauerte fünfzehn Jahre und wurde von beiden Beteiligten als freundschaftlich-erotische Bereicherung empfunden, ohne daß sie eine feste Beziehung beabsichtigten.*

Zwei der Liebschaften nach einer Therapie führten dazu, daß das Paar in einen gemeinsamen Haushalt zog. Eine dieser Beziehungen würde ich als ausgesprochen glücklich beurteilen. Das Paar hat geheiratet und zieht ein gemeinsames Kind auf. Die zweite Beziehung scheiterte nach einigen Jahren stürmischer Trennungen und Wiederannäherungen. Diese Trennungen gingen vom früheren Therapeuten aus, der es nicht ertragen konnte, daß seine einstige Patientin ihm Vorwürfe machte, er sei nicht in der Lage, ihre Wünsche nach Gemeinsamkeit zu erfüllen.

---

* «Gewiß ist auch ein dritter Ausgang denkbar, der sich sogar mit der Fortsetzung der Kur zu vertragen scheint, die Anknüpfung illegitimer und nicht für die Ewigkeit bestimmter Liebesbeziehungen; aber dieser ist wohl durch die bürgerliche Moral wie durch die ärztliche Würde unmöglich gemacht.» (S. Freud, Bemerkungen ... a. a. O., S. 307). Einschränkungen von Würde und Moral scheinen in der Konsumgesellschaft nicht mehr so wirksam wie früher.

Er zog sich dann von ihr zurück, interpretierte ihre Wünsche als maßlos oder infantil und wurde immer unnahbarer, je mehr sie sich an ihn klammerte. Wenn sie schließlich den Absprung vollzog und sich von ihm distanzierte, wurde sie wieder begehrenswert. Er unternahm große Anstrengungen, sie zurückzuerobern. Das gelang ihm über mehrere Jahre hin in Zyklen von einigen Wochen bis zu zwei Monaten. Schließlich lernte seine frühere Patientin einen anderen Mann kennen (übrigens wieder einen Therapeuten) und zog mit ihm zusammen. Der verlassene Mann erkrankte an einer Depression, die ihn dazu brachte, therapeutische Hilfe zu suchen.

In zwei Fällen bin ich nicht sicher, ob die früheren Patientinnen mit ihren Therapeuten zusammenleben oder nicht. In einem Fall brach die Hilfesuchende nach einem einzigen Vorgespräch die Behandlung ab, weil ich versuchte, ihr zu erklären, daß es nicht sinnvoll sei, eine Psychoanalyse mit dem Vorsatz zu beginnen, Wesentliches zu verschweigen. Sie war die Geliebte eines, wie sie sagte, sehr renommierten Kollegen, der um keinen Preis wollte, daß seine Identität einem anderen Therapeuten bekannt würde. In einem anderen brach die Patientin, die mit dem Leiter einer Körpertherapiegruppe zusammenlebte, nach zwei Vorgesprächen und einer Sitzung die bei mir begonnene Gruppentherapie wieder ab, wohl aus einem ähnlichen Grund.

Nach meinem Eindruck hatten die Abstinenzüberschreitungen der Helfer in fünf der untersuchten dreißig Fälle den Patientinnen geschadet. (Es waren drei Einzelpatientinnen, eine Patientin aus einer Paartherapie und ein Mitglied einer Selbsterfahrungsgruppe.) In einem Fall wurde eine Ex-Patientin, die der Therapeut als heimliche Geliebte wollte, so eifersüchtig auf die Ehefrau des Therapeuten, daß sie drohte, sich umzubringen. Sie brach einen Behandlungsversuch ab, weil sie zuviel über den immer noch idealisierten Therapeuten zu verraten fürchtete.

In einem weiteren Fall erkrankte eine von ihrem Therapeuten auf die Zeit irgendwann nach der Therapie und nach dem Abklingen der Übertragung vertröstete Patientin an einer Depression, weil sie weder von ihm lassen noch sich ihm nähern konnte, zugleich aber für alle anderen Beziehungen blockiert war. In einem dritten blockierte die Idealisierung des Therapeuten-Geliebten den Kinderwunsch einer Analysandin. Als er sich schließlich von ihr trennte, war sie zu alt, um noch eigene Kinder zu haben. In einem vierten Fall erkrankte eine Frau, die bereits früher psychotische Episoden durchgemacht hatte, nach ihrer Teilnahme an einer Selbsterfahrungsgruppe an einem Rezidiv, das sie damit verknüpfte, daß der Leiter sie zum Abschied geküßt habe. In einem fünften Beispiel machte ein Therapeut, der an den Kontaktängsten einer Patientin garbeitet hatte, seine Arbeit dadurch zunichte, daß er nach Abschluß der Therapie mit ihr schlief. Sie brauchte viele Jahre, ehe sie nach dieser Erfahrung eine neue Therapie riskierte und war anfangs sehr blockiert.

Ein letzter Fall, den ich verfolgen konnte, ist so verwickelt, daß man ihn im Rahmen der Abstinenzverfehlungen nur mit gewissen Erweiterungen dieses Begriffs diskutieren kann. Eine meiner Analysandinnen hatte in einer früheren Therapie auf dem Weg zum Behandlungszimmer den Ehemann ihrer Therapeutin kennengelernt und mit ihm ein heimliches Verhältnis begonnen. Dieses mußte in der Behandlung verschwiegen werden (und wurde der Therapeutin auch nie bekannt). Man kann sich den Erfolg einer Analyse des Ödipuskomplexes in einem solchen Rahmen ausmalen.

Unter den Bedingungen einer psychoanalytischen Privatpraxis ist eine exakte statistische Dokumentation wenig sinnvoll. Ich habe diese Zahlen aus meinen Unterlagen rekonstruiert und bin mir der Einschränkungen bewußt, die gegen solche Formen der Datenerhebung gemacht werden können. Allerdings finde ich Selbstauskunft auf Fragebögen oder Interviews mit Opfern, die sich aufgrund einer Zeitungsanzeige gemeldet haben, nicht weniger fragwürdig.

Die gesammelten Daten zeigen, daß Abstinenzverletzungen weder ganz selten noch extrem häufig sind. Es gibt Paare, welche die Abstinenzverletzung zu ihrer beidseitigen Zufriedenheit meistern, aber es kommen auch immer wieder Fälle vor, in denen einer oder beide Beteiligte überzeugt sind, die sexuelle Intimität während oder nach der Therapie habe ihnen geschadet. Diese Gefahren scheinen in der Einzeltherapie mit ihrer sozusagen ungemilderten Abhängigkeit ausgeprägter als in der Gruppentherapie und in der Supervision.

Ein vielfach vernachlässigter Bereich der Untersuchung von Helfer-Fehlern ist die Konsequenz für die Therapeuten, Supervisoren oder Gruppenleiter selbst. Es ist nicht sinnvoll, Schädigungen von Opfern und Tätern zu vergleichen oder gar aufzurechnen. Aber das muß nicht bedeuten, den Schaden für den Täter zu verleugnen, zumal dieser auch wiederum nicht Beteiligte treffen kann.

Ein Beispiel: In einer Gruppe berichtet eine Frau, ihr Einzeltherapeut habe ihr zum Ende des Quartals die Behandlung gekündigt, weil er seine Kassenzulassung verloren habe. Etwas unwillig gab er auf ihre Fragen hin zu, er sei vom Ehemann einer anderen Patientin angezeigt worden, weil er eine Liaison mit dessen Frau hatte. Diese Klientin war traurig, einen von ihr geschätzten Therapeuten zu verlieren. «Ich habe es zwar merkwürdig gefunden, daß er einmal sagte, wenn ich Zärtlichkeit brauche, könne ich sie mir bei ihm holen. Das habe ich nie gewollt. Er hat mir wirklich gut getan, es ist mir gleich, was andere von ihm sagen.»

Ein Hypnotherapeut, der an einer Beratungsstelle in einer Universität arbeitete, wurde von einer Soziologie-Studentin wegen ihrer Arbeitsstörungen konsultiert. Er entwarf für sie ein Programm, konnte ihr helfen und verliebte sich in sie, ohne daß es während dieser Phase zu einem Übergriff kam. Nach Abschluß der Behandlung (seine Version) – in einer Behandlungspause (ihre Version) – lieh er ihr ein Buch. Später rief sie an und lud ihn zum Tee ein, um ihm das Buch zurückzugeben und zu plaudern. In dieser Situation kam es zum Petting (seine Version) – fiel er über sie her, betastete ihre Brüste und Genitalien und küßte sie (ihre Version). Als sie sagte, sie wolle nicht, ließ er sie sofort los (seine Version) – sie erstarrte und konnte sich nur mit größter Mühe von ihm losreißen (ihre Version).

Als die Studentin ihn später anrief und mit ihm sprechen wollte, lehnte er das ab; er könne nach dem Vorfall bei ihrem privaten Treffen nicht mehr mit ihr therapeutisch arbeiten. Eine ganze Weile hörte er nicht mehr von ihr, bis er schließlich von einer feministischen Initiative gegen sexuellen Mißbrauch in der Therapie ein Schreiben erhielt, in dem er von ihrer Version des Geschehens erfuhr. Sie wollte ihn jetzt nur noch im Beisein ihrer Anwältin sprechen und kündigte an, seinen Arbeitgeber zu unterrichten. Der Therapeut reagierte panisch. Er besprach sich weder mit seiner Ehefrau noch mit einem Kollegen oder einem Anwalt, sondern begab sich zu diesem Tribunal, nahm alle Schuld auf sich und unterschrieb eine Verpflichtung, ihr eine vierstellige Schadensersatzsumme zu zahlen. Die einstige Klientin verpflichtete sich im Gegenzug zum Stillschweigen. Dennoch sickerte etwas durch; der Therapeut verlor seinen Arbeitsplatz in der Beratungsstelle. Als er sich selbständig machte, tauchten anonyme Flugblätter auf, die Frauen abrieten, bei einem des sexuellen Mißbrauchs Überführten eine Therapie zu machen. Der Therapeut war durch die Ereignisse sehr depressiv geworden, hatte längere Zeit Selbstmordabsichten und erholte sich nur sehr langsam. Seine Frau gewöhnte sich daran, die anonymen Flugblätter einzusammeln und zu vernichten.

Der sexuelle Übergriff macht den Therapeuten angreifbar. Das unterscheidet ihn von den subtileren Formen des narzißtischen Mißbrauchs, die ungleich schwerer aufzudecken sind. Wenn beispielsweise ein Therapeut die Patientin niemals berührt, aber so manipulativ arbeitet, daß ihre Ehe scheitert*, wird sein Fehler kaum je nachweisbar sein.

In einem juristischen Diskurs wird der Täter verurteilt und bestraft; das Opfer hat Anspruch auf Schadensersatz. In einem therapeutischen Diskurs geht es darum, Täter und Opfer besser zu verstehen und – wenn möglich – den Schaden zu mildern, den *beide* erleiden. Wenn es möglich ist, daß eine Intervention dem Täter *und* dem Opfer nützt, wird ein Richter sie verwerfen, weil der Täter keine solche Fürsorge verdient; der Therapeut hingegen wird sie befürworten.

Die Behandlung eines Helfers, der einem Schützling geschadet hat, darf nicht die Gefahr einer Wiederholung außer acht lassen. Aber wer behauptet, jede Fürsorge für den Täter sei ein Schlag in das Gesicht der Opfer, vermischt Recht und Rache.

Meine eigenen Erfahrungen mit der psychotherapeutischen Behandlung von Tätern sind auf zwei Fälle begrenzt; eine Thera-

---

* Viele Ehen scheitern im Zusammenhang mit einer Psychotherapie. Das liegt in der Regel daran, daß die Symptome der therapiewilligen Partnerin (es ist meist die Frau) mit einem noch unbewußten Ehekonflikt zusammenhängen. Wird der Konflikt deutlich und kann sich die Beziehung nicht entwickeln, um ihn zu bewältigen, bleibt oft nur die Trennung. Sie wird dann zumindest von dem Teil, der aktiv nach einer Lösung suchte, als notwendiger Entwicklungsschritt verstanden. In dem Fall, an den ich hier denke, wurde der Patientin später deutlich, daß sie nicht Hilfe in einem Ehekonflikt gesucht hatte, sondern dieser Konflikt durch die Behandlung erst inszeniert worden war und die Manipulation ihrer Idealisierung des Therapeuten schließlich zu einer Scheidung führte.

pie dauerte dreißig Sitzungen, eine zweite erstreckte sich über mehrere Jahre. In Selbsterfahrungsgruppen, in Supervisionen, auf Kongressen oder ähnlichen Veranstaltungen lernte ich acht weitere Täter kennen. Über die Problematik der Abstinenzverletzung sprachen wir dabei nur, wenn die Helfer das Thema von sich aus anschnitten; das war fünfmal der Fall. Bei den restlichen drei Therapeuten ergab sich eine Situation, die für die psychotherapeutische Diskretionspflicht typisch ist: Ich wußte von etwas, wovon die Täter nicht wußten, daß ich es wußte. Ich hatte von den Opfern erfahren, was geschehen war, aber ich war daran gebunden, die Täter nicht darauf anzusprechen. Die Motive der Täter schienen sich um zwei Schwerpunkte zu gruppieren, die ich hier den narzißtischen und den hedonistischen nenne.

Der vorwiegend narzißtisch motivierte Täter leidet unter ausgeprägten Stimmungsschwankungen, die er durch eine eher zwanghaft anmutende Fassade kompensiert. Die Übergriffe erfolgen, wenn er die Phantasie entwickelt, daß sein Schützling genau dieselben Bedürfnisse hat wie er selbst. Die zugrundeliegende Persönlichkeitsstörung läßt sich mit dem von Kohut entworfenen Modell eines nicht hinreichend gemilderten Größenselbst verknüpfen. Der narzißtische Täter kann die eigenen Bedürfnisse nicht hinreichend von den Anforderungen der therapeutischen Situation differenzieren. Er verwechselt die Bedeutung von Kenntnissen über die eigene Person für die therapeutische Arbeit mit einer naiven Annahme, daß das, was er fühlt, auch gut für andere sein muß. Dahinter steht eine tiefe Selbstunsicherheit. Die Verschmelzung mit den imaginierten Wünschen der Patientin sichert und stützt das eigene Selbstbewußtsein.

Aus diesem Grund ist der narzißtische Tätertypus auch besonders anfällig für die Sexualisierung einer idealisierenden Übertragung. Diese tritt häufig dann auf, wenn diese Übertragung ihre stabilisierenden Funktionen verliert. Da sexuelle Befriedigung ein starkes Mittel gegen Ängste ist, wird sie gesucht, um die Angst zu binden, welche durch das drohende Scheitern einer Therapie, durch das Risiko des Zusammenbruchs hochgespannter Erwartungen entstehen würde. In dieser Situation greifen die sexualisierte Übertragung der Patientin und die Kränkbarkeit des narzißtisch gestörten Therapeuten wie zwei Zahnräder ineinander. Der sexuelle Übergriff hilft beiden, erste Signale jener Krise zu betäuben, die später mit großer Wahrscheinlichkeit hereinbrechen wird.

Die am deutlichsten ausgeprägten Persönlichkeitsstörungen führten dazu, daß der Therapeut weder auf die Helferrolle noch auf die sexuelle Idealisierung verzichten wollte. Er setzte also die Behandlungen fort, rechnete auch die Sitzungen mit der Krankenkasse ab, verwendete jedoch einen Teil dieser Zeit für seine sexuelle Befriedigung oder traf sich privat mit der Patientin.

Diese Therapeuten rationalisierten ihr Verhalten manchmal mit Konzepten von «Körpertherapie» oder «Ermutigung» emotional eingeschränkter Frauen. Sie behaupteten, daß ihre Arbeit besonders engagiert sei und Psychotherapie vom «Bauch» ausgehen müsse, in deutlichem Gegensatz zu den «verkopften» Ansichten der «Schultherapeuten».

Im nachhinein denke ich, daß mir bei einem dieser Täter, der eine seiner ersten Patientinnen bei mir supervidieren ließ, hätte auffallen müssen, daß er manchmal ziemlich distanzlos und taxierend von ihrem Aussehen und ihrer Kleidung sprach. Aber weder er noch ich kamen auf das Thema des sexuellen Agierens. Er sprach nicht davon, daß er solche Angebote mache oder machen wolle; ich fragte nicht nach, weil ich der Illusion anhing, daß ein angehender Therapeut nach einigen Jahren behandlungstechnischer Seminare und einer eigenen Analyse das Konzept der Abstinenz vertreten müßte.

Mein Verhalten erscheint mir nicht untypisch. Der Lehranalytiker, Supervisor oder Seminarleiter ist immer einer in einem Team und in Gefahr, die Teamsolidarität zu verletzen, wenn er die Meinung gewinnt, ein Kandidat sei besser beraten, auf den Beruf des Therapeuten zu verzichten, zu dem er schließlich ausgebildet werden soll. In meiner Supervisionsarbeit, die ich noch einmal kritisch durchging, als ich von den wiederholten Übergriffen dieses Therapeuten erfuhr, hatte ich kein positives Gefühl über eine wirklich intensive Zusammenarbeit und ein gutes persönliches Verhältnis, aber auch keinen Eindruck, die gemeinsame Arbeit sei gescheitert.

Mein nachträglich geschärftes Empfinden ging eher in die Richtung einer gegenseitigen Schonung. Ich empfand den angehenden Therapeuten als selbstbezogen und wenig problembewußt, aber auch als gutwillig und gefügig, wie einen großen Jungen, der viel Liebe braucht und sich auch Mühe gibt, sie zu bekommen. Dazu paßt, daß eine seiner Patientinnen von ihm berichtete, er habe angeboten, sie könne Zärtlichkeiten von ihm haben, wenn sie dies wünsche. Als sie davon nichts wissen wollte, akzeptierte er auch das und arbeitete durchaus zu ihrer Zufriedenheit weiter.

Warum ist mir nichts aufgefallen? Warum habe ich ihn nicht nachdrücklicher konfrontiert? Therapieausbildungen stehen immer in einem Konfliktfeld zwischen Kontrolle und einfühlendem Gewähren. Ein Ausbildungsinstitut, das den Akzent auf die Kontrolle legt, würde zum Beispiel von einem Lehrtherapeuten einen ausführlichen Bericht über die Eignung des Kandidaten anfordern und diesen erst zu Behandlungen zulassen, wenn das Urteil des Lehranalytikers positiv ausfällt. Der Supervisor würde die Patienten des Kandidaten in regelmäßigen Abständen sehen und beurteilen, ob die Berichte, die dieser von den Behandlungsverläufen liefert, der Wahrheit entsprechen.

Es liegt ein Widerspruch darin, psychoanalytisch zu arbeiten, das heißt Diskretion zuzusichern und freie Assoziation zu vereinbaren, dann aber einen karriereentscheidenden Bericht abzuliefern. Aus diesem Grund haben viele Institute (auch das, dem ich angehöre) *keine* Berichts- und Kontrollpflicht. Die Lehranalyse ist nur in ihrem Umfang festgelegt, im übrigen aber Privatsache der Kandidaten; die Supervisionen werden ebenfalls nicht inhaltlich kontrolliert, sondern nur in ihrem Umfang. Allerdings geben die Supervisoren ein Urteil über die Zulassung zur selbständigen Behandlung ab. Dieses Verfahren ist rücksichtsvoller und respektiert die Persönlichkeit des Kandidaten mehr, aber es hat den Nachteil, daß Eignungsmängel oft spät erkannt und Auseinandersetzungen mit ihnen aufgeschoben werden oder sogar ganz unterbleiben.

Selbst wenn mir bei dem beschriebenen Kandidaten etwas aufgefallen wäre, bin ich nicht sicher, ob ich nicht gedacht hätte, daß sich doch der Lehranalytiker mit dieser Angelegenheit beschäftigen müsse und nicht ich. Wie schwierig es ist, hier den rechten Weg zu finden, zeigt eine heftige Instituts-Diskussion eines anderen Falles während der letzten Jahre. Es ging hier darum, daß eine Lehranalytikerin angesichts der von ihr vermuteten Eignungsmängel einer Kandidatin diese gebeten hatte, sie von der Schweigepflicht zu entbinden, damit sie den Fall noch einmal dem Aufnahmeausschuß vorlegen könne. Das geschah. Die Kandidatin wurde in einem neuen Aufnahmeverfahren abgelehnt.

Die Analytikerin, welche dieses Verfahren eingeleitet hatte, wurde ebenso wie der Ausschuß, der mit den so gewonnenen Informationen operiert hatte, von vielen Kollegen angegriffen. Sie argumentierten mit Recht, es sei die Diskretion verletzt worden, welche die Lehranalyse in einem Institut schütze, das Einzelheiten aus der Selbsterfahrung grundsätzlich nicht aufgreifen dürfe. Daß die Kandidatin zugestimmt habe, zähle nicht, weil die Abhängigkeit vom Lehranalytiker verhindere, sich in solchen Fällen frei zu entscheiden.

Ich habe einige Male miterlebt, wie gefährlich falsche Rücksichtnahme unter Helfern sein kann. In einem Fall vermied es die mit einem opiatabhängigen Arzt befreundete Kollegin, ihn wegen seiner ständigen Medikamentendiebstähle anzuzeigen. Es erschien ihr eine unnötige und unzumutbare Härte, ihn dem Chef zu melden; sie hoffte, er werde – wie er zusicherte – aus eigener Kraft mit seiner Sucht fertig. Nach einer Überdosis wurde er schließlich tot in der Kliniktoilette aufgefunden. In einem anderen Fall unternahm ich als Mitglied in einer kollegialen Supervisionsgruppe nichts, als ein Kollege, der unserer Gruppe nur kurz angehörte, über sein sexuelles Verhältnis mit einer Patientin während einer laufenden Behandlung berichtete. Ich wog das Unbehagen, sein Vertrauen zu mißbrauchen, gegen das Unbehagen, nichts gegen sein Verhalten zu unternehmen, und äußerte nur Vorbehalte. Auch dieser Arzt ist später unter tragischen Umständen umgekommen. Er wurde von zwei Familienangehörigen ermordet, die in einer Haßliebe mit ihm verstrickt waren. Obwohl es keinen direkten Zusammenhang gibt, bestärkte mich dieser Verlauf in meinem Eindruck, daß sich zu viele Personen um ihn herum zu lange um Verständnis und Toleranz bemüht hatten, es aber rettender gewesen wäre, schon früher etwas gegen seine Übergriffe zu unternehmen.

Die krasseste Abstinenzverfehlung, die sexuelle Intimität *während* einer Therapie, ist in meinem Beobachtungsgut selten. Sie erfaßt nur zehn Prozent der Fälle, von denen ich erfahren habe. Die weit überwiegende Mehrheit der Therapeuten entschloß sich, die Behandlung abzubrechen, sobald sie die sexuelle Beziehung begannen.

Eine Gegenüberstellung des narzißtischen und des hedonistischen Typus:

1. Narzißtisch:
1.1. Vermischung von körperlicher und therapeutischer Beziehung. Auch die Sexualität soll «Arbeit» sein («Befreiung» der Patientin; Rettungs- und Erlösungsphantasien); umgekehrt soll die Arbeit lustvoll sein.

1.2. Festhalten an der doppelten Idealisierung (als Therapeut und als Liebhaber).

1.3. In extremen Fällen auch Manipulation der Patientinnen, zu schweigen und keine andere therapeutische Hilfe zu beanspruchen. Selbst wenn der Therapeut mehrere Patientinnen-Geliebte hat, soll jede nur ihn respektieren, bewundern und lieben.

1.4. In der sexuellen Interaktion selbst lassen sich viele prägenitale Elemente beobachten (vor allem in der Gestalt sadomasochistischer Inhalte). Der narzißtische Therapeut wird, mit einem Übergriff konfrontiert, mit masochistischer Unterwerfung oder mit sadistischen Gegenangriffen reagieren. Er wird entweder alles zugeben und um Verständnis für seine eigenen Störungen werben oder drohen, eine Klägerin wegen Verleumdung anzuzeigen, sie auf ihren Geisteszustand hin untersuchen zu lassen und so weiter.

2. Hedonistisch:
2.1. Trennung von körperlicher und therapeutischer Beziehung. Beide schließen einander aus, wie «Arbeit» und «Vergnügen».

2.2. Bereitschaft, auf die doppelte Idealisierung zu verzichten. Wenn der hedonistische Therapeut ein Liebesverhältnis begonnen hat, ist es ihm recht, wenn er keine therapeutische Verantwortung mehr wahrnehmen muß. Er ist eher erleichtert, wenn ihm ein Kollege diese Seite der Beziehung abnimmt.

2.3. Die Manipulation der Patientin richtet sich vor allem darauf, keine Risiken einzugehen, zum Beispiel nicht von rivalisierenden Kollegen oder eifersüchtigen Ehemännern «bestraft» zu werden, die Kassenzulassung nicht zu verlieren und so weiter.

2.4. Die sexuelle Interaktion ist genital, weist aber phallischnarzißtische Komponenten auf (Don Juanismus: Stolz, viele Frauen erobert zu haben). Der hedonistische Therapeut wird, mit seinem Verhalten konfrontiert, eher dazu neigen, es abzustreiten oder zu behaupten, die Therapie sei längst vorbei gewesen oder noch gar nicht vereinbart.

Diese Typen erlauben eine erste Differenzierung, doch sollten sie nicht als trennschärfer beurteilt werden als etwa die Trennung der Liebesbeziehungen vom «narzißtischen Typus» und vom «Anlehnungstypus» in der Psychoanalyse.* Obwohl sich in vielen Einzelfällen eine Zuordnung vollziehen läßt, ist doch davon auszugehen, daß die Typen ineinander übergehen. Menschliches Sexualverhalten hat beide Funktionen: den Gewinn von Lust und die Stabilisierung des Selbstgefühls. Das gilt auch für sexuelle Beziehungen an einem sozialen Ort, an dem sie nichts zu suchen haben.

Zwei Therapeuten in meinem Beobachtungsgut sorgten persönlich dafür, daß eine Patientin, in die sie sich verliebt hatten, einen anderen Therapeuten aufsuchte, sobald sie mit ihr eine Liebesbeziehung begonnen hatten. Ein solches angesichts der problematischen Situation verantwortungsvolles Verhalten unterscheidet sie erheblich von den narzißtisch viel tiefer gestörten

---

* In der narzißtischen Objektwahl wird eine Person geliebt, die so ist, wie der oder die Liebende gerne wäre; in der vom Anlehnungstypus die nährende, bedürfnisbefriedigende Person.

Therapeuten, die ihren Patientinnen *verboten*, sich anderswo Hilfe zu suchen. Solche Unterschiede erscheinen für die psychischen Folgen von zentraler Bedeutung, während sie in einer rein formalen Bewertung untergehen. Eine dritte Motivkomponente, die ich in der Literatur * aufgefunden habe, ist mir in der Praxis nicht begegnet: die vorwiegend sadistische Motivation, Menschen völlig unter die eigene Kontrolle zu bringen und ihre Unterwerfung, im extremen Fall auch ihren Schmerz zu genießen. Es muß sich hier um einen völligen Zusammenbruch der Reaktionsbildungen gegen die sadistischen Komponenten der Libido handeln, auf die Freud die Helfer-Motivation insgesamt zurückgeführt hat.**

Die beiden von mir analysierten Täter gehörten eher dem narzißtischen Typus an. Der hedonistische Typus entwickelt wohl in der Regel zuwenig Leidensdruck und Problembewußtsein. Hier kann ich auch einige Beobachtungen zur Frage beitragen, wie die seelische Entwicklung solcher Täter ausgesehen hat. Nach meinen freilich sehr begrenzten Erfahrungen wiederholt sich in der Abstinenzverletzung eine gestörte Mutterbeziehung. Die Mutter ist von den späteren Therapeuten sehr ambivalent erlebt worden; vor allem weckte es eine tiefe Wut, daß sie Geschwister vorzog. Die so entstandene Unsicherheit des Selbstgefühls, die sich in heftigen Selbstzweifeln und Versagensängsten ausdrückte, wurde dadurch verstärkt, daß der Vater entweder ganz fehlte oder von der Mutter und den Kindern vorwiegend als

---

* Kenneth S. Pope, J.C. Bouhoutsos, Als hätte ich mit einem Gott geschlafen, Hamburg (Hoffmann und Campe) 1991.
** Freuds Hinweis ist freilich eher kursorisch: «Aus meinen frühen Jahren ist mir nichts von einem Bedürfnis, leidenden Menschen zu helfen, bekannt, meine sadistische Veranlagung war nicht sehr groß, so brauchte sich dieser ihrer Abkömmlinge nicht zu entwickeln», sagte er im Nachwort zur «Frage der Laienanalyse», Ges. W. XIV, S. 290.

bösartiger Störenfried erlebt wurde, dem alles Wesentliche in der Familie verheimlicht werden mußte. Das bedeutete, daß die Kinder der gestörten Mutterbeziehung in hohem Maß ausgeliefert waren; in der Folge entwickelten sie eine Reaktionsbildung, die sie ihrerseits nach maximaler Kontrolle enger, emotionaler Bindungen streben ließ. Die Wahl des Therapeutenberufs drückte diese Absicht ebenso aus wie der sexuelle Übergriff gegen eine Frau, die als schwache Patientin nur wenig Angst auslöste.

Der narzißtisch gestörte Therapeut kann diese Störung während seiner Ausbildung verheimlichen, wenn er intelligent ist und es ihm gelingt, seine therapeutischen Lehrer durch seine Fähigkeit, sie zu idealisieren, über seine Defekte zu täuschen. Er funktioniert dort, wo er einem gleich starken und abgegrenzten Gegenüber begegnet – also in seiner Lehrtherapie und in der Supervision –, auf einem höheren Niveau und wirkt deshalb reifer, als er es schwächeren oder weniger abgegrenzten Personen gegenüber ist. Die Supervision als solche verhindert ebenfalls das sexuelle Agieren: Wer von einem Dritten begleitet wird und immer wieder über die Interaktion mit seiner Klientin nachdenkt, ist vor einer Grenzüberschreitung geschützt. In meinem Beobachtungsmaterial waren Therapeuten, die keine ausreichende Supervision hatten, am meisten gefährdet. Wenn es in Institutionen wie Beratungsstellen, Gemeinschaftspraxen oder Kliniken gelingt, daß sich die Helfer untereinander austauschen, stabilisiert das ebenfalls die Professionalität.

Schwerer erkennbar, aber noch wesentlicher ist die Beschaffenheit des Privatlebens. Wer seine Bedürfnisse nach Bestätigung und Kontakt in seinem Alltag, durch Freunde, Sexualpartner oder Kinder, abdecken kann, reagiert besonnen auf die verführerische Qualität, welche dem idealisierenden Angebot von seiten einer Klientin innewohnt. Wer sich hier im Mangel fühlt, greift eher nach allem, was sich bietet. Allerdings ist die Unersättlichkeit unserer Wünsche nach Zuwendung und Bewunderung ein Teil der Conditio humana; das Erstaunen, wenn äußerlich wohlverheiratete Personen ihre wirtschaftliche und soziale Existenz in einer Leidenschaft riskieren, gehört zu einem naiven Menschenbild.

Grundsätzlich gibt es zwei Wege, unerwünschtes Verhalten zu verhindern: Wir können es mit Sanktionen belegen, wie Scham, Strafe, Schuld, oder aber die Gegenkräfte so stärken, daß die Versuchung schwindet. Das Almosen für einen Armen verhindert den Diebstahl eher als der Ruf nach der Polizei. So erscheint das wirksamste Mittel gegen die Abstinenzverletzung eine Psychohygiene des Helfers, welche ihn anleitet, genügend Bestätigungs- und Erfolgserlebnisse aus seiner Tätigkeit zu beziehen, unrealistische Allmachtsvorstellungen abzubauen, undankbare Klienten in Schach zu halten und den Erfolg seiner Arbeit möglichst von einer schwärmerischen Anerkennung durch seine Schützlinge unabhängig zu machen.

Auf den Segelschiffen gab es eine eiserne Regel für die Matrosen: eine Hand für das Schiff, eine für mich. Umgemünzt auf die helfenden Berufe lautet sie: eine Hand für die Klienten, eine für mich. Wer mit beiden Händen nach der Anerkennung durch die Klienten greift, stürzt leicht ab und nützt dann keinem von denen mehr, die er übereifrig retten wollte.

Schwer zu beantworten ist die Frage, ob sexuelle Übergriffe von Helfern zugenommen haben. Wie alle Formen einer Kriminalstatistik ist auch diese von den Bedürfnissen der Verfolger mitgeprägt, ihre soziale Geltung dadurch zu steigern, daß sie das von ihnen bekämpfte Delikt in seinen Dimensionen aufblähen. Solche Hintergründe der Polizeistatistiken werden in der Sozialforschung immer wieder diskutiert. Die kritische Forderung lautet dann, zwischen einem Wahrheitsinteresse und der Absicht zu unterscheiden, eigene Interessen durch scheinobjektive Behauptungen zu fördern.

Potentielle Nutznießer des Glaubens, Mißbrauch auf der Couch sei Routine, sind unter anderem Massenmedien, konkurrierende Therapieeinrichtungen (zum Beispiel die Befürworter von Psychopharmaka oder von feministischer Therapie, wonach Frauen nur von Frauen behandelt werden sollten) oder auch konkurrierende Interessenvertreter, denen die therapeutische Innovation Ärgernis gibt (zum Beispiel Vertreter von Sekten oder von fundamentalistischen Richtungen der großen Religionsgemeinschaften, die ja sonst meist ihre Kompromisse mit der Psychotherapie geschlossen haben). Aber selbst wenn diese Einflüsse berücksichtigt werden, scheint es angebracht, über Faktoren nachzudenken, welche Disziplinverluste in der therapeutischen Arbeit fördern. Da die meisten Psychotherapeuten ihre Methode auch aus einer Selbsterfahrung – etwa der Lehranalyse – erlebt haben, sind sie auch lebende Dokumente der Wirksamkeit (oder Unwirksamkeit) ihrer Methoden.

Die therapeutische Intervention bei einem Helfer ist geeignet, seinen Perfektionismus zu mildern und ihn damit vertraut zu machen, daß auch ein geschiedener Familientherapeut gute Familientherapie machen kann. Sie fördert die Psychohygiene, welche das Opfer des Berufs vernachlässigt, und gibt ihm zumindest den Anstoß, auch außerberufliche Interessen zu entwickeln und sich nicht in einem Gehäuse idealisierter Leistungen einzuschließen.

Bei dem «Spalter» und dem «Piraten» (vgl. S. 13) scheint mir die therapeutische Intervention weniger zu greifen. Es ist in der Regel leichter, ein strenges Über-Ich zu differenzieren und zu mildern, als die Neigung zu bequemen, regressiven Lösungen einzudämmen. Es ist für den Spalter anstrengend und unangenehm einzusehen, daß er sich nicht aufgrund seines Beziehungs-

Berufs vor den Auseinandersetzungen in seiner Familie drücken kann, und der Pirat wird ebenfalls nur ungern hören, daß es nicht angeht, sich durch flinke Beendigung einer Therapie mit einer neuen, anbetenden Geliebten zu versorgen.

Bleiben wir mit unserer Argumentationslinie innerhalb der therapeutischen Profession, dann werden wir in solchen Fällen sagen, daß es unabdingbar ist, therapeutische Interventionen, die übermäßige Disziplinierungen abbauen, von jenen zu unterscheiden, welche dissoziale Mängel einer Persönlichkeit ausgleichen sollen. Freud hat betont, daß die Neurose das Gegenteil der Perversion ist. Wer seine Triebe auslebt, will zunächst einmal keine therapeutische Hilfe und kann sie auch nicht gebrauchen.* Erst wenn er massive Nachteile durch seine mangelnde Disziplin befürchtet, entschließt er sich zu einer Behandlung; diese Motivation bricht aber oft zusammen, wenn er erkennen muß, daß es nicht möglich ist, die Lust des Triebdurchbruchs auszukosten, ohne die Nachteile der gesellschaftlichen Sanktion zu erleiden.**

Das bedeutet ganz und gar nicht, daß die Behandlung solcher Störungen unsinnig und aussichtslos ist. Aber sie muß andere Schwerpunkte setzen und sich vor der Regressionsförderung hüten, die im populären Klischee oft mit Psychotherapie schlechthin gleichgesetzt wird.*** Gerade in der Drogentherapieszene, in der sich die Disziplinlosigkeiten der Konsumgesellschaft wie

---

* Freud sah in der Sucht – auch in seiner eigenen – eine unüberwindliche Grenze der psychotherapeutischen Intervention.
** Daher ist es auch eine beliebte Einrede vor Gericht, der Angeklagte leide an einer multiplen Persönlichkeit; das Ich der Triebdurchbrüche gewinne nur ausnahmsweise die Oberhand.
*** Etwa in dem vielzitierten Witz: «Franzl, sag, machst jetzt drei Jahre Psychoanalyse wegen dei'm Bettnässen. Is es weg?» «Oh, nein. Aber ich schäm mich nicht mehr!»

unter einem Mikroskop studieren lassen, sind Klienten fast die Regel, die unerfahrene Therapeuten mit ihrem Bescheidwissen, was für sie die «richtige» Behandlung sei, unter Druck setzen. Wenn der Therapeut dann aufgrund der Erfahrung, die er in *seiner* Analyse gewonnen hat, die Regression des Süchtigen fördert, muß er scheitern.

Seit das Ausleben der Triebe eine Komponente des Zeitgeistes der Konsumgesellschaft geworden ist, wird es immer schwieriger, die Psychotherapie davor zu schützen, daß sie falsche Versprechungen macht. In den Gesellschaften gibt es einen immensen Bedarf nach einfacher, schneller und kostengünstiger Therapie von dissozialen und regressiven Symptomen – von Sucht, Verwahrlosung, Kriminalität. Und es gibt, ebenfalls im Zug der Entwicklungen zur Konsumgesellschaft, eine wachsende Suche nach Sinn, nach narzißtischer Bestätigung, nach Geltung durch extreme Leistungen oder deren Vorspiegelung.

Daher ist es für die Helfer als Berufsgruppe sehr schwierig geworden, Vorkehrungen zu treffen, daß nicht einzelne von ihnen 1. zuviel versprechen, also behaupten, sie könnten auch gegen die Störungen, die durch dissoziale Neigungen entstehen, rasch wirksame individuelle Dienstleistungen anbieten, und 2., daß nicht in ihren eigenen Reihen Personen auftreten, die selbst an solchen Störungen leiden. Eine geheime Pointe liegt nun darin, daß die Therapeuten, auf die 2. zutrifft, am bereitwilligsten Abhilfe für das unter 1. Erwähnte versprechen. Es stört sie wenig, mehr zu versprechen, als sie halten können, und eben diese Qualität des bedenkenlos gegebenen und dann nicht eingehaltenen Versprechens scheint mir auch eine wichtige Komponente der Abstinenzverletzungen.

Es ist einfach, vom Schreibtisch her ohne Trieb- wie Handlungsdruck dafür zu plädieren, vorausschauend zu handeln, auch in Therapie- beziehungsweise Liebesdingen (der Unterschied zwischen beiden vermischt sich in den angesprochenen Situationen). Solche guten Worte werden nicht zuletzt deshalb so oft ausgesprochen, weil sie so selten wirksam sind und häufig eher die Funktion haben, das Gefühl der (Selbst-)Gerechtigkeit beim Ratgeber zu stärken als die Verwirrung des Betroffenen zu erleichtern. Mir scheint, daß es wichtig ist, früher anzusetzen, vor allem in einer Arbeit an der Selbstkritik und Selbstdistanz der Helfer, noch bevor sie sozusagen Gefahr laufen, über die eigenen Größenvorstellungen zu stolpern.

Die Helfer-Kultur ist in sich gespalten und widerspruchsvoll. Einerseits, eben am Schreibtisch, wird betont, wie wesentlich es ist, Fehler machen zu dürfen und über Fehler offen sprechen zu können. Auf der anderen Seite erlebt jeder, der unter Kollegen, die er nicht sehr gut kennt, eben dieser Verpflichtung nachgeht, wie beliebt es ganz unabhängig von diesem Dogma ist, das eigene Selbstgefühl dadurch aufzubessern, daß dem Fehlerhaften vermittelt wird, dem Kritiker könne niemals geschehen, was er da verbockt hat. Wer selbstbewußt ist, wird dennoch seine Fehler eingestehen und seine Kritiker kritisieren, und er wird auch erleben, daß sich diese zurückziehen und er unerwartete Sympathisanten findet.

Aber – zynisch gesagt – wer, der wirklich ein festes Selbstvertrauen besitzt, wählt den helfenden Beruf? Es gibt sicher Ausnahmen, und die Bedingungen dieser Berufsentscheidung sind so vielfältig wie andere auch. Aber die potentiell konfliktträchtige, irrationale Komponente dieser Motivation ist doch die, daß ein primär unsicheres Selbstgefühl dadurch stabilisiert wird, Abhängigkeit und Bedürftigkeit nach außen zu delegieren. Wer davon träumt, ein großer Helfer zu sein, signalisiert deutlich, daß er sich nicht eingesteht, wie verwundbar er ist und wie sehr auch er sich Liebe wünscht, ohne etwas dafür tun zu müssen – aber auch zu *können*. Der künftige Helfer träumt davon, etwas zu

145

erwerben, das er von seiner Person abspalten kann, das er nicht *ist*, sondern das er *hat*, und mit dessen Hilfe er Liebe und Aufmerksamkeit gewinnt.*

Man könnte sagen, daß der Helfer, weil er mehr als andere unsicher ist über die Liebenswürdigkeit seiner Person, sich ein zusätzliches Mittel wünscht, um Liebe zu erwerben oder, wenn das nicht gelingt, wenigstens die emotionalen Beziehungen zu kontrollieren, die er eingeht. Das heißt auch, daß er sich in der glückenden Interaktion mit einem Schützling manisch, grandios und überlegen fühlt, während ihn umgekehrt die scheiternde Interaktion depressiv stimmt und ihn mit Gefühlen der Wertlosigkeit erfüllt.

Ich würde hier die Funktion des Helfens ähnlich sehen wie die Ausübung der Kunst für den Künstler. Auch der Künstler verfügt ja über ein Mittel, soziale Zuwendung durch eine Art selbstgebastelter Prothese zu erwerben, auch er fühlt sich im Gelingen des Werks und in der Erfüllung der mit diesem verknüpften narzißtischen Phantasie überlegen und unangreifbar, erkauft diesen Überschwang aber durch akute Depressionsgefahr, sobald die Anerkennung seiner Kreativität nachläßt oder er selbst an ihr zweifelt. Dann sehnt er sich, wie es Goethe im «Faust» verschlüsselte, nach dem Leben von Philemon und Baucis, muß aber erkennen, daß er deren friedliche Hofstatt längst niedergebrannt hat.

Zurück zum Thema des Mißbrauchs. Die Gefahr scheint hier darin zu liegen, daß der Helfer die manische Überschätzung, die in der engen Beziehung mit dem Schützling liegt, nicht in kritische Distanz rücken kann. Nach dem Motto: Was gut ist für

---

* Diese Motivationsschicht wird natürlich durch viele andere Einflüsse überformt, zum Beispiel den sicheren Arbeitsplatz, die interessante Tätigkeit, das Vorbild Nahestehender, religiöse Überzeugungen und so weiter.

General Motors, ist auch gut für Amerika, identifiziert er das Amalgam aus libidinösen Wünschen, so wie er es wahrnimmt, mit der Realität und handelt entsprechend. Vorbeugung scheint dann nicht mehr zu greifen, wenn die Situation schon so weit gediehen ist.

Sie könnte aber greifen, wenn zum Beispiel die erfahrenen Therapeuten offener über ihre eigene Verführbarkeit sprechen würden. Dieses Sprechen wird durch ein Klima der Tabuisierung und Dämonisierung unmöglich gemacht. So scheint es, daß – ähnlich wie in anderen Formen der Dissozialität – die Bekämpfungsmaßnahmen zu einer Mitursache des unerwünschten Verhaltens werden. Weil nicht über das Entgleisen der Abstinenz gesprochen werden darf, spaltet sich die therapeutische Kultur in einen Himmel, in dem gute Therapeuten alles unter Kontrolle haben, und in eine Hölle, in der verantwortungslose Helfer ihre Schützlinge mißbrauchen.

Freilich sind solche Offenheit und der einfühlende, konstruktive Umgang mit Fehlern nicht leicht zu haben. Sie würden zwar dazu beitragen, daß sich kleine Grenzüberschreitungen nicht zu großen steigern und der Druck, den der Täter von seiten der Kollegen spürt, nicht sadistisch an das Opfer weitergegeben wird. Aber sie setzen auch voraus, daß es Freiräume innerhalb der Professionen gibt, die dann enger werden, wenn sich die Konkurrenz im Dienstleistungsbereich verhärtet.

Freud hatte es noch relativ leicht, mit den Abstinenzverfehlungen seiner Schüler umzugehen und über die eigenen ohne besondere Angst oder Scham zu sprechen, denn er war überzeugt, etwas einzigartig Neues und Gutes anzubieten. Da konnten die kleinen Schwächen der Forscher schon in Kauf genommen werden. Heute sind therapeutische Dienstleistungen sehr vielfältig und durchaus konkurrenzbestimmt. Selbst innerhalb der Psychoanalyse gibt es in einer Großstadt wie München vier Insti-

147

tute. Jedes behauptet einen Vorsprung vor den anderen. Daher wird ein Mangel an dem angebotenen Produkt «korrekte, erfolgreiche Psychotherapie» in einem konkurrenzbestimmten Markt anders aufgegriffen (und vertuscht), als das in einem anderen gesellschaftlichen Klima der Fall wäre.

Therapeuten partizipieren sozial am Schicksal der Ärzte, die zwar immer noch hohes Ansehen genießen, aber gesellschaftlich stark in die Defensive geraten sind, finanzielle Einbußen erleiden und zunehmend mit Schadensersatzprozessen rechnen müssen. Ich habe an anderen Stellen darauf hingewiesen, daß die aus dieser Situation resultierende «defensive Medizin» (oder defensive Psychotherapie) keineswegs nur Vorteile hat, wie es die Anwälte der Patientenrechte reklamieren.*

---

* Vgl. W. Schmidbauer, Jezt haben, später zahlen. Die seelischen Auswirkungen der Konsumgesellschaft, Reinbek (Rowohlt) 1995.

13

Strafgesetz oder Beratungspflicht?

> Die Bereitwilligkeit der Patientin ändert nichts
> daran, wälzt nur die ganze Verantwortlichkeit
> auf seine eigene Person.*

Angesichts der menschlichen Neigung, sich gehenzulassen, erscheint es durchaus sinnvoll, jede sexuelle Beziehung zwischen
Helfer und Schützling als Mißbrauch abzulehnen. Dieses Vorgehen enthält jedoch auch Risiken. Nuancen verschwinden. Der
Tabu-Tatbestand kann seinerseits mißbraucht werden, um miß-
liebige Kollegen anzuschwärzen oder Rachewünsche nach einer
aus anderen Gründen gescheiterten Behandlung zu befriedigen.

Der Mißbrauchs-Diskurs streitet jede interaktive Qualität ab.
Das ist seine Stärke, aber auch seine Schwäche. Der Ausdruck
«Mißbrauch» ist dem Schutz von Kindern entlehnt. Eine Therapiesituation ist jedoch dadurch charakterisiert, daß es nicht nur
einen regressiven Aspekt des Klienten gibt, sondern auch einen
progressiven. Er ist nicht nur von emotionaler Abhängigkeit beherrscht, sondern kann als Partner eines Therapievertrags diesen
abschließen, aber auch auflösen.

Therapieverträge werden in der Regel mündlich geschlossen
und den wechselnden Realitäten der Behandlung angepaßt. Es

---

* S. Freud, Bemerkungen über die Übertragungsliebe, Ges. W. X, S. 318.

ist beispielsweise eine Abstinenzverletzung, wenn der Therapeut die Anrufe des Arbeitgebers einer Patientin entgegennimmt. Dennoch kann es in Absprache mit ihr nützlich sein, solche Gespräche nicht zu verweigern. Dann wird gewissermaßen ein neuer Paragraph in den Therapievertrag eingefügt. Oder aber die Beihilfestelle eines beamteten Patienten verlangt Auskünfte. Auch hier ist die Verweigerung zwar die ethisch reinste, aber nicht die Position, welche den Interessen des Patienten am meisten gerecht wird.

Es würde merkwürdig anmuten, wenn ein Arzt seinen Patienten ein Papier unterzeichnen läßt, ehe er ihm den Puls fühlt. Wenn es um gefährliche Eingriffe geht, wird aber auch gegenwärtig bereits ein schriftlicher Vertrag in der Form geschlossen, daß zum Beispiel ein Kranker vor einer chirurgischen Operation bestätigen muß, er sei über Risiken und Nebenwirkungen angemessen aufgeklärt worden. Man könnte folgern, daß die Umwandlung eines Therapievertrages in eine erotische Beziehung ebenfalls eine riskante, potentiell folgenschwere Maßnahme ist, die dadurch abgesichert werden sollte, daß eine solche formelle Aufklärung erfolgt.

Wenn ein Vergewaltiger sein Opfer nötigt, vor der Vergewaltigung eine Erklärung zu unterschreiben, wonach die sexuelle Beziehung freiwillig sei, dann wird es vor Gericht um die Glaubwürdigkeit der Beteiligten gehen. Ähnlich dürfte es angesichts eines Vertrages über die Risiken der Beendigung einer Therapie und der Aufnahme einer sexuellen Beziehung sein. Ich beneide den Richter nicht, der in einem solchen Fall entscheiden muß. Er wird von der Anklage darauf hingewiesen werden, daß die emotionale Abhängigkeit von einem Therapeuten nicht mit einem Federstrich aufgelöst werden kann; von der Verteidigung wird er daran erinnert werden, daß zahllose Kauf-, Erb- und Eheverträge anulliert werden müßten, würde dieses Kriterium der regressiv geprägten Entscheidungen Erwachsener Eingang in die Rechtsprechung finden.

Übersteigerte Ideale laufen Gefahr, nichts in der Realität zu bessern, sondern Lippendienste zu erhalten, hinter denen sich das Übel tarnt. Ein solches Ideal, das untadelig, aber unrealistisch ist, scheint die Forderung, nach grundsätzlich jedem Therapiekontakt davon auszugehen, daß die Partner sich dadurch ein für alle Male in eine unauflösliche, ihr Urteil deformierende emotionale Abhängigkeit begeben haben. Zwischen Kindern und Erwachsenen liegt diese Abhängigkeit nicht nur mit größerer Wahrscheinlichkeit vor, sondern – was wichtiger ist – sie hat auch definierbare Grenzen. Ist das Kind achtzehn Jahre, dann ist es in die Selbstverantwortung entlassen.

Die seelische Integrität von Patienten und Patientinnen ist ein zentraler Wert der Therapie. Jede Möglichkeit, sie zu bewahren, sollte genützt werden. Maximale Einschränkungen erfüllen diese Aufgabe nicht optimal. Wenn klar ist, daß Sexualität und therapeutischer Auftrag unvereinbar sind, und wenn weiterhin klar ist, daß in einer Therapie emotionale Abhängigkeiten und Idealisierungen entstehen, die mißbraucht werden können, ist die Regelung, welche eine Klärung dieser Abhängigkeiten und den Abschluß einer neuen Vereinbarung fördert, wahrscheinlich die für beide Beteiligten günstigste.

Das radikale Tabu schließt alle Möglichkeiten aus, flexible Lösungen zu finden, die unter Umständen beiden Teilen willkommener sind als der Verzicht oder die im Schatten einer Kriminalisierung stehende Befriedigung. Mit Fragen, die in einer Therapie entstehen, sollte ein therapeutischer Umgang gesucht werden, eine Antwort, welche die Interessen der Betroffenen optimal berücksichtigt.

Hier scheint mir eine *Beratungspflicht* am besten geeignet. Sie überläßt die Entscheidung nicht dem Zufall und auch nicht den

Meinungen eines betroffenen Therapeuten an der Schwelle einer Grenzverletzung. Sie tabuisiert aber auch die Möglichkeit nicht, daß sich die Verhandlungspartner unter Umständen nach ihren wohlerwogenen Interessen einig werden können. Entscheiden sie als Erwachsene, übernehmen sie Verantwortung für die Folgen, orientieren sie sich realistisch über die Komplikationen? Die Lösung kann unterschiedlich sein. Die therapeutische Arbeit ist in jedem Fall beendet. Die Patientin * kann die Therapie bei einem anderen Therapeuten (oder einer Therapeutin) fortsetzen. Die wesentliche Entscheidung wird sich auf die Frage richten, wie die fortbestehenden emotionalen Abhängigkeiten aus dem therapeutischen Verhältnis einzuschätzen sind. Hier ist es in jedem Fall eine große Hilfe, wenn die ersten Schritte auf diesem Weg nicht allein, sondern unter fachkundiger Begleitung stattfinden.

Eine Beratungspflicht ist auch in anderen gesellschaftlichen Situationen als Lösung gewählt worden, in denen weder die Tabuisierung mit Hilfe des Strafgesetzes noch die vollständige Freigabe erwünscht erscheinen. Es ist bekannt, daß zum Beispiel ein striktes Verbot der Abtreibung die Zahl der vollzogenen Abtreibungen nicht vermindert, sondern nur die Risiken steigert, daß durch eine Kriminalisierung die Möglichkeiten einer optimalen medizinischen Versorgung geschmälert werden. Dennoch ist auch die völlige Freigabe der Abtreibung kritisiert worden, weil sie einen nachlässigen Umgang mit Menschenleben signalisiert, der gesellschaftlich ebenfalls unerwünscht ist. In durchaus ähnlicher Weise orientiert sich der Umgang mit Drogensüchtigen nach einer Phase der Kriminalisierung heute eher an Aufklärung, Beratung und Therapie.

---

* Ich verwende diesen Ausdruck, weil ich die neutrale Schreibweise (PatientInnen) unschön finde und tatsächlich der weit überwiegende Fall von Gefährdungen der Abstinenz die Beziehung zwischen Therapeut und Patientin ist.

Wenn ein *Verbot* durch eine *Beratungspflicht* ersetzt wird, drückt das eine gesellschaftliche Entwicklung aus.* Eine Schwangerschaftsunterbrechung kann die abtreibende Frau sehr belasten. Da sie aber selbst die Tat veranlaßt, gibt es kein Opfer und daher auch keinen Grund zur Strafe von seiten des Staates. Das gilt zumindest dann, wenn die Schwangerschaft als Teil des mütterlichen Organismus definiert wird. Umstritten ist, von welchem Zeitpunkt an ein Embryo den Schutz des Rechtes findet. Bei Rauschgiftsucht ist die Lage eigentlich noch klarer. Wenn Selbstmord nicht verboten ist, läßt sich schwer rechtfertigen, eine Unterform – den verlangsamten Selbstmord – zu bestrafen.

Nun bewegt sich unsere Diskussion in einem Raum, der noch gar nicht rechtlich geregelt ist. Delikte sind bisher nur die «Unzucht mit Abhängigen», alle Formen des Mißbrauchs von unmündigen oder hilflosen Personen, Nötigung und Vergewaltigung. Ein Arzt macht sich strafbar, wenn er eine Patientin durch Medikamente in einen hilflosen Zustand versetzt und dann mit ihr schläft oder wenn er eine entmündigte Person zu seiner Geliebten nimmt. Tut er das mit erwachsenen Frauen, die zwar seine Patientinnen, aber in ihren geistigen Leistungen unbeeinträchtigt sind, kann ihn sein Verhalten die Zulassung durch die Ärztekammer kosten, aber er wird nicht vom Staatsanwalt verfolgt.

Nun ist es kurzsichtig, Gesetze nur aufgrund ihrer Inhalte zu betrachten. Wichtiger ist oft, welche Tendenz sie ausdrücken und welche Grundsätze hinter ihnen stehen: weltliche, pragma-

---

* Vgl. den Hinweis in dem folgenden Abschnitt über die psychoanalytische Moralkritik, wonach das Ziel der Therapie eine Persönlichkeit ist, die ihre tierischen und kindlichen Seiten nicht verdrängt und ihnen nicht mit Verboten, sondern mit Entscheidungen begegnet.

tische (nach dem moralphilosophischen Gesetz vom größten Glück der größten Zahl) oder metaphysische, die den Glauben an geoffenbarte Werte rechtfertigen wollen. Wie es aussieht, wenn beide Tendenzen in eine Zerreißprobe geraten, zeigen die Morde an den Angestellten von Kliniken, die auf Abtreibungen spezialisiert sind, durch Abtreibungsgegner in den USA.

Die fundamentalistischen Terrorakte, die in dieser Situation, aber auch in anderen Bereichen (etwa im Todesurteil gegen «ketzerische» Schriftsteller) stattfinden, signalisieren Verluste an traditionellen Bindungen, die durch pragmatische, liberale Gesetze nicht kompensiert werden können.

Wenn sich alle Beteiligten an die katholische Sexualmoral halten, welche den Sexualakt auf Eheleute beschränken will, ist die sexuelle Abstinenzverletzung in der Therapie kein Problem. Sie ist erst erlaubt, wenn Therapeut und Patientin in den Stand der Ehe getreten sind. Das heißt, sie haben die asymmetrische und labile Idealisierung, aus der heraus die meisten Übergriffe erfolgen, als Versuchung abgewiesen und sich zu der engsten Bindung entschlossen, die es im Rahmen der moralischen Regelungen des Sexualverhaltens gibt.

Damit wäre die gravierende Folge vieler Abstinenzverletzungen von vornherein ausgeschlossen. Sie basiert darauf, daß der Therapeut seine eigene, lustvoll-unverbindliche Auffassung des Sexualaktes in die Patientin projiziert und nicht damit umgehen kann, daß diese sich eine Steigerung der Verbindlichkeit, eine Erfüllung ihrer Ideale erwartet hat. Wenn der Therapeut einen Heiratsantrag machen und auf die Hochzeitsnacht warten würde, wäre die Reflexionsphase zwangsläufig gegeben, die für eine konstruktive Entwicklung jeder Liebesbeziehung so nützlich ist.

Nun lebt aber gegenwärtig auch von den Katholiken nur noch eine Minderheit nach solchen Vorstellungen. Die hedonistischen

154

Reize der Konsumgesellschaft führen dazu, daß eher die Lust die Regeln umgeht, als diese ihr den Weg versperren können. In diesem Klima scheint es seltener zu gelingen, professionelle Distanz aufrechtzuerhalten. Vermutlich wirken dabei Verwöhnungs- und Anspruchshaltungen aller Beteiligten zusammen. Die Therapeuten verlieren ihre Abstinenz und die von Übergriffen Betroffenen ihre Geduld; während die Täter nehmen, was sie kriegen können, entwickeln sich die Opfer zu Anklägerinnen, die den Schaden ersetzt haben oder Rache üben wollen.

So gesehen wäre der Schritt zu einer gemeinsamen Supervision von Therapeut und Patientin, die sich verliebt haben und die gemeinsame professionelle Arbeit in eine private Beziehung überführen wollen, die angemessenste Lösung. Die Grenzen zwischen Erwachsenenbildung, Selbsterfahrung und Krankenbehandlung sind in den modernen Behandlungen verwischt. In jeder Volkshochschule einer Großstadt gibt es heute Kurse, in denen kaum etwas anderes geschieht als in einer Therapiegruppe, welche die Krankenkasse finanziert. Therapie ist ein Dienstleistungsangebot, das an den Schikurs und die Animation im Club-Urlaub ebenso angrenzt wie an Medizin und Theologie. Wenn die Liebelei mit dem Sportlehrer zu einem gelungenen Aktivurlaub gehört – weshalb soll sie bei der Selbsterfahrung auf der griechischen Insel verboten sein?

Diese Entwicklungen der Konsumgesellschaft sind nur eine Seite des Problems. Im Hintergrund der Abstinenzprobleme der Gegenwart steht eine Krise der Aufklärung. Die psychoanalytische Aufdeckung frommer Illusionen hat die Psychotherapie nicht davor bewahren können, sich einer neuen Illusionsbildung hinzugeben.

14

Re-Illusionierung der Psychotherapie

> Der analytische Psychotherapeut hat also
> einen dreifachen Kampf zu führen, in seinem
> Inneren gegen die Mächte, welche ihn von dem
> analytischen Niveau herabziehen möchten,
> außerhalb der Analyse gegen die Gegner, die
> ihm die Bedeutung der sexuellen Triebkräfte
> bestreiten und es ihm verwehren, sich ihrer in
> seiner wissenschaftlichen Technik zu bedienen,
> und in der Analyse gegen seine Patienten, die
> sich anfangs wie die Gegner gebärden, dann
> aber die sie beherrschende Überschätzung des
> Sexuallebens kundgeben und den Arzt mit
> ihrer sozial ungebändigten Leidenschaft
> gefangen nehmen wollen.*

In unserer vor-aufklärerischen Tradition gab es keine Trennung zwischen Religion und Vernunft, wie sie in Freuds Schrift «Die Zukunft einer Illusion» einen Höhepunkt erreicht. Man kann nicht sagen, daß die Gesellschaft durch religiöse Rituale zusammengehalten wurde; dies ist eine spätere Interpretation. Faktisch war nur eine religiöse Sicht der Gesellschaft möglich.

Die Neuzeit ist dadurch charakterisiert, daß nicht mehr der

---

* S. Freud, Bemerkungen über die Übertragungsliebe, Ges. W. X., S. 320.

Gläubige, sondern der Forscher die Szene beherrscht. Lange sind die Entdecker noch gläubig, wie es beispielsweise Columbus war. Aber sobald sie ihre Aufmerksamkeit auf die menschliche Gesellschaft richten, müssen sie herausfinden, daß die religiösen Selbstverständlichkeiten sich eben nicht von selbst verstehen, sondern erklärt werden können und müssen. Forschungsreisende in Außen- und Innenwelten brechen aus ihren tradierten Zusammenhängen auf.

Freud war sich sicher, daß die Religion diese Beweglichkeit nicht nur nicht mehr gestalten kann, sondern sie lähmt. Er vergleicht sie mit einem Brauch, den Schädel von Kindern zu deformieren, welcher dann die Messungen der Anthropologen unmöglich macht. Wenn wir den betrüblichen Gegensatz zwischen der strahlenden Intelligenz eines gesunden Kindes und der Denkschwäche des durchschnittlichen Erwachsenen betrachten, müssen wir – so fordert er – doch erkennen, daß die religiöse Erziehung eine Mitschuld an solchen Verkümmerungen trägt. Die Quellen dieser Denkschwäche sind Hemmungen der sexuellen Entwicklung und verfrühter religiöser Einfluß. Sie muß entstehen, wenn zentrale Gebiete der Neugier und (Sexual-)Forschung durch Indoktrination tabuisiert werden.

Die Psychoanalyse hat betont, daß es einen Unterschied gibt zwischen (lösbarem) neurotischem Elend und (unlösbarem) allgemeinem Leid. Sie bekämpfte die Versuchungen, wohlfeil zu trösten und illusionäre Hoffnung zu spenden. Das Menschenbild der Analyse sollte von den Forderungen der Wissenschaft geprägt sein und diese in die Auseinandersetzung des Menschen mit seinen Ängsten und Nöten, mit Sexualwunsch und Aggressionslust hineintragen. Ziel war eine Persönlichkeit, die so reif ist, daß sie ihre tierischen und kindlichen Seiten nicht verdrängt, sondern erkennt, ihnen nicht mit Verboten, sondern mit Entscheidungen begegnet.

Gegenüber der biblischen Botschaft, daß schon der Gedanke an das Böse verwerflich ist, setzt die Analyse eine ausdrückliche Erlaubnis, lüsterne und grausame Inhalte zuzulassen, um sie dann in bewußter Entscheidung zu verwerfen. Jeder Mensch, nicht nur der Bösewicht, ist unmündig, verführbar, triebbestimmt. Aber jeder kann auch seine Gegenkräfte stärken, kann Vorsichtsmaßnahmen ergreifen, Einsicht entwickeln, Selbstkritik üben, so daß ihn nicht plötzlich in Projektionen das unterdrückte Feindbild überfällt oder im Symptom ein fauler Kompromiß zwischen Wunsch und Zensur einschränkt.

Diese Haltung ist emanzipatorisch und individualisierend. Nicht die Erbanlage unterscheidet den Gesunden vom Kranken, sondern der zumindest potentiell lösbare Konflikt. Niemand ist über seine Triebe erhaben, niemand kann sich selbst gänzlich erkennen; jeder aber ist in der Lage, seine Einsicht zu verbessern und so Einschränkungen zu überwinden, die ihm unbewußte Konflikte der Kindheit auferlegen.

Wer die gegenwärtige Therapieszene betrachtet, muß erkennen, daß von dieser kritischen Distanz zu Illusionen jeglicher Couleur wenig geblieben ist. Die therapeutischen Bewegungen sind zahlenmäßig weit stärker als zu Freuds Zeiten, in denen die Teilnehmer psychoanalytischer Kongresse noch auf ein Gruppenbild paßten und jeder jeden mit Namen und Restneurose kannte. Aber sie bewegen weniger Intellektuelle als einst. Große Autoren, die psychoanalytische Erkenntnisse ausdrücklich bewundern und verarbeiten, wie einst Stefan Zweig, Hermann Hesse oder Thomas Mann, gibt es nicht mehr. Die Literaten wenden sich anderen Themen zu. Sie lassen allenfalls ironische Bemerkungen über den Größenwahn der Analytiker fallen (wie Martin Walser oder Nabokov).

Heute bringt eine der windigeren Therapieschulen zehnmal mehr ausgebildete Helfer und Heiler auf den Markt, als es in den zwanziger Jahren Psychoanalytiker gab. Parallel zu dieser Massenwirkung ist aber die Illusionskritik verlorengegangen. Wo Freud noch beschreibt, daß keine emotionale Beziehung ohne Ambivalenz ist und jedes therapeutische Bemühen an Grenzen stößt, steigern sich die Versprechungen seiner Epigonen bis zur Neuprogrammierung des Geistes, ja zur Neugeburt des alten Adam («rebirthing-therapy») und zum Durcharbeiten früherer Inkarnationen. In den Kleinanzeigen der Psycho-Zeitschriften wuchern Gurus und esoterische Themen. In das von religiösen Illusionen gereinigte Haus sind Astrologie, Kartenlesekunst und der Glaube an magische Kristalle zurückgekehrt. Ein Esoterik-Boom hat den Psycho-Boom der siebziger Jahre abgelöst. Während die Wissenschaft die abstinente Haltung der Objektivierung und die Distanz zum Gegenstand der Beobachtung betont, will die Religion – und noch mehr die Sekte – Gemeinschaft, Gleichheit, Nähe. Zwischen Bundesbrüdern und -schwestern ist alles erlaubt.

Die psychoanalytische Religionskritik trat das Erbe der Aufklärung an. Freud stand zwischen gemäßigten und radikalen Verächtern der Religion. Er grub tiefer und wollte höher hinaus. Wenn die Erziehung nicht mehr mißbraucht wird, um Menschen der Religion zu unterwerfen, hat das «psychologische Ideal», der «Primat der Intelligenz» eine Chance. Erst wenn das Experiment einer irreligiösen Erziehung gescheitert ist, will sich Freud bereit finden, «die Reform aufzugeben und zum früheren, rein deskriptiven Urteil zurückzukehren: der Mensch ist ein Wesen von schwacher Intelligenz, das von seinen Triebwünschen beherrscht wird».*

Sekten, Aberglauben, blinde Idealisierung einer Person, einer Ware, einer Mode, einer Musikgruppe, Fußballmannschaft oder

---

* Alle Zitate aus S. Freud, Die Zukunft einer Illusion, Ges. W. XIV.

politischen Überzeugung sind heute Massenerscheinungen. Sie geben eher der pessimistischen Sicht Freuds recht als seinen Hoffnungen auf ein Erstarken des Intellekts angesichts unaufhaltsamer Fortschritte von Wissenschaft und Technik. Im Gegenteil: die Unüberschaubarkeit und potentielle Gefahr von Wissenschaft und Technik läßt mehr Menschen Ausschau halten nach Nischen, die Wärme und Geborgenheit versprechen.

Die psychologische Dynamik dieser sektiererischen Sinnversprechungen hängt mit einem Innovationsbonus zusammen. Der neue Glaube hat noch nicht das Sündenkonto und die Unfähigkeitsbilanz des alten; er hat noch keine kriminellen Päpste, keine Hexenverfolgungen, keinen institutionellen Hochmut, keine hierarchische Bequemlichkeit aufzuweisen. Diese entwickelt er erst, wenn er selbst aus der Bewegung zur Institution wird.

Die Geschichte der religiösen Innovationen reicht viel weiter zurück als in die europäische Reformation. Bereits ägyptische Hieroglyphen berichten von religiösen Neuerern und dem zähen Widerstand etablierter Priesterkasten. Kennzeichen der Gegenwart ist die enorme Beschleunigung solcher Prozesse. Es soll nach einer amerikanischen Fliegenbeinzählung über zweihundert Therapierichtungen geben; die Möglichkeiten, sein Seelenheil zu verbessern, entsprechen längst dem Overkill-Potential der Atomrüstung, ein Ende ist nicht abzusehen. Die Neuerungssucht ist so groß, daß ein Scherzbold, der in der Zeitschrift «Psychologie heute» einen Kurs in nichtverbaler Gesprächstherapie anbot, eine ganze Reihe Anmeldungen diplomierter Akademiker verbuchen konnte: Gefragt ist, was neu klingt.

Deuten wir diesen Prozeß als Re-Illusionierung, dann könnte darin die falsche Hoffnung stecken, wir würden zu einem Zustand zurückfinden, der schon einmal war. Aber die Phänomene sind neu. Die Illusion, mit deren Zukunft sich Freud auseinan-

160

dersetzte, wirkt übersichtlich, geschlossen und – so paradox es klingt – rational, gemessen an den hektischen Bewegungen der Gegenwart, in der Modekonzerne eigene Abteilungen damit beschäftigen, Trends zu wittern, denn was heute in ist, wird morgen schon out sein.

Die Schamanenkurse im Gruppenzentrum, die tantrischen Übungen und buddhistischen Meditationen eines großen Teils der spirituellen Szene der Gegenwart sind sowenig eine Rückkehr zu den Wurzeln des tradierten Glaubens, wie Christbaum oder Muttertag ein germanischer Brauch. Sie wollen es uns allenfalls glauben machen und sind überoptimal, ähnlich wie Mitteleuropäer zum Powwow eines Indianerclubs nur in handgenähter Lederkleidung und mit echten Adlerfedern zugelassen werden, während die Originalindianer ihre Zeremonien in zerrissenen Jeans und mit Rasseln aus Coladosen absolvieren.

Die an Eltern und Großeltern noch real erlebte Tradition bietet den vom gesellschaftlichen Entwicklungstempo überrollten Individuen keinen Halt mehr. Wo solcher Halt aber unentbehrlich scheint, haben Amalgame aus religiösen und psychologisch-therapeutischen Elementen Konjunktur. Sie müssen unverbraucht sein, bildhaft, direkt, überzeugend. Sie müssen Identität bieten und vor der bedrohlichen Vielfalt schützen, die unseren Alltag beherrscht. Bhagwan in Poona, von den Brahmanen als Scharlatan verachtet, hatte diese Faszination der Exotik auf die Jugend des Westens erkannt. Er baute seinen Frömmigkeitskonzern auf eine therapeutisch-religiöse Illusionskunst, in der Sigmund Freud neben Buddha und Jesus seinen Platz erhielt, in der aber die Wissenschaft dem Glauben und die Abstinenz dem Kult weichen mußten.

Die Religionskritik der Aufklärung setzte an die Stelle der zerstrittenen und illusionshungrigen Kirchen und Konfessionen das Bekenntnis zur Entwicklung der ganzen Menschheit. Freud vertraute darauf, daß der wissenschaftliche Fortschritt einen humanistischen Materialismus fundieren kann. Aber er hat die Rationalität der Technik ebenso überschätzt wie die Macht der Aufklärung.

Was heute vor allem deutlich wird, ist die Tatsache, daß der Fortschrittsglaube in seinen Versprechungen, die Utopie der Humanität zu realisieren, scheitern muß, wenn er die Last der von ihm selbst geschaffenen Probleme der Zukunft aufbürdet. Solange die technischen Fortschritte ihre eigenen Risiken nicht kontrollieren können, wecken sie eher Zweifel als Hoffnungen an der Durchsetzungskraft der leisen Stimme des Intellekts. Mir scheint, daß die lauter werdenden Stimmen der Anklage gegen mißbrauchende Therapeuten (oder jenseits der Inzestschranke wildernder Väter) Teil eines sozialen Klimas sind, in dem die Autoritäten von den Folgen uneingelöster Versprechungen eingeholt werden.

Wir alle sind sozusagen von unseren geistigen Vätern mißbrauchte Kinder; die Macht der aufklärenden Vernunft hat sich zu einer zynischen Fratze verzerrt. Die Geistesmächtigen haben uns nicht den Fortschritt gebracht und nicht das Glück, sondern ökologische Risiken und prekäre wirtschaftliche Verhältnisse.

Freud war nach seiner eigenen Definition ein ungläubiger Jude. Seine Biographie gehört in jene Assimilationsbewegungen, deren spöttischer Protagonist der im Geburtsjahr Freuds (1856) verstorbene Heinrich Heine ist. In «Die Zukunft einer Illusion» wird er als «einer unserer Unglaubensgenossen» mit dem Vers zitiert:

> «Den Himmel überlassen wir
> Den Engeln und den Spatzen.»

Die jüdische Liebe zu einem aufgeklärten und weltoffenen deutschen Geist ist grausam enttäuscht worden; die zionistischen

Söhne haben angesichts der Gestapo gegen ihre assimilierten Eltern recht behalten. Die Geschichte hatte sich gegen eine intellektuelle Elite von Juden ausgesprochen, die den Einschränkungen der Religion (unter der die Juden in Europa so lange zu leiden hatten) ihre agnostische Liberalität entgegensetzten. Gegenwärtig wird von jüdischen Historikern diskutiert, ob der große Skeptiker Freud nicht Thora und Talmud weit stärker verpflichtet war, als er selbst es wahrhaben wollte.

Es genügt, sich einige Abende in Talkshows zu zappen oder die Leitartikel der Tagespresse zu verfolgen, um zu erkennen, wie wenig Gehör heute die Illusionskritik findet. Wer Urteile aufschieben, Ambivalenzen darstellen und auf Differenzierungen nicht verzichten will, hat wenig Chancen, den Beifall auf seine Seite zu bekommen.

So scheint es auch schwierig, den Verlust an Eindeutigkeit und Disziplin in den familiären und professionellen Beziehungen konstruktiv zu handhaben. Der Bedarf an plakatierbaren Lösungen und klaren Feindbildern ist gewachsen. Der mißbrauchende Helfer ist eines davon. Es gibt wenig Raum, nachzudenken, wie sehr beide – Therapeut und Patientin – in den Illusionen ihrer Zeit und ihrer Wünsche befangen sind, wie sich möglichst rücksichtsvoll und differenziert Klarheit über ihre Verstrickung gewinnen läßt. Am meisten scheint es mir diesen Rücksichten und Aufklärungen zu dienen, wenn die Sexualität weder verharmlost noch verteufelt und die Verantwortungen professioneller Hilfe weder bagatellisiert noch idealisiert werden.

15

Die Utopie der Abstinenz

Für den Arzt vereinigen sich nun ethische
Motive mit den technischen, um ihn von der
Liebesgewährung an die Kranke
zurückzuhalten. Er muß das Ziel im Auge
behalten, daß das in seiner Liebesfähigkeit
durch infantile Fixierungen behinderte Weib
zur freien Verfügung über diese für sie
unschätzbar wichtige Funktion gelange, aber
sie nicht in der Kur verausgabe, sondern sie
fürs reale Leben bereithalte, wenn dessen
Forderungen nach der Behandlung an sie
herantreten.*

Wir haben Kritisches gegen die starren Rituale der Abstinenz
eingewendet und ihre Abwehrqualität, ihren verdeckten Macht-
anspruch und die Kompensation von Unsicherheiten in der Identität des Therapeuten angesprochen. Aber es gibt in der gegenwärtigen Rivalität therapeutischer Richtungen auch Versuche,
das Abstinenzkonzept preiszugeben. In manchen schönen,

* S. Freud, Bemerkungen über die Übertragungsliebe, Ges. W. X, S. 318. Be-
merkenswert: die Bemühung, «Ethik» und «Technik» zu versöhnen, und der
Gedanke, daß es einen Gegensatz zwischen «Kur» und «realem Leben» gibt, der
für die damals kurzen, intensiv geführten Analysen leichter zu vertreten war als
für unsere heutigen langfristigen Behandlungen.

neuen Therapiewelten werden Szenarios entworfen, in denen Rationalität, Analyse und Abstinenz als veraltet verworfen, Emotionalität, Begegnung und Präsenz des Therapeuten gepriesen werden. Ich sehe darin keine reichere, sondern eine kargere und weniger differenzierte Form von Therapie, einen Rückfall in die Verbindung aus professioneller Überlegenheit, die autoritär fundiert, aber ethisch gezügelt wird, und machiavellistisch gehandhabter Technik («der Zweck heiligt die Mittel»).

Der tiefe Sinn des Abstinenzgebotes liegt in einer möglichst von dauerhaften Abhängigkeiten und Autoritäten befreiten Utopie therapeutischer Arbeit. Der therapeutische Prozeß wird gerade durch die Abstinenz des Helfers zu einem Unternehmen, das in weiten Teilen auf die Anwendung bekannter Prinzipien verzichtet. Es gibt wohl technische Fertigkeiten, doch ist ihre Anwendung dahin orientiert, zwei Menschen in einem biographischen Prozeß zu verbinden, den der Experte nicht vorgibt, sondern mitgestaltet. Hier berührt sich die Utopie der Abstinenz mit einer zweiten analytischen Utopie, dem Junktim zwischen Heilen und Forschen. Die *Heilung* enthält die Phantasie, in einen *früheren*, «gesunden» Zustand zurückzukehren; die *Forschung* das Bestreben, einen kreativen Prozeß einzuleiten, der zu *zukünftigen* Erkenntnissen führt.

Diese Utopie besagt, daß in der Therapie etwas geschehen soll, was nicht bereits bekannten Gesetzen gehorcht. Therapie ist dann eine Form von Kreativität. Sie ist nicht die pädagogische Anwendung des fortgeschrittenen Wissens auf das noch rückschrittliche Denken der Kranken oder des Kindes, sondern gemeinsame Entwicklung eines Dialogs über das noch Unbewußte. Wenn dieser Prozeß beginnen soll, verlangt das vom Analytiker Abstinenz: Er muß sich der vertrauten Privilegien professioneller Arbeit möglichst enthalten, Widerstände nicht durch Autoritätsausübung bekämpfen, auf Besserwisserei und darauf verzichten, daß er ein deutliches Bild von einem funktionellen Zustand hat, auf das hin er – ähnlich dem Chirurgen – seine Eingriffe ausrichtet.

Nach diesem analytischen Modell, das sich in Familientherapie, Gruppenarbeit, Supervision und niederfrequenter Einzeltherapie ebenso als Orientierung verwenden läßt wie in der klassischen Psychoanalyse, sind Therapeut und Klient Partner in einer gemeinsamen Aufgabe. Sie läßt sich mit der Bastelei an einer Collage vergleichen, die freilich mit dem Ernst des Künstlers betrieben wird und nicht mit der Lässigkeit des Dilettanten. Einer der Beteiligten besitzt das Material, der andere die Werkzeuge, auszuwählen, hervorzuheben, anzuordnen, aufzukleben, in den besten Abstand für eine Betrachtung zu rücken.

Die Abstinenz läßt den Analytiker niemals vergessen, daß es um das Erlebnismaterial des Analysanden geht und er nicht festlegen darf, welche Collage schließlich entsteht. Seelische Gesundheit im Sinn von Selbstwerdung kann nicht objektiviert werden. Zu einem Prozeß der Selbstwerdung trägt bei, wer nicht das eigene Bild dem anderen überstülpt oder aufdrückt, sondern zusammen mit ihm nach Antworten sucht. Viele dieser Antworten betreffen gerade auch die Frage nach der Abstinenz des Therapeuten, der als Herr gesucht wird und doch Diener seiner Aufgabe bleiben soll.

Daher ist die Abstinenz des Psychotherapeuten auch stärker zu betonen und weniger leicht zu regulieren als die Abstinenz des Arztes, Lehrers oder Seelsorgers, von denen schließlich auch erwartet wird, daß sie Idealisierungen nicht ausnützen und keine sexuellen Beziehungen mit ihren Mündeln eingehen. Aber in Medizin, Pädagogik und Theologie geht es weit stärker darum, den Umgang mit dem Professionellen nach festen Regeln zu gestalten und objektivierbare Leistungen von ihm zu erwarten.

Der Therapeut aber erfüllt seine Aufgabe nach der psychoanalytischen Utopie dann am besten, wenn er eine persönliche, einzigartige Beziehung eingeht und einen Prozeß mit nicht vorhersagbarem Ausgang mitgestaltet. Daher trifft er auf diffusere Erwartungen; seine Grenze gegenüber Eltern und Liebespartnern verschwimmt in höherem Maß, als das in anderen Professionen der Fall sein kann, die als ehrwürdige und von kollektiven Bildern geschützte Institution auftreten. Dadurch sind auch die Versuchungen häufiger und heftiger, Geister, die er beschwören möchte, selbst zu verkörpern.

Schieben wir das moralische Urteil auf, dann scheint der Beziehungshelfer, welcher niemals in Versuchung kommt, ebenso ein Extrem zu verkörpern wie ein Therapeut, der ihr nachgibt. Wenn von Beginn der analytischen Profession bis heute immer wieder Analytiker ihre Analysandinnen und (weit seltener) Analytikerinnen ihre Anaylsanden in erotische Beziehungen verführt haben (oder sich verführen ließen), scheint es angezeigt, nach einem spezifisch analytischen Umgang mit diesem Thema zu suchen. Er ist nicht so leicht zu finden wie die objektivierenden Urteile, wonach es sich hier um moralische Defekte, mangelnde berufliche Eignung oder Folgen ungenügender Lehranalyse beziehungsweise Supervision handle.

Unser angestrebter analytischer Umgang würde darauf hinauslaufen, *kein Urteil* zu fällen, sondern den einzelnen Fall genauer zu erforschen, beide Beteiligten zu befragen und ihre subjektiven Überzeugungen zu respektieren. Wo das nicht möglich ist, wäre es am weisesten, zu schweigen. Das gilt freilich nicht für kriminelle Aktionen wie den Versuch, krasse Übergriffe als Kassenleistung der Solidargemeinschaft aufzubürden oder Patientinnen eine Rechnung für analytische Schäferstunden auszustellen.

Analytischer Umgang heißt, Illusionen beim Namen zu nennen. Eine davon ist die, daß ein Übertragungsende definiert werden kann, nach dem Analytiker und Analysandin eine normale, auch erotische Beziehung pflegen können – etwa nach einem Jahr Karenz, wie es manchmal, anscheinend in Anklang an das traditionelle Trauerjahr, vorgeschlagen wird. Aber während Tote im Grab bleiben, hat die aus schicklichen Gründen aufgesparte Übertragung oft noch nach mehreren Jahren vampirische Kräfte.

Auch eine zweite Illusion ist anzugreifen: Sie besagt, daß die Übertragungsanalyse immer aussichtsreich, die persönliche Beziehung immer schlecht und des Mißbrauchs verdächtig ist. Solche apodiktischen Meinungen haben mit analytischer Wahrheitssuche ebensowenig zu tun wie mit professioneller Psychotherapie. Wenn es einen Vertrag gibt, eine Therapie zu beginnen, gibt es in vielen – nicht allen – Fällen auch eine Möglichkeit, sie korrekt zu beenden. Ich habe schon angesprochen, daß diese einschneidende Veränderung nicht durch einseitige Urteile oder formalistische Zeitgrenzen, sondern durch eine gemeinsame Entscheidung erschlossen werden kann, den Therapievertrag aufzulösen. Angesichts der Risiken des Wunschdenkens sollte dabei ein Dritter hinzugezogen werden.

Wenn solche nach bestem Wissen und Gewissen «umgewandelte», einst therapeutische Beziehungen immer noch als Mißbrauch angegriffen und in der Gerüchteküche mit kriminellen Ausbeutungen oder neurotischem Agieren vermischt werden, dann spricht das dafür, daß sich ein denunziatorischer Umgang mit Sexualität breitgemacht hat, der seinerseits dringend der Aufklärung bedarf.

16
Mit Macht gegen den Zweifel?

> Es ist wahr, daß diese Verliebtheit aus
> Neuauflagen alter Züge besteht und infantile
> Reaktionen wiederholt. Aber dies ist der
> wesentliche Charakter jeder Verliebtheit.*

Lawrence Durrell hat sich in den vier Romanen des Alexandria-Quartetts («Justine», «Balthazar», «Clea», «Mountolive») damit beschäftigt, Motive und Handlungen der gleichen Personen aus immer neuen Perspektiven zu schildern. So verwandeln sich Liebe in Berechnung, Dummheit in politisches Kalkül, je nachdem, welche Hintergründe der einzelnen Handlungen beleuchtet werden. Wo es um menschliches Verhalten geht, sind allgemeine Urteile in der Regel problematisch. Ein ebenso schnelles wie überzeugtes «Gut» oder «Schlecht», «Richtig» oder «Falsch» drücken meist aus, daß jemand wenig Zeit hatte, sich ein Urteil zu bilden, oder in anderer Weise unter Druck gesetzt wurde. Daher sind soziale Felder interessant, in denen dieses Abwägen mit einem Tabu belegt wird.

Solche Tabus scheinen auszudrücken, daß es hier um starke Versuchungen geht, gegen die nicht das nüchterne Urteil, sondern die moralische Vor-Verurteilung mobilisiert werden müs-

---

* S. Freud, Bemerkungen über die Übertragungsliebe, Ges. W. X, S. 317.

sen. Sie können auch dafür stehen, daß die Frage selbst bereits als Ausdruck einer laxen Moral gesehen wird, als erster Schritt zu einer Ausrede, die das Böse rechtfertigt oder entschuldigt, statt es zu bekämpfen.

Wo es um historische Wahrheit oder um die Entscheidung geht, eine Handlung gutzuheißen oder zu verurteilen, finde ich die Kritik an einer uferlosen Neu-Eröffnung von Debatten berechtigt. Wer behauptet, die Vernichtung der Juden durch die Nazis müsse historisch erst noch erwiesen werden, sollte nicht als Skeptiker, sondern als Antisemit erkannt werden. Anders ist die Situation zu beurteilen, wenn die faktische Wahrheit frisiert wird, um einem guten moralischen Zweck zu dienen.

Ein Beispiel dafür bieten viele «aufklärende» Texte über Rauschgifte. Aus Furcht, Jugendliche könnten gelegentliches Marihuana-Rauchen für harmlos halten, wurde in den siebziger Jahren die Propaganda von der Einstiegsdroge erfunden: wer dieses böse Gift probiere, werde schließlich heroinabhängig. Jürgen vom Scheidt hat beschrieben, wie solche Propaganda das Gegenteil erreicht: der Jugendliche erlebt, daß die Gefahren der Hanf-Drogen maßlos übertrieben wurden, und glaubt aus diesem Grund auch nicht mehr den Warnungen vor Crack oder Heroin.*

«Wehret den Anfängen!» «Wer dem Teufel den kleinen Finger gibt ...» Das ist die Moral einer unaufgeklärten Welt, in der es noch keine Gedankenfreiheit gibt, Wunsch und Tat nicht differenziert werden. Leider ist es eine Illusion zu glauben, es gäbe keine Rückfälle in diese Betrachtungsweise, seit die Notwendigkeit des abwägenden Urteils einmal entdeckt worden ist. Im Gegenteil: Fundamentalismen haben Zulauf, nicht nur in Entwick-

* J. v. Scheidt, in W. Schmidbauer u. J. v. Scheidt, Handbuch der Rauschdrogen, München 1972 ff.

lungsländern. Ein Richter* und seine Familie werden mit Morddrohungen verfolgt, weil dieser die Gleichbehandlung von Alkohol und Cannabis gefordert und verfassungsrechtliche Bedenken gegen die gängige juristische Praxis angemeldet hat.

Solche heftigen Reaktionen auf den vernünftigen Zweifel sprechen für eine Verdrängungsdynamik. Die Kriminalisierung der Rauschdrogen soll sicherstellen, daß die Gesellschaft sie nicht wahrnehmen muß und die Verführbarkeit ihrer Mitglieder nicht als allgemeines, sondern als stoffgebundenes Problem hinstellen kann. Der Drogenkonsum wird mit Hilfe der Kriminalisierung unsichtbar gemacht. Daher beeindruckt es ihre Verfechter auch nicht, wenn sie beobachten, daß in den am besten überwachten Einrichtungen der modernen Gesellschaft (im Strafvollzug) der Drogenhandel blüht. Denn was dort geschieht, bleibt unsichtbar.

Die Verstofflichung des Problems stützt die Rationalisierung, daß es sich um ein *dingliches*, nicht um ein *menschliches* Problem handelt. Deshalb wird sie trotz der rechtlichen Unlogik (der Süchtige schädigt primär sich selbst, während das Strafrecht die Rechtsgüter Dritter schützen soll) mit gewundenen Rationalisationen, aber auch mit heftigsten Affekten und Unterstellungen verteidigt. Ein Beispiel für die erste Argumentationsform ist der Versuch, die Gleichstellung von Cannabis und Alkohol mit der Begründung abzulehnen, daß Cannabis *nur* zu Rauschzwecken verwendet werde, während Alkohol eine viel *breitere* Anwendung aufweise.**

---

* Mitteilung von Richter Wolfgang Nescovic während der Podiumsdiskussion der Humanistischen Union «Drogenfreigabe – Konkurs der Drogenmafia», Sonntag, 19. Juni 1994.
** Verlautbarung der Pressestelle des Bundesverfassungsgerichts, Nr. 18/ 1994, S. 2: «Es sei jedoch zu beachten, daß Alkohol eine Vielzahl von Verwendungsmöglichkeiten habe, denen auf Seiten der rauscherzeugenden Bestandteile

In Wahrheit ist Cannabis eine außerordentlich vielseitig verwendbare Pflanze; erst die Kriminalisierung hat dazu geführt, daß sie nur zu Rauschzwecken verwendet wird. Personen, die sie anders verwenden könnten, sind durch die gesetzlichen Maßnahmen daran gehindert. Diese Behinderung wird zirkelschließend verwendet, um ihren Fortbestand zu rechtfertigen.

Die Drogendebatte erinnert an die Abtreibungsdebatte. Auch hier werfen sich die Befürworter einer Kriminalisierung in dem Bewußtsein in die Brust, alles gegen etwas Böses getan zu haben, und greifen die Befürworterinnen und Befürworter der Entkriminalisierung mit dem Argument an, sie würden Mord am ungeborenen Leben fördern. Aber abgetrieben wird, ob verboten oder erlaubt, nur ist es im einen Fall heimlich, im anderen offenkundig. Und die Heimlichkeit, das Bestehenbleiben der Verdrängung, wird mit einer «guten Lösung» identifiziert; die Betrachtung der Realität und der Versuch, Schaden in ihr zu minimieren, mit einer Förderung des Bösen. Das ist magisches Denken, das in unserer teils aufgeklärten, teils (vom ebenfalls magischen Denken der Reklame etwa) verdummten Öffentlichkeit viele Anhänger hat.

Kaum ein Befürworter einer *Entkriminalisierung* der Abtreibung ist *für* die Abtreibung. Jeder aber muß damit rechnen, daß ihm das unterstellt wird. Ähnlich will kein Befürworter einer Entkriminalisierung des Drogenkonsums die Sucht fördern.

und Produkte der Cannabispflanze nichts Vergleichbares gegenüberstehe. Es dominiere eine Verwendung des Alkohols, die nicht zu Rauschzuständen führe; die berauschende Wirkung des Alkohols werde durch soziale Kontrolle überwiegend vermieden. Dagegen stehe beim Konsum von Cannabisprodukten typischerweise die Erzielung einer berauschenden Wirkung im Vordergrund.» Im Jahr 1991 gab es in Deutschland ungefähr zwei Millionen Alkoholiker und 40000 Alkoholtote, aber keinen einzigen nachweisbaren Todesfall durch Cannabis. Dennoch sieht der Gesetzgeber keinen Handlungsbedarf gegen Alkohol und Nikotin; in den Medien ist der typische «Drogentote» ein Fixer, nicht ein Alkoholiker.

Aber auch er muß damit rechnen, daß ihm das unterstellt wird. Der Bote wird für die Botschaft hingerichtet.

Der erregte Ton, den die Drogendebatte während der siebziger Jahre angenommen hat, wird in den Auseinandersetzungen um sexuellen Mißbrauch fortgeführt. Wer die von Pope und Bouhoutsos gesammelten Szenarien des sexuellen Mißbrauchs in der Therapie untersucht, vermißt jede ethische Differenzierung zwischen gewaltfreien und grob sadistischen Szenen.* Ist es zulässig, solche Unterscheidungen aufzugeben und die Gleichzeitigkeit von Sexualität und Therapie immer als Vergewaltigung zu definieren? Wer so vorgeht, opfert der trefflichen Absicht alle Abstufungen. Es ist die geistige Rückkehr in Zeiten der Inquisition, in der zwischen kleinen und großen Verfehlungen nicht unterschieden werden muß, weil Ketzerei grundsätzlich den Tod verdient.

Der Mißbrauchsdiskurs scheint eine Antithese zum sexualökonomischen Diskurs von Wilhelm Reich. Während Reich die unwillkürlichen Zuckungen des Orgasmus als Allheilmittel darstellt, ist der Vorwurf des sexuellen Mißbrauchs eine strikte Warnung vor allem, was in einer Aktion zwischen potentiellen Sexualpartnern nicht mehr rational kontrolliert ist. In eine ähnliche Richtung weist die Entwicklung der «sexual correctness» in den Vereinigten Staaten, wo es in Entwürfen eines erotischen Verhaltenskodex für den College-Campus vorgeschrieben wird, daß der aktive Partner vor jedem Schritt das ausdrückliche, verbale Einverständnis einholt.

---

* Ein ebenso entscheidender Mangel ist, daß nie erwähnt wird, ob und wann einer der therapeutischen Verführer aufhört, sich für seine Abstinenzverfehlung bezahlen zu lassen. Wenn «Bob» («Rollentausch») seine Klientin täglich trifft und ihr von seinen Problemen erzählt, gewinnt die Szene doch eine gänzlich andere Bedeutung, wenn er sich dafür bezahlen läßt oder darauf verzichtet.

Diese Regel wendet sich gegen ein Klischee, das sich hartnäckig in Romanen und Filmen reproduziert: das Bild einer Frau, die sich dem stürmischen Liebhaber erst verweigert, dann aber, rücksichtslos weiter bedrängt, nachgiebiger wird und ihn schließlich begeistert auffordert, weiterzumachen. Die Frau will «genommen werden». Natürlich ist nicht diese Szene das Problem, sondern ihre Verallgemeinerung, die Unterstellung des Mannes, er könne beurteilen, ob eine Frau diese Szene wünscht oder nicht. Die Gegenregel bekämpft die Verallgemeinerung nicht durch Unterscheidung, sondern durch eine Gegen-Verallgemeinerung. Sie trägt in ihrer Form den Keim dessen, was sie ihrem Inhalt nach vorgibt zu bekämpfen. Es gilt nicht der Dialog der Liebenden, sondern die Tyrannei der Bewerter.

Es scheint, daß in der öffentlichen Diskussion über Kindererziehung und Sexualität die Massenmedien nicht mehr die Ergebnisse der Wissenschaft trivialisieren. Die Situation hat sich umgekehrt. Weite Kreise der professionellen Erzieherinnen und Erzieher folgen den Massenmedien. Sie bemühen sich, deren Bedürfnisse nach plakativen Vereinfachungen zu erfüllen. So hat der Feminismus ähnliche «Freunde» in der Öffentlichkeit gefunden, wie die Psychoanalyse nach dem Ersten Weltkrieg. Sie wurde damals zur Befreiung von Konsumwünschen verwertet. Freud hätte seine auf geistiger Disziplin und kritischer Differenzierung aufgebaute Lehre in den therapeutischen Modellen der «korrigierenden Erfahrung» und der befreiten Sexualität nicht wiedererkannt.

In einer großangelegten Polemik hat der amerikanische Ex-Psychoanalytiker Jeffrey Moussaief Masson der Psychoanalyse im allgemeinen und Freud im besonderen vorgeworfen, die «richtige» Theorie der Verführung und des Mißbrauchs von Kindern als Ursache von Neurosen aufgegeben zu haben. Es sei nicht Forschungsergebnis, sondern politischer Kompromiß gewesen, wenn Freud die Neurosen durch kindliche Phantasien erklärt habe, die abgewehrt würden. In der Folge würden Psychoanalytiker den Opfern realer inzestuöser Gewalt einreden, sie hätten sich das alles nur eingebildet.

Was mich angesichts dieser Thesen anmutet wie ein intellektueller Rückschritt, sind die Entweder-oder-Fragen. Entweder Täter oder Opfer. Entweder kindliche Phantasie oder realer Mißbrauch. Entweder hat Freud gelogen, als er die Verführungstheorie aufgab, oder sich getäuscht, als er sie konzipierte. Hatte er nicht immer gefordert, nach beiden Erlebnissträngen zu suchen? Der Analytiker soll beide möglichst genau herausarbeiten. Er sollte nicht glauben, daß an einer Biographie entweder alles wahr oder alles erfunden ist. Die Analyse gilt *der Mischung* aus Dichtung und Wahrheit.

Die Masson-Polemik stützt sich nicht auf Tatsachen, sondern auf Interpretationen. Freud hat immer ausdrücklich empfohlen, nach beidem zu suchen: dem realen Trauma und der Phantasie, die es verarbeitet. Den Schritt, sich für Verarbeitungen in der Phantasie zu interessieren, macht Masson rückgängig.* Er steht damit aber nicht allein, sondern drückt eine Zeitströmung aus. Die Entwicklungen sozialer Einstellungen angesichts so verschiedener Themen wie des Mißbrauchs von Kindern, der

---

* Jonathan Lear hat jüngst auf die Widersprüche des «Freudbashing» hingewiesen, in dem Freud einerseits unterstellt wird, er habe an der Realität der Mißbrauchserinnerungen gezweifelt, wie andererseits, er sei verantwortlich für die Zerstörung von Familien durch falsche Erinnerungen an sexuellen Mißbrauch. Während Masson Freud unterstellt, daß er die Beweise für realen Mißbrauch unterdrückte, um seine Karriere zu fördern, stellt Lear fest: «Ich halte es für unmöglich, Freuds Schriften zu lesen, ohne zu dem Schluß zu gelangen, daß Masson derjenige ist, der die Beweise unterdrückt, um seine eigene Karriere voranzubringen.» Vgl. J. Lear, Prozac oder Psychoanalyse?, in: Psyche 50, 1996, S. 603.

«Rückführungstherapie»* und der Beschäftigung mit sexuellen Abstinenzverfehlungen hängen zusammen. Sie illustrieren eine polemische Wendung im gesellschaftlichen Verhältnis zur Sexualität. Viele Verhaltensweisen, mit denen die antiautoritären Eltern der 68er Zeit ihre Kinder davor bewahren wollten, die Last sexualfeindlicher Prägungen zu tragen, gelten Ende der achtziger Jahre als sexueller Mißbrauch und führen dazu, daß Töchter den Kontakt zu ihren Vätern abbrechen.

Die Polemik von Pope und Bouhoutsos gegen sexuellen Mißbrauch in der Therapie ist in mancher Hinsicht beispielhaft für den Verfall wissenschaftlicher Argumentationen angesichts eines komplexen Problems. Sexualität ist ein Faszinosum, Psychotherapie interessant; man mische beide und würze mit Moralinessig. Ein Erfolgsrezept, das aus dem amerikanischen Text mit seinem sachlichen Titel und seinem hölzernen Stil einen Reißer gemacht hat, der auf eben das neugierig macht, was er als «verheerendes Trauma der sexuellen Verstrickung» beschreibt. Die oft so kläglichen Befriedigungen am Rand gescheiterter Therapien werden zu einem Geheimkult sakralisiert.

Solche Trivialmythen erinnern an die bereits erwähnte Drogen-«Aufklärung» der siebziger Jahre, in der ein Haschischpfeifchen oder ein LSD-Trip erst zu rauschhaften Paradiesen ausgemalt wurden, um dann in ihren «verheerenden» Folgen plakativer verteufelt werden zu können.

Die Konsumgesellschaft muß ihre konstitutionellen Neigungen zur Regression mit solchen Mitteln bekämpfen. Der Analytiker solcher Situationen fühlt sich heute schon fast gezwungen, jede kritische Anmerkung zu undifferenzierten Verteufelungen regressiver Erscheinungen mit einer Beteuerung zu balancieren,

---

* durch die «verschüttete» Mißbrauchserinnerungen mit suggestiven Mitteln zugänglich gemacht werden sollen.

er sei selbstverständlich *gegen* sexuellen Mißbrauch und *gegen* ungehemmten Drogenkonsum. Es ist die Dynamik von Dammbauten oder gespanntem Gummi, die hier zum gesellschaftlichen Leitbild zu werden droht. Wer den Schutzwall nicht befestigt, gefährdet ihn. Im Kampf gegen tabuisierte Regressionen verliert der Rechtsstaat seine kritische Distanz.

Beim sexuellen Mißbrauch sowohl von Kindern wie von Patientinnen und Patienten ergibt sich das Bild eines charakteristischen Soziodramas, zu dem folgende Merkmale gehören:

1. Ein bisher «vernachlässigter», «geleugneter», «hartnäckig geleugneter» Tatbestand wird «entdeckt».

2. Diese Entdeckung wird als befreiend und gut dargestellt, während ein angeblich existierendes Tabu, diese Entdeckung zu machen, als böse, unterdrückend und schlecht gilt. (Insofern gleicht die Rhetorik durchaus der «Sexwelle» in den sechziger Jahren, als die Massenmedien entdeckten, wie gut es sei, über die bis dahin tabuisierte Sexualität «offen zu sprechen».) Es wird angenommen, daß der den Opfern am besten dient, der ihre Zahlen möglichst hoch einschätzt, ihr Leid möglichst erschütternd darstellt und es auch für besonders folgenschwer erklärt.

3. Für viele dieser Aussagen gibt es keine Begründung – sie verstehen sich von selbst.

4. Dem Opfer wird versprochen, daß ihm genaue Erinnerung an seine Leiden und die Anklage des Täters «hilft».

5. Es gibt keine Distanz zu den Opfern. *Anwälte* der Opfer verhalten sich semantisch wie Opfer. Die wissenschaftlichen Untersuchungen sind – wie in anderen umkämpften Gebieten – nur aufgrund der Kenntnis ihrer latenten Parteinahmen einzuordnen.*

---

* Diktatorische Anwälte. Nicht selten werden bei einem Verdacht auf sexuellen

Was setzt solche Entwicklungen in Bewegung? Reflexionen, weshalb sich ein Aufdecker von Mißbräuchen gerade zu diesem Thema hingezogen fühlt, habe ich bisher noch nicht gefunden. Untersuchen wir erst einmal, welche unterschiedlichen Positionen zur sexuellen Abstinenzüberschreitung in Therapien aufgefunden werden können. Ich habe drei Typen beobachtet, die sich einigermaßen klar abgrenzen lassen:

1. Den Typus der Verleugnung und Bagatellisierung, mit denen eine Idealisierung des sexuellen Agierens abgewehrt wird. Ihm gelten sexuelle Abstinenzverfehlungen entweder als legitimes therapeutisches Mittel oder als Ausdruck besonderen Engagements. Die Sexualität wird als schlechthin gute und befreiende Kraft idealisiert. Unbekömmlichkeiten des sexuellen Agierens werden dann eher den lustfeindlichen Einstellungen der Gesellschaft, dem Sexualneid (anderer Therapeuten oder Angehöriger), schließlich einer noch nicht genügend vorangetriebenen Befreiung eigener Lebensenergie zugeschrieben. Verglichen mit dem Schaden, den eine lebensfeindliche intellektualistische Haltung des Therapeuten anrichtet, ist nach diesem Modell das sexuelle Agieren harmlos.

2. Den Typus der kritischen Distanz, der die Ambivalenz der Wünsche und Handlungen des Täters ebenso untersucht wie die Ambivalenz des Opfers. Hier gibt es realen Mißbrauch mit traumatischen Folgen, aber es gibt auch inzestuöse Phantasien und aus ihnen stammende neurotische Konflikte. Die Motive des Opfers werden ebenso wie die des Täters diskutiert; es hängt vom Einzelfall ab, ob sexuelles Agieren schädlich ist. Als Beleg für diese forschende Haltung ein Zitat:

«Jeder Psychotherapieforscher, der sich auf seinen For-

Mißbrauch Kinder auch *gegen* deren ausdrücklichen Wunsch von den Eltern getrennt.

schungsgegenstand ernsthaft einläßt, kennt die Angst, der Komplexität und der Vielschichtigkeit der untersuchten Psychotherapie bzw. den betroffenen Patienten und Therapeuten nicht gerecht zu werden. Habe ich den therapeutischen Prozeß wirklich einigermaßen verstehen können? Habe ich ihn adäquat beschrieben? Sind meine Meßmethoden geeignet, Wichtiges des untersuchten Gegenstandes und seines Ergebnisses zu erfassen? Sind meine Interpretationen stimmig? Entsprechen diese jenen von Patient und Therapeut einigermaßen oder habe ich eigene Projektionen oder andere Phantome untersucht? Habe ich nicht doch die betroffenen Menschen für mein Forschungsanliegen in irgendeiner Weise mißbraucht?»[*]

3. Der dritte Typus dämonisiert den Täter und identifiziert sich mit dem Opfer. Kritische Distanz erklärt er für eine böse Machenschaft, welche Täter schützt und Opfer mit unverdienten Schuldzuweisungen belastet. Wenn Opfer aussagen, daß sie das Erlebnis als eher harmlos bewerten, gilt das als Versuch, ein besonders schlimmes Trauma vor sich selbst zu verbergen. Sexuelle Befriedigung ist im Rahmen der Therapie immer absolut böse. Der Umkehrschluß wird implizit formuliert: eine Therapie, in der kein sexueller Mißbrauch stattfindet, ist absolut gut und sehr wirksam. Die Therapie ist also latent dämonisiert, der Mißbrauch manifest. Therapie führt in dem zugrundeliegenden Modell nicht dazu, daß Menschen kindliche Erlebnisse mit ihrem erwachsenen Ich neu bewerten. Sie führt Menschen ins Heil oder ins Elend.

Seit die Konsumgesellschaft die tradierten Strukturen moralischen Halts erodiert, setzen Suchbewegungen ein, neuen Halt zu gewinnen und die aufgerissenen Wunden zu verbinden. Sie alle werden gerne geglaubt, hoch idealisiert – und halten nicht lange

---

[*] Marianne Leuzinger-Bohleber, Die Einzelfallstudie als psychoanalytisches Forschungsinstrument, in: Psyche 49, 1995, S. 436.

vor. Die Produktion immer neuer Formen von Psychotherapie ist ein Aspekt dieser Suchbewegungen, in denen ein allgemeines, bisher nicht lösbares Problem zu einem speziellen umgeformt wird, das vielleicht ebenfalls nicht lösbar ist, für dessen Vorhandensein aber wenigstens Schuldige dingfest gemacht und Hoffnungen auf Erlösung geschaffen werden können.

Die Anklagen gegen den mißbrauchenden Psychotherapeuten scheinen mir dort, wo sie mystifizieren, übertreiben, keine Ambivalenzdiskussion mehr zulassen, ein solches Manöver zu enthalten. Der Mißbraucher hat zuviel versprochen und nicht nur nichts gehalten, sondern Schaden angerichtet. Wer ihn brandmarkt und verfolgt, kann künftige Opfer retten, vergangenen ihr schweres Los erleichtern und Hoffnung schöpfen, daß es möglich ist, eine reinere, wirksamere Hilfe herzustellen, als es die gegenwärtige ist.

Wenn ein Therapeut unsicher ist, ob seine Arbeit Früchte trägt, wenn er an sich selbst zweifelt und diesen Zweifel nicht sinnvoll und produktiv findet, sondern mit Schuld- und Schamgefühlen auf ihn reagiert, dann stehen ihm zwei Auswege offen. Er kann *selbst* die Abstinenz verletzen und hoffen, bei seinen Klienten Trost zu finden, oder aber er kann einen *anderen* Therapeuten verfolgen, der Patienten mißbraucht, der sie schädigt und kränker macht. Neben diesem Bösewicht ist er gut; im Vollzug der Strafe an ihm verschwinden seine Zweifel.

Die defensiven Eigenschaften des Manövers sind in seiner Schwarzweißzeichnung und im Mangel an Selbstreflexion abzulesen, aber gerade diese Qualitäten machen auch seine Faszination aus. Es ist die Faszination des Fundamentalismus, der dort um sich greift, wo es nicht gelingt, die Versprechungen der Moderne einzulösen. Den jetzt in Elend Geratenen wurde einmal zugesichert, es würde ihnen bessergehen. Es ist nicht eingetreten. Da sie aus dem statischen Zustand herausgerissen sind, der das

Wesen der traditionellen Gesellschaft prägt, können sie nur noch in einer *Bewegung* Hoffnung finden. Diesmal ist es eine Bewegung *zurück* zu eindeutigen Sicherheiten, zu jener moralischen Gewißheit, die eben noch als dumpf und eng empfunden wurde. Jeder Fundamentalismus ist weniger traditionell beziehungsweise konservativ als vielmehr die Reklame einer Tradition.

Die Konsumgesellschaft enthält in ihrem zentralen Vehikel, der visuellen Kommunikation, eine früher undenkbare Möglichkeit, sich narzißtisch aufzuwerten. Sie macht etwas, was in früheren sozialen Welten sehr begrenzt und nur ganz wenigen zugänglich war – den Ruhm –, zu einem Versprechen für alle. Jugendliche in der Konsumgesellschaft wollen nicht satt werden, eine Familie ernähren und ein Dach über dem Kopf, sie wollen etwas Besonderes sein. Daher ist «Künstler» auch der Berufswunsch, der heute die Phantasien dominiert, wenn nicht im Vordergrund, dann doch als Sehnsucht hinter dem Broterwerb.

Die Produktion von Publicity hat diese Sehnsüchte angestachelt. Der Appetit erscheint viel größer als das Angebot. Die Zahl der Neider wächst rascher als die Zahl der Fans. Stars sind einer gnadenlosen Aufmerksamkeit ausgesetzt. Auch in Nischenwelten, etwa in der Wissenschaft, tobt ein erbitterter Kampf um Aufmerksamkeit.

Jeder will geradesoviel scheinen (und vielleicht noch etwas mehr), als er ist. Die wachsenden Ansprüche an Aufmerksamkeit und die gesteigerten Wünsche, etwas Besonderes nicht nur zu sein, sondern es auch bestätigt zu erhalten, führen dazu, daß narzißtische Strukturen entstehen, in denen sich jeder gegenüber anderen benachteiligt fühlt. Die Beamten klagen über die Privilegien der freien Wirtschaft; die Angestellten über die Privilegien der Beamten. Es genügt die kleinste Kränkung eines Standes – etwa der Lehrer, der Theologen, der Juristen –, um wahre Protestlawinen loszutreten.

Der Mißbraucher ist der Teufel der Konsumwelt. Er erschleicht sich einen Doppelnutzen, wo die meisten Menschen den Eindruck haben, daß sie nicht einmal das bekommen, was ihnen zusteht. Wer Prestige hat und Sinn stiftet, soll eine reine Elterngestalt sein; er weckt einen mühsam kontrollierten Neid, der in voller Wut losbricht, wenn er sich als der Gierschlund entlarven läßt, für den man ihn insgeheim schon immer gehalten hat. Die rücksichtslos gegen Opfer und Täter vorgehenden Inquisitoren projizieren auf ihr Feindbild ein Stück eigener narzißtischer Unersättlichkeit. Sie selbst sind sich – mit gutem Grund – der Reinheit ihrer Motive nicht ganz sicher. Aber solange sie die eindeutigen Mißbraucherteufel bekämpfen, stehen sie allemal fleckenlos da. Es sind meist nicht die untadeligen Politiker, welche sich besonders darin hervortun, korrupte Politiker einer rivalisierenden Partei zu entlarven.*

Die Tatsache, daß die Liebe, welche ich in meinem Leben finde, immer begrenzt, unvollkommen, an Bedingungen geknüpft sein wird, kann ich angesichts meines Bedürfnisses nach absolut verläßlicher, unerschütterlicher und bedingungsloser Zuneigung ertragen oder bekämpfen. Im Ertragen sind die Möglichkeiten des Humors, der Kreativität und der Selbstdisziplin wertvolle Helfer. Der Kampf führt dazu, daß ich eine Bahn gescheiterter, zunächst idealisierter und dann entwerteter Beziehungen ziehe, die mich viel Kraft kostet und mein Selbstgefühl unterhöhlt.

Einerseits sehne ich mich sehr, nach so vielen Enttäuschungen doch noch die eine, die wahre, die wirkliche Liebe zu finden. Anderseits habe ich mich schon so oft getäuscht, daß ich zu miß-

---

* Ein charakteristischer Fall aus der Münchner Szene ist die Affäre Bletschacher: ein Matador der lokalen CSU, der unermüdlich gegen die angeblichen Veruntreuungen in den gemeinnützigen Vereinen der linken Szene kämpfte, muß wegen eigener Veruntreuungen eine Gefängnisstrafe absitzen.

trauisch bin, einen neuen Versuch zu wagen, oder so viel verdrängen muß, daß ich ihn blindlings riskiere und wieder scheitern muß. In dieser prekären Situation haben die Menschen der Moderne die Möglichkeit, Therapeuten zu finden, welche entsprechende Bedürfnisse nach einem idealen Partner kontrollierbar für abgemachte Zeiten erfüllen oder es zumindest versprechen.

Die Kunst der Therapie liegt darin, sich so weit auf Bedürfnisse nach einer überoptimalen Realität einzulassen, daß der Klient sich schließlich besser in der Realität zurechtfindet. Das Scheitern der Therapie droht dann, wenn der Therapeut nicht die illusionären Liebeswünsche erkennbar machen und einen kritischen Abstand zu ihnen fördern kann, sondern sich anbietet oder dazu drängen läßt, ihre Erfüllung zu verheißen. Irgendwann werden dann seine Grenzen deutlich, er wird fallengelassen und durch den nächsten, noch unverbrauchten und daher vielversprechenden Therapeuten ersetzt.

In Freuds Darstellung der Übertragungsliebe *reagiert* der Therapeut. In den gegenwärtigen Mißbrauchs-Szenarios *agiert* er, um sich narzißtische, erotische und andere Vorteile zu verschaffen. Hier drückt sich eine Verweltlichung der professionellen Ideale aus, die nach der Logik des «mehr vom selben» durch Steigerung der Idealsehnsüchte, der Idealforderungen und der Racheimpulse angesichts einer Enttäuschung kompensiert werden.

Therapeuten sind von denselben Prozessen betroffen wie ihre Patientinnen. Sie sehnen sich nach narzißtischer Bestätigung und sind nicht in der Lage, mit den Grenzen ihrer Geltung diszipliniert umzugehen. Sie partizipieren an den neurotischen Liebesbedürfnissen, die sie analysieren sollten, haben sich in ihrer Berufswahl von diesen mitbestimmen lassen und vergessen nun in der Ausübung ihres Berufs, daß es unmöglich ist, beides zu gewinnen: die erotische (Eroberungs-)Lust und die sozial untadelige Bestätigung des Selbstgefühls aus einer korrekten professionellen Arbeit. Der übergriffige Therapeut ist in seiner männlichen Identität, welche doch die Basis seiner professionellen sein sollte, so wenig gefestigt, daß er den Versuchungen nicht widerstehen kann, sie auf Kosten seiner Patientinnen zu stabilisieren. Für ihn wird die Möglichkeit, durch den professionellen Nimbus verstärkt und mit Kontrollmöglichkeiten ausgerüstet einer Frau gegenüberzutreten, zum sexuellen Faszinosum.

Es rächt sich, wenn die narzißtische Thematik der Beziehungs-Helfer während ihrer Ausbildung nicht genügend reflektiert und die notwendigen Vorsichtsmaßnahmen nicht eingeleitet wurden. Diese betreffen in erster Linie einen Verzicht auf destruktive Idealisierungen der eigenen Qualifikation, des «vollendeten» beruflichen Status. Parallel dazu ist der Helfer darauf angewiesen, einen geschützten Raum zu haben, in dem er eigene Verstrickungen auch nach seiner obligatorischen Selbsterfahrung beziehungsweise Lehrtherapie klären kann, ehe sie ihn zum Agieren führen.*

Das liebevolle Interesse, welches eine entscheidende Qualität der Therapie darstellt, kann nur dann aufrechterhalten werden, wenn es professionell begrenzt und in einen stabilen Rahmen von Austausch eingebunden ist. Wenn *einem* der Beteiligten das nicht genügt, ist der Prozeß gescheitert. Diese Kränkung muß nicht sexuell ausagiert werden. Es gibt unschädlichere Wege, sie zu verarbeiten. Therapeuten mögen das in kollegialer Supervision, in einem erfüllten Privatleben und in der vernünftigen Erwägung leisten, daß das Scheitern ebenso zu ihrem Beruf gehört wie der Erfolg. Klienten können sich neue Therapeuten suchen, die sie mit

---

* Entsprechende Überlegungen finden sich u. a. in W. Schmidbauer, Die hilflosen Helfer, Die seelische Problematik der helfenden Berufe, Reinbek (Rowohlt) 1977, 1993.

allen positiven Qualitäten ausrüsten, während sie von den einst idealisierten Therapeuten nur noch das Schlechteste sagen.

Im Extremfall kommen dann acht Therapieversuche * zusammen, die alle mit großen Hoffnungen und der Illusion vom «wirklich menschlichen» Therapeuten begonnen wurden, jedesmal scheiterten, aber nicht zur Kritik der eigenen Erwartungen, sondern zu gesteigerter Suche nach deren Erfüllung führten. Nach so viel Leid und Enttäuschung muß doch die Erlösung kommen! Das begrenzte und nüchterne Szenario professioneller Therapie wird durch Hoffnung auf einen gütigen, weisen, hilfsmächtigen Übermenschen ersetzt. Und gerade diese Hoffnung führt in ihrer Enttäuschung zum Auftritt von Scharlatanen.

Weshalb lassen sich Therapeuten auf eine Behandlung ein, ohne sich eingehend damit zu beschäftigen, was ihren Vorgänger hat scheitern lassen? Eine erste Bedingung für diesen Mangel an Selbstkritik und Distanz liegt darin, daß solche Patienten große suggestive Kraft entwickeln können. Dazu kommt, daß viele Therapeuten Kollegen anderer Schulrichtungen so gering schätzen, daß sie ihnen jede Dummheit zutrauen, solange diese ihre Vorurteile bestätigt. Es werden von den angeblich Therapiegeschädigten krasse Fehler so glaubwürdig berichtet, daß der Folgetherapeut sich eine wirkungsvolle Behandlung sehr einfach vorstellt.

Die anfängliche Idealisierung durch einen Patienten, der mich ganz anders und viel besser als alle anderen Therapeuten findet, hat eine verführerische Qualität, die um so eindringlicher wirkt, je weniger stabil meine professionelle Solidarität entwickelt ist. Solche Solidarität sollte immer kritisch sein – das heißt, daß sie positive wie negative Idealisierungen prüft, aber nicht für realistische Urteile nimmt. Psychotherapie ist eine junge und gerade

---

* So in dem Bericht von Vera Becker (Pseudonym), den Hansjörg Hemminger, Wenn Therapien schaden, Reinbek 1985, ausgewertet hat.

wegen der zahlreichen, nicht selten einander entwertenden Schulrichtungen wenig gefestigte Profession. So scheint es mir nicht verwunderlich, daß es eine wachsende Gruppe von Dauernutzern von Psychotherapie gibt.*

Wird aus einer vorangehenden Therapie ein sexueller Übergriff berichtet, dann ermutigt die dämonisierende Mißbrauchsliteratur den Nachfolgetherapeuten dazu, alle therapieresistenten Störungen diesem Mißbrauch zuzuschreiben. Dieses Vorgehen ist zwar unwissenschaftlich, aber es entlastet alle Beteiligten auf Kosten eines Sündenbocks. Der Nachfolgetherapeut hat eine ganz einfache Rezeptur, der Gefahr zu entgehen, das enttäuschende Schicksal seines Vorgängers zu teilen: er muß nur die einfachste Regel der professionellen Abstinenz befolgen. Der Patient hat eine Rechtfertigung dafür, daß er mehr und etwas viel Umfassenderes bräuchte als eine «normale» Psychotherapie.

Immer wenn das Unternehmen in eine Krise gerät, ist es befreiend und tröstend, an das Trauma zu denken, das der mißbrauchende Therapeut verschuldet hat und an dessen Gewicht der abstinente Therapeut und der geplagte Patient so schwer tragen. Wenn das Unternehmen scheitert, die Beziehungsfähigkeit des Patienten beeinträchtigt bleibt, seine Ansprüche ihn immer wieder hindern, realistische Freundschafts- und Liebesbeziehungen einzugehen, dann können sich Nachfolgetherapeut und mißbrauchter Patient damit trösten, daß sie *beide* die *Opfer* eines Dritten sind. Die Ratschläge zur «Nachfolgetherapie» in dem Text von Pope und Bouhoutsos werfen sich in die Brust, als hätten die Autoren den Umgang mit den psychotherapeutischen Alltagsproblemen (Ambivalenz, Wut, Schuldge-

* Vgl. Thomas Giernalczyk, Therapie ohne Ende. Die mehrfache Nutzung von Psychotherapie. Freiburg 1992.

186

fühle, Isolation und so weiter) neu entdeckt. («So ist zum Beispiel die Übertragung, die sich in der nachfolgenden Therapie herausbildet, oft sehr ausgeprägt, ambivalent und verwirrend.») *

Der sexuelle Akt spielt die Rolle der Straßenlaterne in dem populären Scherz: Man sucht, wo es hell ist, was im Dunkel verlorenging. Weil jedermann weiß, was Sex ist und wie falsch es ist, ihn mit Patienten zu haben, gerät dieser eindeutige, leicht dingfest zu machende Akt in Gefahr, alle anderen zu verdecken, die subtiler, schwerer aufzufinden und nachzuweisen sind.

Die Sexualität ist aber nicht der genaueste, sondern nur der publizistisch wirksamste gemeinsame Nenner, um therapeutische Übergriffe zu beschreiben. Es gibt die Gefahr, daß Therapeuten Abhängigkeitsverhältnisse zum Nachteil ihrer Schützlinge ausnützen. Der sexuelle Übergriff ist ein plakativer Sonderfall in diesem viel allgemeineren Gebiet des Mißbrauchs Abhängiger. Wesentlich ist die Verletzung von Grenzen.

Wenn Helfer verbale Gewalt anwenden, drohen, Druck ausüben, dann hat das mit schlechter Arbeit zu tun. Es hat manchmal auch etwas mit Sexualität zu tun. Der Schluß, daß sexuelle Motive die Triebkraft des Übergriffs sind, ist ebenso unüberlegt wie die Behauptung, die Folgeschäden seien durch die sexuelle Qualität des Übergriffs bedingt. Einen Schutzbefohlenen zu erpressen, zu überrumpeln, zu bedrohen, ihn mit Drogen gefügig zu machen, sind Verletzungen, die auch dann seine seelische Integrität bedrohen, wenn sie nicht im Zusammenhang mit sexuellem Lustgewinn des Therapeuten stehen.

Es gibt ausbeuterische Haltungen, die Patienten schaden, und es gibt reife Austauschbeziehungen. Wenn sexuelle Abstinenz sicherstellen könnte, daß Patienten nicht ausgebeutet werden,

* a.a.O., S. 150.

187

dann wäre die Lage wirklich sehr einfach. Aber es gibt subtile und offene Formen der Ausbeutung; wirksame und eher unwirksame, geräuschvolle und lautlose.

Ähnlich wie in den frühen Kolportagen vom verheerenden, nicht wiedergutzumachenden Trauma der Kindheit, die in den sechziger Jahren die sozialpädagogische Diskussion bestimmten und berufstätigen Müttern Schuldgefühle einflößten, wird auch hier von manchen Anwälten der Opfer weit mehr an die eigene Aufwertung gedacht als an das Erleben und die Zukunft der Opfer. Es mag einen Menschen entlasten, wenn er akzeptiert, daß er aufgrund eines schweren Schicksals nicht so glücklich, entspannt und erfolgreich leben kann wie andere. Aber diese Entlastung wird schnell zum Risiko, wenn sie regressive Neigungen fördert. Es gibt kaum einen Menschen, den eine Liebesbeziehung nicht vor unangenehme Verzicht- und Anpassungsforderungen stellt. Er wird sie schlechter leisten können, wenn er einen Sündenbock für seine Unfähigkeit, um der Beziehung willen Versagungen zu ertragen und dem Partner etwas zuliebe zu tun, wie einen Blindenhund nutzt. So gerät er in die Gefahr einer Fixierung: er hält diese Szene fest, weil er unglücklich ist, und kann nicht mehr sehen, wie sehr gerade diese Entschuldigung zu seinem Unglück beiträgt.

Ein von seinen Eltern mißhandeltes Kind hat ebenso wie die von einem Therapeuten mißbrauchte Patientin verschiedene Entscheidungsmöglichkeiten, die alle Vorteile und Nachteile aufweisen. Meine Kritik an der dämonisierenden Mißbrauchsliteratur geht davon aus, daß in ihr diese abwägende Position zugunsten einer einseitigen Orientierung an Täter-Schuld, zwangsläufig verheerenden Folgen und düsterer Zukunftsperspektive verlassen wird.

Wenn die Opfer eine Möglichkeit finden, ihr Schicksal als gemischte Erfahrung zu erkennen, fällt es ihnen leichter, diese Erlebnisse zu historisieren: Sie waren einmal da, während einer begrenzten Zeit, aber ihr Leben ist weitergegangen. Sie haben sich irgendwann aus diesem Trauma befreit und sich jetzt vor einer Wiederholung in der Realität geschützt. Den Tätern gebührt eine gerechte Strafe, keine gnadenlose Rache.

So wünscht sich zumindest der Psychoanalytiker, der Historiker unter den Therapeuten, die Verarbeitung des Traumas. Er kennt auch andere Formen, in denen es verarbeitet wird. Es scheint ihm manchmal, daß sie mit der Intensität der traumatischen Erfahrung zusammenhängen. Untersuchungen von überlebenden KZ-Häftlingen* haben gezeigt, daß nach extrem harten Bedingungen praktisch alle Überlebenden zu keinem Zustand seelischer Normalität zurückfanden, ganz unabhängig von ihrem späteren Schicksal und von der Frage, ob sie Aussicht auf eine Entschädigung hatten oder nicht. Ähnlich beschreiben Teilnehmer des Ersten Weltkrieges die traumatischen Folgen der Frontsituation: kein Soldat, der länger als ein halbes Jahr im pausenlosen Einsatz war, blieb ungeschädigt.

Aber solche Extremtraumatisierungen sind selten. Wenn wir die psychologisch komplexere, der Verarbeitung eines Mißbrauchs-Traumas in der Therapie näherliegende Situation des Umgangs mit belastenden Kindheitserlebnissen aufgreifen, erkennen wir noch deutlicher, wie schwierig es ist, den individuellen Spielraum abzuschätzen, in dem solche belastenden Erinnerungen verarbeitet werden können oder wiederholt werden müssen. Jedenfalls scheint es nicht am dokumentierten Verhalten der Eltern zu liegen, ob Patienten liebevoll oder haßerfüllt von ihnen sprechen.

Paul Matussek u. a., Die Konzentrationslagerhaft und ihre Folgen, Berlin (Springer) 1971, sowie Primo Levi, Ist das ein Mensch? Erstausgabe unter dem Titel Se questo è un uomo, 1958; Übersetzung von Heinz Riedt, München (Hanser) 1988.

Ein Beispiel: Frau C. hat seit achtzehn Jahren jeden Kontakt mit ihrer Mutter abgebrochen. Dennoch füllt sie Therapiestunde nach Therapiestunde mit Berichten über die seelischen Mißhandlungen, die diese Frau ihr angedeihen ließ, und kommt darüber kaum dazu, über quälende Alltagsbelastungen wie ihre Schulden und den chronischen Streit am Arbeitsplatz zu sprechen. Ihre gegenwärtige Behandlung ist die zweite. Sie hat bereits eine lange Psychoanalyse hinter sich, in der sie neben einer Erleichterung eines schwer depressiven Zustandsbildes auch gelernt zu haben scheint, ihre Gefühlssituation in einer Sprache von Kindheitstraumen und immer neuen «Einsichten» in deren Fortwirken zu formulieren.

Das bedeutet, daß ein gereiftes Urteil über möglicherweise schlechte Eltern und eine Distanz von dieser traumatischen Erfahrung nicht immer, auch nicht durch große therapeutische Bemühungen, erreicht werden kann. Warum das so ist, läßt sich selbst im Einzelfall oft nur unvollständig klären. Freud hat in solchen Situationen Zuflucht bei neuen Begriffen gesucht – zum Beispiel bei einer besonderen Klebrigkeit der Libido, einer Erstarrung der Abwehr. Auch Erbfaktoren wurden diskutiert. Eine auffällige Korrelation zum Ausmaß der traumatischen Erlebnisse scheint nicht zu bestehen.

In Beobachtungen an den von mir behandelten Patienten mit solchen Fixierungen an ein Trauma habe ich immer wieder festgestellt, daß die Betroffenen einer *teils verwöhnenden, teils traumatischen Umwelt* ausgesetzt waren. Die Fixierung an das Trauma könnte also dadurch entstehen, daß der Bruch zwischen einer sozusagen überoptimal befriedigenden Welt und einer plötzlichen Versagung nicht verarbeitet werden kann. Beobachtungen an hospitalisierten Säuglingen und Kleinkindern bestätigen das.

Die stärksten traumatischen Folgen einer plötzlichen Trennung zeigen sich bei bisher gut versorgten Kindern, während bereits früher vernachlässigte, schlecht behandelte Kinder keine solchen gravierenden Einbrüche zeigen, ja manchmal sogar nach der Trennung von den Eltern geradezu aufblühen.

Ein Trauma einzuschätzen und seine Verarbeitung zu fördern, ist somit ganz offenbar keine einfache Sache, in der es leicht ist, den richtigen Weg einzuschlagen. Wer mit Regressionen zu tun hat, gerät stets in sumpfiges Gelände und wünscht sich einfache Rezepte. Das fängt schon in der Erziehung an – soll die Mutter bei jedem Weinen des Säuglings springen? Soll sie ihn schreien lassen, das kräftigt die Lungen? Jedes dieser Rezepte gibt es, nach jeder von beiden Maximen sind gesunde und sind gestörte Kinder herangewachsen, was besagt, daß es nicht auf die falsche Sicherheit der Regel, sondern auf die lebendige Unsicherheit des konkreten Umgangs ankommt.

Die Kinderstube ist ein Ort des Herumprobierens. Kinder, die sich geliebt fühlen, nehmen pädagogische Experimente in der Regel nicht übel. Im gesellschaftlichen Umgang mit seelischen Traumen wird es ernster. Oft stehen wir hier vor einem tragischen Konflikt, den wir beschreiben und ertragen, nicht aber lösen können. Ein wesentlicher Aspekt dieses Konflikts hängt mit der Frage zusammen, ob es dem Opfer dient, wenn ihm für sein Leid eine Entschädigung angeboten wird.

Nehmen wir an, jemand ist bei einem Unfall verletzt worden. Es ist unklar, ob sein Zustand nach einem Jahr auf diesen Unfall zurückzuführen ist oder nicht. Die körperlichen Narben sind verheilt, die seelischen nicht. Das Opfer leidet. Der eine Arzt behauptet, es wolle sich dadurch eine Rente ertrotzen, der andere sagt: das psychische Trauma des Unfalls ist nicht verarbeitet. Der Richter, welcher entscheiden soll, welches Gutachten gültig ist, gerät in eine schwierige Lage. Er wird versuchen, sein Urteil aufgrund möglichst objektiver Tatbestände zu fällen. Das heißt, daß in der Regel ein Rentenwunsch, der auf einem Röntgenbild basiert, bessere Chancen hat als ein Rentenwunsch, der auf einem psychologischen Befund beruht.

Psychologisch ist aber noch weiter zu fragen. Jeder von uns, der einmal an chronischen Schmerzen litt, weiß aus eigenem Erleben, welchen Unterschied es macht, ob wir durch freudige Ereignisse abgelenkt werden oder durch deprimierende Situationen zusätzlich belastet. In der Psychotherapie von Dauerschmerzen spielen Techniken eine große Rolle, die geeignet sind, den Betroffenen vor einer regressiven Hingabe an den Schmerz zu bewahren. Die in Aussicht gestellte Entschädigung für das Opfer übt einen mehr oder weniger starken Einfluß in eine Richtung aus, in der sich die Schmerzen durch eine solche Hingabe an sie verstärken, vertiefen und die Gegenkräfte geschwächt werden.

Das Opfer, das Entschädigung wünscht, ist deshalb geneigt, seinem Schmerz eine objektive, kausale Qualität zu verleihen und die Erinnerung an das Trauma zu vertiefen. Sein Anspruch leitet sich aus den verheerenden Wirkungen des Traumas ab. Das Opfer, das nicht mit einer Entschädigung rechnet, ist eher gehalten, sich von dem Schmerz und der Erinnerung an das Trauma zu distanzieren.

Derlei differenzierende Überlegungen sind ihrerseits nicht neutral. Es geht nicht nur um Erkenntnis, sondern auch um Ansprüche. Es gibt Tendenzen, einen Entschädigungswunsch dadurch abzuwehren, daß die verweigernde Instanz behauptet, der andauernde Schmerz des Opfers beruhe nicht auf dem Trauma, sondern auf einem Mißbrauch der traumatischen Erinnerung zu anderen Zwecken. Umgekehrt wird es auch Tendenzen geben, alle Einreden über die regressive Hingabe an einen Schmerz als Abwehr berechtigter Ansprüche von Opfern zu deuten.

Meine Analyse läuft darauf hinaus, daß beide Risiken zu bedenken sind: die Förderung der regressiven Fixierung durch eine ideologische Überhöhung des Traumas und die Entwertung seelischen Leids durch seine Bagatellisierung. Sie widerspricht Pseudo-Sicherheiten, die seelische Traumen entweder zu banalen und rein körperlichen Ereignissen macht, die jeder moralisch integre Mensch bewältigt, sobald er ihre physischen Auswirkungen überwunden hat, oder aber sie zu verheerenden Ereignissen stilisiert, die in ihrer Wirkung niemals gutgemacht werden können.

Wenn es darum geht, angesichts dieser Frage zwischen der Sicherheit und dem Zweifel zu wählen, entscheide ich mich für den Zweifel. Es sollte freilich kein lähmender, sondern ein produktiver Zweifel sein, einer, der uns hilft, über der Nachdenklichkeit nicht die Tatkraft zu vergessen. Wir dürfen in Zuwendung und Anteilnahme für vergangenes Leid nicht die Gegenwart vernachlässigen, im Beharren auf dem realen Überstehen des Traumas nicht hart werden.

Die hier skizzierten drei Umgangsformen mit dem Fehlverhalten eines Helfers – die Bagatellisierung, die kritische Prüfung und die Dämonisierung – sollen im nächsten Kapitel an der psychoanalytischen Diskussion der Übertragungsliebe weiter verfolgt werden. Es wird sich zeigen, daß bereits zu Beginn der Psychoanalyse deutlich wird, wie schwer es Helfern fällt, mit solchen Situationen abwägend umzugehen.

17

Liebesklarheit und
Übertragungsverwirrung

> Jeder Anfänger der Psychoanalyse bangt wohl
> zuerst vor den Schwierigkeiten, welche ihm die
> Deutung der Einfälle des Patienten und die
> Aufgabe der Reproduktion des Verdrängten
> bereiten werden. Es steht ihm aber bevor, diese
> Schwierigkeiten bald gering einzuschätzen und
> dafür die Überzeugung einzutauschen, daß die
> einzigen wirklich ernsthaften Schwierigkeiten
> bei der Handhabung der Übertragung
> anzutreffen sind.*

Die Psychoanalyse begann mit einer Verstrickung. Ihr «eigent-
licher» Entdecker ist nicht Freud, sondern Joseph Breuer, der die
«Redekur» im Kontakt mit seiner Patientin Bertha Pappenheim
entdeckte. Bertha, deren Fall in den «Studien über Hysterie»
unter dem Decknamen Anna O. erzählt wird, hatte als eben voll-
jährige Frau ihren todkranken Vater gepflegt. Im Anschluß
daran erkrankte sie 1880 an einer Anorexie, um die sich eine
verwirrende Fülle anderer Symptome gruppierte – Sprach- und
Sehstörungen, Reizhusten, psychogene Dämmerzustände, Läh-

---

* S. Freud, Bemerkungen über die Übertragungsliebe, Ges. W. X, S. 306.

mungen und Schmerzen. Verschiedene Ärzte versuchten, ihr zu helfen, hatten aber keinen Erfolg. Breuer, ein angesehener Internist, der auch mit Hypnose arbeitete, wurde (wie damals in wohlhabenden Familien üblich) schließlich zu ihr ins Haus gerufen.

Die erste, kathartisch orientierte Psychoanalyse dauerte zwei Jahre; fast täglich sprachen Bertha und Breuer mehr als zwei Stunden miteinander. Breuer forderte Bertha auf, die «eingeklemmten Affekte» abzureagieren; Bertha, die eine Weile nur Englisch sprach, nannte das chimney sweeping.* Als Breuer den Fall veröffentlicht, stellt er Anna O. als geheilt dar. Die Wahrheit sieht anders aus, und es mutet merkwürdig an, daß Freud, der um sie wußte, dennoch diese geschönte Darstellung duldete.

Breuer hatte die Behandlung am siebten Juni 1882 beenden wollen. Am Abend desselben Tages wurde er zu Bertha gerufen. Sie war sehr erregt, wand sich unter «Geburtswehen» und sagte, das «Kind» sei von ihm. Breuer versuchte vergeblich, seine Patientin durch Hypnose zu beruhigen und verließ dann fluchtartig das Haus. Damit war auch die Arzt-Patient-Beziehung gescheitert. Bertha wurde in den nächsten Jahren in verschiedenen Sanatorien behandelt, unter anderem wegen einer Morphinsucht, die während der Arbeit mit Breuer entstanden war.

Viele Merkwürdigkeiten umgeben diesen Gründungsmythos der Psychoanalyse. Zunächst einmal scheint Breuers Verhalten weit über das hinauszugehen, was als ärztliche Behandlung gelten darf. Über mehr als ein Jahr hin oft zweimal tägliche Besuche mit intensiven Gesprächen – kein Wunder, daß Breuers Frau

* Diese Krankengeschichte wird in allen Freud-Biographien ausführlich reflektiert, u. a. E. Jones, Das Leben und Werk von Sigmund Freud, Bd. I, Bern (Huber) 1960, und P. Gay, Freud, eine Biographie für unsere Zeit, Frankfurt (Fischer) 1987, S. 80 f.

eifersüchtig wurde. Nach Anfangserfolgen verschlechtert sich Berthas Zustand derart, daß Breuer sie in ein Sanatorium einweisen läßt. Bertha reagiert mit verstärkter Anorexie und Selbstmordversuchen; Breuer nimmt täglich mehrstündige Kutschfahrten auf sich, um die Behandlung weiterzuführen. Er gibt Bertha, was er geben kann – Morphium, so daß sie süchtig wird, spezielle Diäten. Breuer füttert Bertha; sie nimmt nur Nahrung von ihm an.

Einmal kann Bertha wochenlang nichts trinken. Ein Arzt, der heute eine Anorexie behandelt, würde sie vor die Alternative stellen, entweder Flüssigkeitszufuhr unter Zwang zu akzeptieren oder ihr Widerstreben aufzugeben. Der liebevolle Breuer weicht auf saftreiches Obst aus und entdeckt schließlich in Hypnose, daß Bertha einmal sah, wie ihre Gouvernante ihren Hund aus einem Glas trinken ließ. Er läßt sie den unterdrückten Ekel äußern, und siehe da: die Kranke kann wieder trinken, sie ist geheilt. Diese berühmte Szene, mit deren Hilfe Generationen von Studenten die kathartische Behandlung erläutert wurde, ist ohne Breuers Hingabe kaum vorstellbar.

Breuers Biograph hat diesen grenzenlosen Einsatz des Arztes von Bertha Pappenheim damit verknüpft, daß Breuers Mutter starb, als dieser drei Jahre alt war. So war Bertha genausoalt wie Breuers Frau Mathilde, als er sie heiratete, und wenig jünger als dessen Mutter, als er sie verlor.* Ernest Jones rückt in seiner Freud-Biographie Breuer in ein schlechtes Licht, indem er ihm unterstellt, er habe Berthas Behandlung abgebrochen, um mit Mathilde eine zweite Hochzeitsreise nach Venedig zu machen. Er mystifiziert die Angelegenheit noch weiter durch seine Behauptung, auf dieser Reise sei Breuers jüngste Tochter gezeugt

---

* Albrecht Hirschmüller, Physiologie und Psychoanalyse im Leben und Werk Josef Breuers, Bern (Huber) 1978.

worden, die «nach sechzig Jahren Selbstmord begehen» sollte.*
In Wahrheit wurde diese Tochter bereits drei Monate *vor* der
Beendigung der Behandlung von Anna O. geboren, und Breuer
verbrachte in diesem Jahr seine Ferien am Traunsee.**

Die Mystifizierungen, welche in der analytischen Geschichts-
schreibung den Fall Anna O. umgeben, hängen mit dem Versuch
zusammen, narzißtische Bedürfnisse der beteiligten Ärzte zu befriedigen und Unsicherheiten durch eine Mischung aus Größen-
anspruch und Entwertung von Rivalen zu bekämpfen. Breuer,
der sich redlich bemüht hat und schließlich erschöpft aufgab,
wird darin zum ängstlichen Mann, der verzagt, wo Freud mit
klarer, kühner Einsicht die Behandlung gerettet, die Übertragungsliebe entdeckt und Anna O. geheilt hätte. Diese Selbst-
überschätzung verdient einen Advocatus Diaboli, der gegen sie
einwendet, daß wir nicht wissen, ob ein korrekt die Übertragung
analysierender Analytiker mit dieser Patientin womöglich *weniger* weit gekommen wäre als der verachtete Breuer, der sich immerhin zwei Jahre in ein kreatives Chaos begab und sich schließlich, versengt, beschädigt und mit dem Wunsch, nie wieder dorthin zu geraten, daraus rettete.

* E. Jones, a.a.O., Bd. I, S. 267. Jones sagt auch, in späteren Äußerungen habe
Breuer Anna O. den Tod gewünscht, «damit die Arme von ihrem Leiden erlöst
werde» (S. 268). Breuers Brief an Auguste Forel vom 21. November 1907 faßt
die Übertragungs-Verstrickung bei schweren narzißtischen Störungen zusammen: «So habe ich damals viel gelernt … aber auch, daß es für den Arzt unmöglich ist, einen solchen Fall zu behandeln, ohne daß seine Praxis und sein Privatleben vollkommen ruiniert werden.» Ich halte es für naiv, wenn Analytiker in
technischen Lehrtexten eine glatte Lösung solcher Fälle versprechen. Mir scheint
eher, daß die typische berufliche Biographie sich derart gestaltet, daß der angehende Analytiker mindestens ein Mal in solche Verstrickungen gerät und ihnen
künftig nicht so sehr durch verbesserte Technik als durch sorgfältigere Auswahl
seiner Patienten entgeht.
** Gay, a.a.O., S. 746.

Freud selbst war hier immer weit vorsichtiger und selbstkritischer als die ihn glorifizierenden Mythographen. Er wußte, daß Breuers Entdeckungen, die sich dem offenen, vorurteilslosen Zuhören verdankten, ebensolche Pioniertaten waren wie seine eigenen. Und er ahnte womöglich, daß Breuers Resignation nach der Therapie von Anna O. ihn davor bewahrte, angesichts ähnlicher Enttäuschungen zu kapitulieren.

Die frühen Krankengeschichten Freuds, die alle Frauengeschichten sind, verraten noch an vielen Stellen, wie sehr die Entdeckung der Psychoanalyse dadurch mitgeprägt wurde, daß dieser junge, ehrgeizige Arzt sich dort, wo seine Kollegen ihm nichts Brauchbares mitzuteilen wußten, von seinen Patientinnen belehren ließ. So hat Fanny Moser, deren Deckname in den «Studien über Hysterie» «Emmy v. N.» lautet, Freud die «Grundregel» beigebracht. Sie tadelte, daß er sie durch Fragen peinigte, und forderte ihn auf: «Ich solle sie nicht immer fragen, woher das und jenes komme, sondern sie erzählen lassen, was sie mir zu sagen habe.» *

Auch den Abbruch einer Behandlung, weil eine Patientin zu heftige erotische Wünsche äußert, berichtet Freud. Breuers panische Flucht verwandelt er allerdings in einen taktischen Rückzug: von der Manipulation durch Hypnose schreitet er zur Analyse der Manipulationen, welche die Kranke verinnerlicht hat und nun in der therapeutischen Situation neu inszeniert. Diese Aufmerksamkeit für die Beziehung zu den Kranken war die wesentlichste Voraussetzung der Psychoanalyse.

Freud stellte fest, daß «selbst die schönsten Resultate» der hypnotischen Behandlung «plötzlich wie weggewischt waren, wenn sich das persönliche Verhältnis zum Kranken getrübt hatte», daß also «die persönliche affektive Beziehung doch

* S. Freud 1895, Studien über Hysterie, Ges. W. I, S. 116.

mächtiger war als die kathartische Arbeit».* Und die erotischen Wünsche sind eine mächtige Ursache solcher Trübungen.

«Als ich einmal eine meiner gefügigsten Patientinnen ... durch die Zurückführung ihres Schmerzanfalls auf seine Veranlassung von ihrem Leiden befreite, schlug sie beim Erwachen ihre Arme um meinen Hals. Der unvermutete Eintritt einer dienenden Person enthob uns einer peinlichen Auseinandersetzung, aber wir verzichteten von da an in stillschweigender Übereinkunft auf die Fortsetzung der hypnotischen Behandlung.»**

Die Frau und der Arzt verhalten sich wie ertappte Liebende, die ein unerlaubtes Verhältnis stillschweigend beenden. Aber Freud ist nicht so traumatisiert wie Breuer, der seine Erlebnisse verdrängen möchte und künftig vergleichbare Situationen meidet. Er betont seine Selbstkritik: «Ich war nüchtern genug, diesen Zufall nicht auf die Rechnung meiner persönlichen Unwiderstehlichkeit zu setzen und meinte, jetzt die Natur des mystischen Elements, welches hinter der Hypnose wirkte, erfaßt zu haben. Um es auszuschalten oder wenigstens zu isolieren, mußte ich die Hypnose aufgeben.»***

Die Verwirrungen, welche in den subjektiv und persönlich gewordenen Beziehungen der neuen Helfer auftauchen, spiegeln sich in den widersprüchlichen Gleichnissen, mit denen Freud die Qualität der «Übertragungsliebe» faßt. Oben haben wir gelesen, wie sehr sich der Arzt von solchen Verstrickungen freihalten soll, wie es darum geht, die heiße (Übertragungs-)Liebe durch Zurückführung auf das Infantile abzukühlen. Der Analytiker weist auf die Qualität der Wiederholung und des Widerstandes in dieser Liebe hin, konfrontiert mit ihrer unpassenden Qualität, die von Ernst und Arbeit ablenkt.

* S. Freud (1925), Selbstdarstellung, Ges. W. XIV, S. 52.
** ebendort.
*** ebendort.

Auf der anderen Seite ist es gerade diese Liebe, welche die Möglichkeit in sich trägt, die Patientin dauerhaft zu verändern. Im Dezember 1906 schreibt Freud an Jung: «Ihnen wird es nicht entgangen sein, daß unsere Heilungen durch die Fixierung einer im Unbewußten regierenden Libido zustande kommen (Übertragung), die einem nun bei der Hysterie am sichersten entgegenkommt. Diese gibt die Triebkraft zur Auffassung und Übersetzung des Unbewußten her; wo diese sich weigert, nimmt sich der Patient nicht die Mühe oder hört nicht zu, wenn wir ihm die von uns gefundene Übersetzung vorlegen. Es ist eigentlich eine Heilung durch Liebe. In der Übertragung liegt dann auch der stärkste, der einzig unangreifbare Beweis für die Abhängigkeit der Neurosen vom Liebesleben.» *

Lange Zeit scheint für Freud, getreu seiner Maxime, daß sich das Moralische von selbst verstehe, die Möglichkeit der sexuellen Abstinenzverletzung undenkbar. In der Tat gehen seine und Breuers Reaktionen in die entgegengesetzte Richtung: die Verliebtheit wird nicht nur nicht erwidert, sie wird Anlaß, die Intensität der Beziehung zu mindern. Darin liegt eine Form der Abwehr, die später als Reaktionsbildung beschrieben werden wird. Das bedeutet auch, daß Freud zunächst sich selbst und seinen Schülern eher zuredet, diese Übertragungsliebe zuzulassen. Dann gilt es, ihr Wesen zu erkennen und ihre Kraft zu nützen. Denn erst wenn sich die Libido der Kranken in der Übertragung an den Arzt bindet, gewinnt dieser sozusagen den Archimedischen Punkt, um die Neurose aus den Angeln zu heben. Ohne diesen Punkt, der durchaus dem «Rapport» zwischen Hypnotiseur und Medium vergleichbar ist, besteht diese Aussicht nicht. Aber während der Hypnotiseur sein geheimes Wissen behalten muß, ist es Aufgabe des Analytikers, es mitzuteilen und auf die-

---

* Freud/Jung Briefwechsel, Frankfurt (S. Fischer) 1974, S. 13.

sem Weg das vernünftige Ich der Kranken zu einem unerschüt-
terlichen Bundesgenossen zu gewinnen, das mit ihm schließlich
die infantilen Wurzeln der Übertragung erkennt und sich in dieser Erkenntnis sowohl von der Neurose wie vom Arzt befreit:

«Jede psychoanalytische Behandlung ist ein Versuch, ver-
drängte Liebe zu befreien, die in einem Symptom einen küm-
merlichen Kompromißausweg gefunden hat. Ja, die Überein-
stimmung mit dem vom Dichter geschilderten Heilungsvorgang
in der ‹Gradiva› erreicht ihren Höhepunkt, wenn wir hinzufü-
gen, daß auch in der analytischen Psychotherapie die wiederge-
weckte Leidenschaft, sei es Liebe oder Haß, jedesmal die Person des Arztes zu ihrem Objekte wählt. Dann setzen freilich die
Unterschiede ein, welche den Fall der Gradiva zum Idealfall
machen, den die ärztliche Technik nicht erreichen kann. Die
Gradiva kann die auch dem Unbewußten zum Bewußtsein
durchdringende Liebe erwidern, der Arzt kann es nicht … Der
Arzt ist ein Fremder gewesen und muß trotzdem nach der Heilung wieder ein Fremder werden.» *

Hier spielt Freud mit dem Gedanken, daß die erwiderte Übertragungsliebe ein höherer Wert, ein «Idealfall» sei, demgegenüber die ärztliche Distanz dazu führe, daß die regelrecht durchge-
führte Analyse einer Übertragung die Liebe ebenso auflöse wie
den Haß und daß sie den Arzt zu eben jenem Fremden mache, der
er vorher gewesen sei. Er zeigt seine Empfänglichkeit für die
Versuchung, der auch Breuer ausgesetzt war und die er in der
Umarmungs-Szene darin verschlüsselt, daß er ein peinliches Ereignis – das Eintreten des Dienstboten – für erlösend erklärt. Im
Unbewußten gibt es kein Nein, so daß sich gerade mit Hilfe der
von Freud entdeckten Aufklärungen rekonstruieren läßt, wie

---

* S. Freud (1907), Der Wahn und die Träume in W. Jensens ‹Gradiva›, Ges. W.
VII, S. 118.

empfänglich Freud für den Rausch der Verliebtheit («ich war nüchtern genug») und den Traum der Unwiderstehlichkeit ist («nicht auf die Rechnung meiner persönlichen Unwiderstehlichkeit zu setzen»).

Die nächste Etappe in der Entwicklung ist die Analyse der Gegenübertragung – also des Pendants zur Übertragung beim Analytiker selbst. Dieses Konzept hat sich aus der Auseinandersetzung von Freud mit dem Verhalten seines damaligen Lieblingsschülers Jung in der (von Jung so genannten) Spielrein-Affäre entwickelt. Das Drama verläuft sozusagen spiegelbildlich zu dem Drama der Anna O. Während Breuer angesichts der Verliebtheit seiner Patientin in seine Ehe zurückflüchtet, kann Jung der Übertragungsliebe seiner Star-Patientin Sabina Spielrein nicht widerstehen. Da es den Liebenden nicht gelingt, ihre Gefühle zu verbergen, mischen sich nacheinander Angehörige und Freunde ein. Interessant ist jedoch nicht nur die Dynamik der Affäre, sondern auch ihre nachträgliche Bewertung, in der sich ein ähnlicher Bedarf nach therapeutischer Überheblichkeit bemerkbar macht wie im Urteil über Breuers Verhalten.

Schon in seinem vierten Brief an Freud erwähnt Jung seine Patientin, deren Fall er später auch publiziert hat.[*] Es ist die Zeit der ersten Begeisterung und Über-Identifizierung des Schweizers mit Freuds Sexualtheorie.

«Ein Erlebnis aus jüngster Zeit muß ich bei Ihnen abreagieren, auf die Gefahr hin, Sie zu langweilen. Ich behandle gegenwärtig eine Hysterie nach Ihrer Methode. Schwerer Fall, 20jährige russische Studentin, krank seit sechs Jahren.

1. Trauma: 3.–4. Lebensjahr. Sieht, wie der Vater ihren älteren Bruder auf den nackten Hintern schlägt. Starker Eindruck.

---

[*] Beschrieben in Jungs Vortrag «Die Freudsche Hysterielehre», Amsterdam 1907, C. G. Jung, G. W. Bd. 4, Abs. 53–58.

Muß nachher denken, sie hätte dem Vater auf die Hand defäkiert. Vom 4.–7. Jahr angestrengte Versuche, sich auf die eigenen Füße zu defäkieren, folgendermaßen: Sie setzte sich mit einem untergeschlagenen Fuß auf den Boden, preßte die Ferse gegen den Anus und versucht, zu defäkieren und gleichzeitig das Defäkieren zu hindern. Hält so mehrfach den Stuhl bis zwei Wochen lang zurück! Weiß nicht, wieso sie zu dieser sonderbaren Geschichte gekommen ist; es sei völlig triebartig gewesen, dabei ein wonniges Schauergefühl. Später wurde dieses Phänomen durch heftige Onanie abgelöst.

Ich wäre Ihnen äußerst dankbar, wenn Sie mir Ihre Ansicht über diese Geschichte in wenigen Worten mitteilen würden. Mit vorzüglicher Hochachtung Ihr sehr ergebener C. G. Jung.» *

Freuds Antwort bleibt ganz im Rahmen der Klinik, des ärztlichen Dialogs über einen Fall, der die eigenen Theorien bestätigt – jener unerschütterliche Dienst, den die «hysterischen» Kranken des 19. und 20. Jahrhunderts ihren Ärzten erweisen. Freud antwortet:

«An Ihrer Russin ist erfreulich, daß es eine Studentin ist; ungebildete Personen sind für uns derzeit allzu undurchsichtig. Die berichtete Defäkationsgeschichte ist hübsch, nicht ohne zahlreiche Analogien. Sie erinnern sich vielleicht aus meiner ‹Sexualtheorie› an die Behauptung, daß Zurückhaltung der faeces schon vom Säugling als Lusterwerbsquelle ausgenützt wird. Das 3.–4. Jahr ist die bedeutsamste Periode für die später pathogenen Sexualbetätigungen (ebendaselbst). Der Anblick des geschlagenen Bruders weckt eine Erinnerungsspur aus dem 1.–2. Jahr oder eine dahin versetzte Phantasie. Es ist nichts Seltenes, daß kleine Kinder die Hand dessen, der sie trägt, beschmutzen. Warum soll

---

* Brief vom 23. 10. 1906, Briefwechsel Freud/Jung, Fischer (Frankfurt) 1974, S. 7.

ihr das nicht so passiert sein? Damit wacht also ihre Erinnerung an die Zärtlichkeiten des Vaters in ihrer frühen Kindheit auf. Infantile Fixierung der Libido auf den Vater, der typische Fall, als Objektwahl; analer Autoerotismus. Die dann doch von ihr gewählte Stellung muß sich ins Einzelne auflösen lassen, scheint noch aus anderen Momenten zusammengesetzt. Welchen? Die Analerregung muß sich dann in den Symptomen als Triebkraft erkennen lassen; selbst im Charakter. Solche Leute zeigen häufig typische Kombinationen gewisser Charakterzüge. Sie sind sehr ordentlich, geizig und trotzig, was sozusagen die Sublimierungen der Analerotik sind. Fälle wie dieser, die auf verdrängten Perversionen beruhen, sind besonders schön zu durchschauen.»*

Erst drei Jahre später, im März 1909, taucht diese Patientin wieder auf. Jung reagiert alarmiert auf ein Telegramm Freuds, das ihn an eine Verabredung zu einem Besuch in Wien mahnt, über die Jung nun seit Februar nichts mehr hat hören lassen. Er redet sich zunächst auf seine Arbeitsbelastung hinaus – ein fragwürdiges Argument gegenüber Freud, der täglich von acht Uhr morgens bis acht Uhr abends Analysen macht und dennoch prompt auf jeden Brief antwortet. Schließlich rückt er mit einem kleinen Teil der Wahrheit heraus:

«Zu guter Letzt oder vielmehr zu schlimmer Letzt nimmt mich gegenwärtig ein Komplex fürchterlich bei den Ohren, nämlich eine Patientin, die ich vor Jahren mit größter Hingabe aus schwerster Neurose herausgerissen habe, hat mein Vertrauen und meine Freundschaft in denkbarst verletzender Weise enttäuscht. Sie machte mir einen wüsten Skandal ausschließlich deshalb, weil ich auf das Vergnügen verzichtete, ihr ein Kind zu zeugen. Ich bin immer in den Grenzen des Gentleman ihr gegen-

* Freud/Jung Briefwechsel, a.a.O., S. 8f.

über geblieben, aber vor meinem etwas zu empfindsamen Gewissen fühle ich mich doch nicht sauber, und das schmerzt am meisten, denn meine Absichten waren immer rein gewesen. Aber Sie wissen ja, daß der Teufel auch das Beste zur Schmutzfabrikation verwenden kann. Ich habe dabei unsäglich viel gelernt über die Weisheit der Eheführung, denn bislang hatte ich von meinen polygamen Komponenten trotz aller Selbstanalyse eine ganz unzulängliche Vorstellung. Jetzt weiß ich, wo und wie der Teufel zu fassen ist. Diese schmerzlichen und doch höchst heilsamen Erkenntnisse haben höllisch in mir gewühlt, mir aber gerade dadurch, so hoffe ich, moralische Qualitäten gesichert, deren Besitz für mein späteres Leben von größtem Vorteil sein wird. Die Beziehung zu meiner Frau hat einen großen Zuwachs an Sicherheit und Tiefe dadurch gewonnen.» *

Die Einzelheiten in dem Beziehungsgeflecht um Sabina Spielrein sind nachträglich kaum mehr zu klären. Es gibt sechs Protagonisten: neben dem Liebespaar Sabina und Carl Gustav Sabinas Mutter und Emma Jung als weibliche, Freud und Jungs Chef Bleuler als männliche Träger imaginierter und realer Moralismen. Ausgelöst wird die Krise durch Briefe von Emma Jung an Freud und vermutlich auch an Sabinas Mutter. Jung streitet nach außen hin alles ab. Freud gegenüber spricht er von den «Grenzen des Gentleman», Sabinas Mutter gegenüber versucht er sogar, den Spieß umzukehren: da er in den letzten Jahren kein Honorar mehr genommen habe, sei er auch nicht mehr Arzt der Patientin, sondern ein Freund. Wenn Sabinas Mutter die Stunden erneut honoriere, könne sie auch ganz sicher sein, daß er ihre Tochter in Frieden lasse.

---

* Freud/Jung Briefwechsel, a.a.O., S.229f. Jungs Einsichten und Treueschwüre in bezug auf seine Ehe verraten viel von dem Druck, unter dem er stand, und auch davon, daß er Freud nicht als Freund, sondern als Autorität erlebte.

Unzutreffend scheint mir die Darstellung, daß Jungs schon 1908 geplante Kündigung seiner Assistentenstelle in der von Bleuler geleiteten Universitätsnervenklinik 1909 deshalb erfolgte, um einer möglichen Entlassung aufgrund der Affäre mit Sabina zuvorzukommen. Ebenso findet sich im Briefwechsel von Freud und Jung kein Beleg dafür, daß ein bereits informierter Freud Jung zappeln ließ, bis dieser von sich aus seine Verfehlung beichtete.*

Jungs erster, stark von Rechtfertigungsversuchen geprägter Geständnisbrief dokumentiert sein Schwanken zwischen Schuldgefühl und Verleugnungswunsch. Er klingt ganz und gar nicht nach der Routine eines ertappten Verführers. Jung ist augenscheinlich überwältigt von der Begegnung mit seinem Doppelleben. Er reagiert mit Panik und projizierter Aggression gegen die «Undankbare». Wie sehr sich Freud in dieser Angelegenheit zurückhält, wird daraus deutlich, daß er in seinem Brief erst lange über die Einladung nach Amerika schreibt, ehe er auf Jungs Verzweiflung eingeht und versucht, ihm eine goldene Brücke zu bauen:

«Von jener Patientin, die Sie die neurotische Undankbarkeit der Verschmähten kennengelehrt hat, ist eine Kunde zu mir gedrungen. Muthmann sprach bei einem Besuch von einer Dame, die sich ihm als Ihre Geliebte vorstellte und meinte, es würde ihm nur imponieren, wenn Sie sich soviel Freiheit bewahrt hätten. Wir waren aber auch in der Vermutung einig, daß die Sache anders liege und nicht ohne Zuhilfenahme der Neurose von seiten der Angeberin zu erklären sei.

Verleumdet und von der Liebe, mit der wir operieren, versengt

---

* Beide Unterstellungen finden sich in H. S. Krutzenbichler u. H. Essers, Muß denn Liebe Sünde sein? Über das Begehren des Analytikers, Freiburg (Kore) 1991, S. 51.

zu werden, das sind unsere Berufsgefahren, derentwegen wir den Beruf wirklich nicht aufgeben werden.

> Navigare necesse est, vivere non necesse. Übrigens:
> ‹Bist mit dem Teufel du und du
> und willst dich vor der Flamme scheuen?›

So ähnlich sprach doch der Herr Großvater. Ich komme auf dieses Zitat, weil Sie in der Darstellung dieses Erlebnisses entschieden in den theologischen Stil verfallen.»[*]

Aus Freuds Antwort wird überdeutlich, wie sehr er fürchtet, daß Jung sich ähnlich verhalten könnte wie Breuer. Er redet ihm mit allen erdenklichen Zitaten und Schmeicheleien zu, angesichts seiner emotionalen Verstrickungen die Psychoanalyse nicht aufzugeben. «Navigare necesse est, vivere non necesse» war ein Plutarch entlehnter Wahlspruch der Hanse-Städte Hamburg und Bremen. Ursprünglich soll er in einer Ansprache des Feldherrn Pompeius an seine Matrosen im Kampf gegen die Piraten gefallen sein. Das Goethe-Zitat – «Großvater» ist ein versteckter Appell an Jungs Narzißmus, denn dieser kultivierte die Familiensaga, daß sein Großvater Carl Gustav ein natürlicher Sohn Goethes gewesen sei – entstammt dem «Faust». Freud versammelt gewissermaßen eine Schar von Heroen, um seinen wankelmütigen Freund zu trösten.

«Ihre gütigen und befreienden Worte haben mir gutgetan», schreibt Jung sogleich zurück. Von einer Geliebten will er aber gar nichts wissen: «Die von Muthmann kolportierte Geschichte ist mir ganz dunkel. Eine Geliebte habe ich wirklich nie gehabt, sondern bin überhaupt der denkbar harmloseste Ehemann.»[**]

---

[*] Freud, 9. 3. 1909, in Freud/Jung Briefwechsel, a. a. O., S. 233.
[**] Briefwechsel, a. a. O, S. 234.

Am vierten Juni entwickelt sich die Geschichte weiter. Sabina Spielrein hat Kontakt mit Freud aufgenommen; dieser fragt bei Jung nach, worum es sich handle, und wird aufgeregt in einem Telegramm (das verloren ist) und einem Brief informiert: «Die Spielrein ist dieselbe Person, von der ich Ihnen geschrieben ... Es war mein psychoanalytischer Schulfall sozusagen, weshalb ich ihr eine besondere Dankbarkeit und Affektion bewahrte. Da ich aus Erfahrung wußte, daß sie sofort rückfällig wurde, wenn ich ihr meinen Beistand versagte, zog sich die Beziehung über Jahre hin, und ich hielt mich schließlich quasi für moralisch verpflichtet, ihr meine Freundschaft weitgehend zu vertrauen, solange bis ich sah, daß dadurch ein unbeabsichtigtes Rad ins Rollen geriet, weshalb ich schließlich abbrach. Sie hatte es natürlich planmäßig auf meine Verführung abgesehen, was ich für inopportun hielt. Nun sorgt sie für Rache. Jüngst hat sie über mich das Gerücht ausgestreut, ich werde mich binnen kurzem von meiner Frau scheiden lassen und eine bestimmte Studentin heiraten, was einige meiner Kollegen in gewisse Aufregung versetzte. Was sie jetzt plant, ist mir dunkel. Ich vermute nichts Gutes; es müßte denn sein, daß Sie zu einem Vermittlungsversuch mißbraucht werden sollen. Ich brauche wohl kaum zu sagen, daß ich die Sache endgültig abgeschnitten habe.» *

Ich will hier die Zitate nicht noch weiter mehren; das gesamte Material findet sich im Briefwechsel-Band Freud / Jung; die Auszüge zu Sabina Spielrein sind in dem von Carotenuto herausgegebenen Band zu finden. Was im Rahmen einer Untersuchung über die Fehler von Helfern fesselt, ist die extrem unterschiedliche Art, in der die Spielrein-Affäre von späteren Autoren kommentiert worden ist.

---

* Briefwechsel, a. a. O., S. 252 f.

Die Tatsachen sprechen dafür, daß Sabina Spielrein durch Jungs Behandlung von schweren Störungen, die wir heute als Borderline-Symptomatik ansprechen würden, so weit geheilt wurde, daß sie ihr Studium wieder aufnehmen und später heiraten konnte. Sie sprechen auch dafür, daß Jung sich mit Sabina so verstrickte, daß er zu seinem eigenen Schutz projektive, psychosenahe Abwehrmechanismen einsetzte. Sabina wird in seiner Phantasie zu einer Rächerin und Verfolgerin. Diese Übertragung agierte Jung in seinen Briefen an Sabinas Mutter und an Freud, in denen er Sabina entwertet und beschimpft. Freud reagiert besonnen und taktvoll; er versucht Sabina – die das gar nicht vorhat – unter dem Eindruck von Jungs Ängsten dazu zu bewegen, nicht weitere Personen in den Konflikt einzubeziehen – und tröstet Jung mit dem Gleichnis von Lassalle über die zersprungene Eprouvette in der Hand des Chemikers: «Mit einem leisen Stirnrunzeln über den Widerstand der Materie setzt der Forscher seine Arbeit fort.»*

Man ist an Barnes' ironische Definition der Ironie erinnert («Ironie ist, was keiner versteht»), wenn Johannes Cremerius in seinem Vorwort zu Aldo Carotenutos Buch diesen Satz zum Ausgangspunkt seiner Verdammung der beiden beteiligten Männer macht. Dieses Vorwort ist keine Hinführung zu dem Text Carotenutos, sondern ein furioses Kontrastprogramm, in dem an die Stelle der Analyse die Moral, an Stelle der Ausgewogenheit die Identifizierung mit dem vermeintlichen Opfer tritt. Während Carotenuto genau und respektvoll Jungs

---

* Briefwechsel, a.a.O., S. 239. Ferdinand Lassalle (1825–1864) war ein deutscher Sozialist, der dieses Zitat in einer Verteidigungsrede «Die Wissenschaft und der Arbeiter» verwendete, die er am 16. Januar 1863 vor einer Berliner Strafkammer hielt. Freud verwendet das Gleichnis auch in seiner Arbeit «Der Witz und seine Beziehung zum Unbewußten» von 1905 (Ges. W. II, S. 88).

psychotische Abwehr seiner Gefühle zu Sabina beschreibt und den Beteiligten zugesteht, diese Verstrickungen durch gemeinsame Anstrengung gelöst zu haben, vergröbert Cremerius alle Beteiligten zu eindimensionalen Figuren, über die er sich moralisch erhebt.*

Am meisten verblüfft die durch keine Dokumente gestützte Unterstellung, Sabina bleibe «auf dem Altar der Wissenschaft und der Machtpolitik als Opfer zurück», während Jung seine Ehe und Karriere salviert und Freud den Freund darin verwerflicherweise unterstützt habe. Cremerius wirft Jung vor, daß er etwas getan hat, was er nicht tun hätte dürfen (worüber sich alle Beteiligten einig sind), daß Freud dies nicht verhinderte (was vielleicht zeigt, daß hier eine Omnipotenzprojektion am Werk ist), und schließlich beiden Männern, daß Sabina nicht die Genugtuung hatte, einen ruinierten Jung zu ihren Füßen zu sehen (was *sie* ganz offensichtlich nicht wollte).

Cremerius unterstellt Freud recht unbekümmert, es sei ihm nicht darum gegangen, die für seinen Freund und für die hilfesuchende Fremde beste Lösung zu finden. Er habe in einer Männerkumpanei Sabina zum Opfer gemacht. Beweise bleibt der psychoanalytische Sittenrichter schuldig, und Auskunft über seine Motive suchen wir vergeblich.

War Sabina ein Opfer? Sie hat noch viele Jahre lang mit Jung freundschaftliche Briefe** gewechselt, obwohl sie Mitglied in

---

* Johannes Cremerius, Vorwort zu A. Carotenuto (Herausgeber), Tagebuch einer heimlichen Symmetrie, Freiburg 1986, S. 9. Er spricht von einer «furchtbaren Geschichte», von einem «Stil der viktorianischen Doppelmoral», in dem Freud und Jung Sabina «verurteilen», «Karriere und Ehe retten» wollen und als Komplizen den «schweren Kunstfehler» Jungs «gegen die Geschädigte» decken.
** Interessant ist, daß Jungs briefliche Anrede an Sabina seit der Trennung von Freud nicht mehr «Liebe Freundin», sondern «Liebe Frau Doktor» ist. Das spiegelt die Veränderung der Anrede Jungs durch Freud von «Lieber Freund» zu «Lieber Herr Doktor» im Juni 1912.

Freudschen Vereinigung wurde und auch nach dem Ausscheiden Jungs blieb. Sie hat geheiratet, war liebes- und arbeitsfähig. Es gibt keine Belege für die These, sie sei nie über das traumatische Ende der Verliebtheitsbeziehung mit C. G. Jung hinweggekommen. Wer die Probleme der Auflösung einer heftigen Übertragungsneurose kennt, die hier durch Jungs passageren Gegenübertragungswahn kompliziert wurde, findet das Ergebnis der Zusammenarbeit des Trios Spielrein, Jung und Freud gewiß überdurchschnittlich gut: kein psychotischer Rückfall, keine bleibenden Schäden, keine Beziehungsabbrüche.

So ritterlich Cremerius mit Sabina umgeht – Freud und vor allem Jung erspart er keine Gehässigkeit. Jung ist von «süchtiger Abhängigkeit von immer neuen Liebesabenteuern» getrieben, muß aber die beteiligten Frauen «immer auf die gleiche Weise… belügen und enttäuschen».* Und obwohl Jung in den Briefen aus dieser Zeit seine Ehe ausgesprochen glücklich nennt, weiß es Cremerius besser: «Er litt an der Verstricktheit in eine unglückliche Ehe, die er nicht lösen konnte und wollte.»**

Psychoanalytische Kongresse unterscheiden sich nicht immer von der Stimmung eines Herrenabends. Als Carotenuto im Dezember 1982 seine Erkenntnisse aus den in Genf gefundenen Spielrein-Papieren vortrug, ging es vor allem darum, daß einige Diskutanten ganz sicher zu wissen glaubten, Jung habe trotz des beständigen «Sie» in seinen Briefen Sexualverkehr mit Sabina gehabt.*** Das Nämliche behauptete Bruno Bettelheim in einem Artikel im «Zürcher Tagesanzeiger».**** Cremerius

* Cremerius, a. a. O., S. 14.
** Cremerius, a. a. O., S. 14.
*** A. Carotenuto, Trasgressioni. Astrolabio, Roma 1983, S. 121.
**** B. Bettelheim, Skandal in der Psychofamilie. C. G. Jung und seine Anima. Tagesanzeiger X/1983, S. 19 f.

zieht sich taktisch von dieser Frage zurück, besetzt dann aber mit noch schwerwiegenderen Vorwürfen das gesamte Gelände: «Ist die hier vertretene Ansicht, daß der sexuelle Akt selber das fundamental Traumatisierende sei, nicht bloß Teil jener uralten paternistischen Überbewertung des Hymen? Sind nicht Täuschung, Verrat, Demütigung und Mißbrauch von Vertrauen, die Zerstörung von Würde und Selbstwert, viel folgenschwerer für ein junges Mädchen, dem dies alles geschehen ist?»*

In Wahrheit hat sich Jung relativ rasch von seiner Gegenübertragungspsychose erholt und sich mit Sabina versöhnt. In einem Brief an Freud vom 21. Juni 1909 – die überstürzte Trennung muß sich Anfang dieses Jahres abgespielt haben – faßt er die Situation zusammen:

«Lieber Herr Professor!

Ich habe Ihnen in meiner Spielrein-Affäre Gutes zu melden. Ich habe viel zu schwarz gesehen. Ich erwartete nach der von mir herbeigeführten Trennung sozusagen mit Sicherheit eine Rache und war nun tief enttäuscht über die Banalität der Form. Vorgestern hat sich nun Frl. Spielrein bei mir eingefunden und in *anständigster Weise* mit mir gesprochen, wobei es sich auch herausgestellt, daß ein über mich herumschwirrendes Gerücht gar nicht von ihr stammt. Ich habe aus erklärlichem Beziehungswahnsinn das Gerücht ihr zugeschoben, was ich also hiermit zurückziehen möchte. Ferner hat sich Frl. Spielrein in bester und schönster Weise von der Übertragung freigemacht und keinerlei Rückfall erlitten (außer einem Weinkrampfe unmittelbar nach der Trennung). Die Absicht, zu Ihnen zu kommen, zielte nicht etwa auf Intrige, sondern darauf, den Weg zu mir zu einer Unterredung zu bahnen. Nun hat sich Frl. Spielrein aber nach ihrem zweiten Brief direkt an mich gewendet. Ohne

---

* Cremerius, a. a. O., S. 21.

in eine hilflose Reue zu verfallen, beklage ich doch die Sünden, die ich begangen, denn ich bin in weitem Maße an den hochgehenden Hoffnungen meiner ehemaligen Patientin schuldig. So diskutierte ich ernstlich (nach meinem ursprünglichen Prinzip, alle Menschen bis zur Grenze des Möglichen ernst zu nehmen) mit ihr das Problem des Kindes, wobei ich mir einbildete, ich rede theoretisch, natürlich stak Eros dahinter. So schob ich auch alle anderen Wünsche und Hoffnungen ganz auf Seite meiner Patientin, ohne das gleiche an mir zu sehen. Als sich auf diese Weise die Situation so zugespitzt hatte, daß bei weiterem Perseverieren der Beziehung nur noch sexuelle Akte das Bild richtig schließen konnten, da wehrte ich mich in einer Weise, die sich moralisch nicht verteidigen läßt. In meinem Wahne befangen, ich sei quasi das Opfer der sexuellen Nachstellungen meiner Patientin, schrieb ich an deren Mutter, daß ich nicht der Befriediger der Sexualität ihrer Tochter, sondern bloß der Arzt sei, weshalb sie mich von der Tochter befreien solle.* In Anbetracht des Umstandes, daß die Patientin noch kurz vorher meine Freundin war, die mein weitgehendes Vertrauen hatte, war meine Handlungsweise eine durch die Angst eingegebene Schufterei, die ich Ihnen als meinem Vater sehr ungern gestehe.»**

Freud antwortet darauf am 30. 6. 1906:

«Lieber Freund ... Ihr Brief hätte mich auch mit größeren

---

* Das besonders beschämende Detail des nachträglich geforderten Honorars erspart sich Jung hier zu nennen. Er schrieb an Sabinas Mtuter: «Ich schlage Ihnen darum vor, um meine Stellung als Arzt, von der Sie wünschen, daß ich sie beibehalten möge, zu umgrenzen, mir ein Honorar auszusetzen als angemessene Entschädigung für meine Bemühung. Damit sind sie absolut sicher, daß ich meine Pflicht als Arzt unter allen Umständen respektieren werde.» Zit. n. Carotenuto, a. a. O., S. 92.
** Freud/Jung Briefwechsel, a. a. O., S. 260 f.

Missetaten von Ihrer Seite versöhnt; vielleicht bin ich schon zu parteiisch für Sie. Ich habe Frl. Spielrein unmittelbar darauf ein paar liebenswürdige, Genugtuung bietende Zeilen* geschrieben und dafür heute Antwort bekommen, merkwürdig ungelenk – ist wohl keine Deutsche? – oder sehr gehemmt, schwer zu lesen und schwer zu verstehen. Nur soviel ist daraus zu entnehmen, daß es ihr sehr nahegeht und sie sehr im Ernst ist.» **

Der letzte Satz ist die karge Zusammenfassung der langen Briefe, die Sabina an Freud geschrieben hat und in denen sie ihre Sehnsucht und ihre Enttäuschung festhält. Im Gegensatz zu Cremerius kann ich aber in Freuds lakonischer Stellungnahme keinen abschätzig-patriarchalischen Standpunkt erkennen. Auch hier sollte, wer sich über solches Abwiegeln entrüstet und seine Entrüstung zum Maßstab der Gerechtigkeit machen will, über Alternativen nachdenken. Wäre Sabina damit gedient, wenn Freud die von Cremerius implizit gestellte Forderung erfüllt hätte, Jung zu rügen, Schadenersatz zu verlangen?

Jung spricht von einer «Affäre»; für Sabina handelt es sich um ein Melodram, aber niemandem wäre mit einem Kunstfehlerprozeß gedient. Freuds Aufforderung an Sabina, ihre Gefühle zu prüfen und nicht Dritte einzubeziehen, ist ein guter Rat, auch wenn sie in diesem Fall an Jungs Adresse angebrachter gewesen

---

* «Ich habe heute durch Dr. Jung selbst Einsicht in die Sache bekommen wegen welcher Sie mich besuchen wollten, und sehe nun, daß ich Einiges richtig erraten, anderes fälschlich zu Ihrem Nachteil construirt habe. Wegen dieses letzteren Anteils bitte ich Sie um Entschuldigung. Meinem Bedürfnis nach Achtung vor den Frauen entspricht es aber sehr, daß ich mich geirrt habe, und daß die Verfehlung dem Mann und nicht der Frau zur Last fällt, wie mein junger Freund selbst zugibt. Nehmen Sie den Ausdruck meiner vollen Sympathie für die würdige Art, wie Sie den Conflict gelöst haben.» Zit. n. Carotenuto, a. a. O., S. 117.
** Briefwechsel, a. a. O., S. 262.

wäre. Und wie es bei solchen Empfehlungen eben ist: wer ihrer unfehlbaren Wirkung vertraut, geht in die Irre. Es handelt sich um eine Haltung, die jeder einzelne mühsam erwerben muß. Sie kann nicht durch moralischen Druck erzwungen oder durch Strafdrohung aufrechterhalten werden.

Es ist keine Frage, daß Jung einen schweren Fehler gemacht hat, der Sabina und ihn selbst belastet. Aber die Gerechtigkeit gebietet, auch Jungs Schuldbekenntnis zu achten. Wenn er von einem «Beziehungswahn» spricht, er sei Opfer von Sabinas sexuellen Nachstellungen, von der «durch die Angst eingegebenen Schufterei» seiner Briefe an Sabinas Eltern, dann finde ich ein Maß an Selbstkritik, das ich unter wohlausgebildeten Therapeuten der Gegenwart nach vergleichbaren Abstinenzverletzungen keineswegs immer entdecken konnte. Das ist gewiß keine Rechtfertigung, aber es rückt Versuche in kritische Distanz, durch Moralgeschrei soziale Realitäten zu bessern. Jung hat Sabina auch später gefördert und den Kontakt mit ihr gepflegt, sich also durchaus bemüht, den Schaden gutzumachen und zu begrenzen. Das mag wenig sein und ist doch, verglichen mit dem durchschnittlichen Verhalten gekränkter Männer, gewiß keine Selbstverständlichkeit.

Die Geschichte von Jung und Sabina Spielrein ist, ebenso wie die von Anna O. und Breuer, traurig und lehrreich zugleich. Dünkel und die Selbstgewißheit, in solchen Situationen besser zu handeln, scheinen mir nicht angebracht.* Beide Fälle sind publik geworden, in beiden wurden auch Unterstellungen laut, die Be-

---

* Wie leichtfertig Freud hier moralisches Versagen unterstellt wird, zeigen auch H. S. Krutzenbichler und H. Essers, Muß denn Liebe Sünde sein? Über das Begehren des Analytikers, Freiburg (Kore) 1991, S. 66, wo sie Freud einen «Bruch der Schweigepflicht» in der Jung-Spielrein-Affäre vorwerfen. Schweigepflicht gilt gegenüber Analysanden; Spielrein war nie bei Freud in Analyse. Solche Vorhaltungen verraten ein idealisiertes Bild der Psychoanalyse und ihres Gründers.

handlungen hätten mehr Schaden als Nutzen gestiftet, und in beiden Fällen scheint mir diese Aussage voreilig.

Bertha Pappenheim hat später ein engagiertes und produktives Leben geführt; ebenso Sabina Spielrein. Daß beide Therapeuten im Scheitern an ihrer Gegenübertragung sowenig Verständnis und Wohlwollen bei ihren Zunftgenossen fanden, gehört zu jenen Phänomenen, die Freud in einem späteren Brief an Sabina Spielrein beklagt: «Ich bin freilich oft gekränkt darüber, daß ich das persönliche Wesen und das gegenseitige Einvernehmen unter unseren Mitgliedern nicht auf das Niveau heben kann, das ich von Psychoanalytikern fordern möchte.*

Ich vermute, daß diese hämischen Abwertungen mit einer Reaktionsbildung durch moralische Überanpassung zusammenhängen, wie sie in der deutschen Psychoanalyse nach dem Hitlerreich dominierte. Eine amerikanische Analytikerin wie Ethel S. Pearson** hat es leichter, nüchtern und abgewogen zu urteilen. «Obgleich Jung sich in eine intensive persönliche Beziehung mit ihr verstrickte, sich ihr gegenüber schwankend verhielt und sie im Stich ließ, als er fürchten mußte, daß eine Entdeckung ihres Verhältnisses seine Karriere gefährden würde, zerbrach die zuvor schon psychisch stark gehandikapte Frau

---

* »Freud an Spielrein am 27. X. 1911, zit. n. Carotenuto, a. a. O., S. 117.
** Ethel S. Pearson, Dreams of Love and Fateful Encounters. The Power of Romantic Passion, New York, Norton 1988. Zit. n. d. deutschen Übersetzung, die unter dem (unglücklichen) Titel «Lust auf Liebe» 1990 bei Rowohlt erschienen ist, S. 339. Pearson leitet die psychoanalytische Ausbildung an der Columbia-Universität und ist vor allem durch ihre Untersuchungen über die Geschlechtsunterschiede in der Übertragungs-Gegenübertragungsliebe bekannt geworden. Sie diskutiert in aller Ruhe die (auch von Bettelheim in seinem Vorwort zur amerikanischen Ausgabe des Buchs von Carotenuto geäußerte) Frage, ob wir sicher sein können, daß der therapeutische Erfolg ebenso gut gewesen wäre, wenn sich Jung so verhalten hätte, wie wir es gegenwärtig von einem gewissenhaften Therapeuten erwarten.

216

daran keineswegs. Sie wurde vielmehr gesund und konnte sich sogar ihre Gefühle für ihn bewahren. Obendrein fand sie durch die Behandlung – was zweifellos heißt, durch die Identifikation mit dem geliebten Analytiker – auch noch ihre Lebensaufgabe.»

18
Noahs Trunkenheit

Der Psychoanalytiker weiß, daß er mit den
explosivsten Kräften arbeitet und derselben
Vorsicht und Gewissenhaftigkeit bedarf wie
der Chemiker.*

Beschäftigen wir uns weiter mit der Frage, weshalb es Therapeuten im Umgang mit ihresgleichen so schwer fällt,
den Standpunkt der Einfühlung und kritischen Distanz aufrechtzuerhalten, der ihre Arbeit bestimmen sollte. Wenn ein
Analytiker Verwicklungen in einer Ehe oder zwischen Geschwistern verstehen will, wird er versuchen, Interaktionen zu
erfassen und zu erkennen, in welcher Weise die Motivmuster
der Beteiligten ineinandergreifen. Er wird es möglichst vermeiden, Situationen nach einem Täter-Opfer-Modell zu beurteilen, sich mit dem Opfer zu identifizieren, den Täter moralisch
zu verurteilen und jene, welche es an Strafforderungen gegenüber diesem Täter fehlen lassen, als dessen Komplizen zu verwerfen.

Gerade solche Mechanismen bestimmen die Diskussion über
die emotionalen Verstrickungen von Helfer und Schützling. Eine
der unbewußten Strukturen des Helfer-Syndroms, die Identifi-

* S. Freud, Bemerkungen über die Übertragungsliebe, Ges. W. X, S. 320.

zierung mit dem Ich-Ideal, wird hier auch bei denen faßbar, die sonst gewohnt sind, solche Ideale eher zu analysieren, als sich in ihrem Namen zu ereifern.

Der verstrickte, gar der erotisch verstrickte Helfer steht für ein Risiko der eigenen professionellen Existenz. Niemand, der sich in menschliche Schicksale vertieft hat, kann die Macht des Eros unterschätzen. In dem Bild des mutwilligen, geflügelten Knaben, der blind seine Pfeile verschießt, steckt ein Wissen um die Unberechenbarkeit dieser Macht, die sich unseren Paragraphen und professionellen Verfassungen um so leichter entzieht, je jünger wir sind und je abenteuerlustiger. Das sind beides Qualitäten, die einerseits unsere persönliche Anziehungskraft mitbestimmen, andererseits – vor allem, wenn wir, älter geworden, ihr Schwinden spüren – auch unseren Neid wecken, wenn wir sie bei Dritten beobachten.

Die Motive, weshalb wir das Verhalten eines Kollegen verurteilen und entwerten, sind komplex. In ihnen sind rationale Komponenten enthalten, die meist so ausgewalzt werden, daß sich hier eine breite Darstellung erübrigt: Verantwortung für mögliche Schäden an den Klienten, Verantwortung für das Ansehen der Profession, rechtliche Gründe. Darunter liegt eine tiefere, weniger veröffentlichte Schicht, deren Wirkung sich gleichwohl häufig beobachten läßt, vor allem Rivalität, Neid, Eifersucht, Schadenfreude, kurz die narzißtischen Qualitäten, die darum zentriert sind, den eigenen Wert dadurch abzusichern und emporzuheben, daß der Wert von Konkurrenten verkleinert wird.

Wer eine solche Motivschicht als potentiell wirksam akzeptiert, kann einige Fronten solcher Entwertungen theoretisch konstruieren. Er wird vermuten, daß zum Beispiel Abstinenzverfehlungen eines Freud-Anhängers von einem Adler-Anhänger mit besonderer Aufmerksamkeit zur Kenntnis genommen werden (und umgekehrt) oder daß in einem Frauentherapiezentrum der Mißbrauchsverdacht gegen männliche Therapeuten besondere Glaubwürdigkeit genießt.

Eine weitere Quelle eigener Überlegenheit ist die genüßliche Vertiefung in die Sünden der Väter. Wer hat nicht alles in Zürich und Wien kurz nach der Jahrhundertwende an erhabenen Patriarchen der Psychoanalyse die Abstinenz verletzt, die Schweigepflicht gebrochen, das Inzesttabu mißachtet! Wer darauf hinweist, gewinnt eine gefahrlose Wertsteigerung, wie sie immer eintritt, wenn ich mich auf die Fehler eines Rivalen konzentriere und seine Gesamtleistung darüber außer acht lassen darf. So werden die Söhne mühelos bessere Therapeuten als ihre Väter. Man ist an die Bibelstelle vom trunkenen Noah erinnert. Er hat zwar die Arche gebaut, die Sintflut überdauert und den Weinstock gepflanzt. Aber was nützt ihm das gegen den Spott über seine Blöße?*

Während diese Form der Produktion von Überlegenheit sich bei den «alten» Helfer-Berufen im Nachweis von Mängeln an

---

* Robert Graves und Raphael Patai weisen darauf hin, daß diese Geschichte im Ersten Buch Mose (Genesis), Kapitel 9,20–28 purifiziert wurde. In dem Passus: «Und Noah erwachte aus seiner Trunkenheit und sah, was sein kleiner Sohn ihm angetan hatte» verbirgt sich ein Hinweis auf die Kastration in dieser Szene, die Ham oder dessen Sohn Kanaan durchführten. Sie ist in der talmudischen Tradition vielfach enthalten und erinnert an ähnliche Kastrationen von Uranos durch Kronos, Kronos durch Zeus in der griechischen Mythologie. Kanaan, Hams Sohn, wird von Noah verflucht, den anderen Söhnen Sem und Japhet zu dienen. Insgesamt soll dieser Mythos die Sklaverei der Söhne Hams rechtfertigen. Im Dritten Buch Mose (Leviticus), Kapitel 18, wird eine lange Reihe von sexuellen Verfehlungen der Ägypter und Kanaaniter genannt, um die Minderwertigkeit der Sklaven zu begründen. Diese Tendenz ist in der Rassendiskriminierung bis heute nachweisbar. R. Graves, R. Patai, Hebrew Myths. The Book of Genesis. London (Cassell) 1964, S. 120f. (deutsche Ausgabe: Hebräische Mythologie. Über die Schöpfungsgeschichte und andere Mythen aus dem Alten Testament, Reinbek [Rowohlt] 1986, S. 148f.).

Normenerfüllung und beruflicher Disziplin erschöpft (die Faulheit der Lehrer; die Geldgier der Ärzte; die Korrumpierbarkeit der Politiker), gewinnt sie im Fall der «neuen» Helfer* eine ganz eigene Qualität. Der moralische Fundamentalismus und die Identifizierung mit den Opfern von Helfer-Fehlern gehen hier in zwei Richtungen: die Helfer sind entweder zu rigide, starrsinnig, gefühlskalt, abstinent, mechanisch – sozusagen Granit, auf dem keine Blume gedeihen kann, «schafsgesichtige Blechaffen».** Oder aber sie sind gierig, triebhaft und grenzüberschreitend, «Schweine» (wie Freud brieflich über Stekel urteilt).

Der neue Helfer hat also nicht nur eine, sondern zwei Möglichkeiten, über Rivalen zu triumphieren. Er muß dabei freilich darauf achten, beim Versuch, dem ersten auszuweichen, nicht in den Rachen des zweiten Ungeheuers zu geraten.*** Bis zu welchem Extrem diese lustvolle Teilnahme am angeprangerten Übel gehen kann, bemerkt der Leser einer Streitschrift, deren Titel wie zufällig dem einer Schlüsselloch-Serie in der Television gleicht.**** Die Forderungen Freuds, auch im Fall posttherapeutischer Liebesverhältnisse mit Takt und Diskretion vorzugehen, werden von seinen voyeuristischen Erben als Versuch aus-

---

* Unter «neuen Helfern» verstehe ich eine seit der Jahrhundertwende entstandene Berufsgruppe, die im psychosozialen Bereich tätig ist und die emotionale Beziehung zu ihren Klienten instrumentalisiert. Vgl. W. Schmidbauer, Helfen als Beruf. Die Ware Nächstenliebe. Überarb. u. erw. Neuauflage Reinbek (Rowohlt) 1992, S. 15 f.
** D. v. Drigalski, Blumen auf Granit. Eine Irr- und Lehrfahrt durch die deutsche Psychoanalyse, Frankfurt (Ullstein) 1980. Der «schafsgesichtige Blechaffe» wird als Metapher eines (über)abstinenten Analytikers von Leo Stone, Die psychoanalytische Situation, Frankfurt (Fischer) 1978 beschrieben.
*** Incidit in scillam qui vult evitare charybdim …
**** H. S. Krutzenbichler u. H. Essers, Muß denn Liebe Sünde sein? Über das Begehren des Analytikers, Freiburg (Kore) 1991.

gelegt, ihre Befreiungstaten zu unterdrücken und ihren mutigen Kampf gegen skandalöse Zustände zu behindern. Aus Dampfproben, die sie den Gerüchteküchen «aller» psychoanalytischen Institute entnommen haben, leiten die Autoren ihr Bescheidwissen ab, daß überall hinter den Kulissen Lehranalytiker ihre Analysandinnen mißbrauchen und Kontrollanalytiker die Gegenübertragungsliebe totschweigen.

Diese Formen der Berichterstattung belegen, daß trotz aller scheinbar im Literaturverzeichnis gesammelten Gelehrsamkeit die formalen Grundsätze der Massenmedien auch die Diktion akademischer Autoren bestimmen. Die typische Mischung der Demagogie, moralische Empörung durch lustvolle Partizipation an der angeprangerten Grenzüberschreitung zu untermauern, läßt inzwischen auch analytische Autoren wahre Leporello-Alben an Tätern und Opfern ausfalten. Johannes Cremerius hat schon lange vor seinem moralischen Fundamentalismus angesichts der Beziehung zwischen Sabina Spielrein und C. G. Jung aus Grenzüberschreitungen Freuds die Schimäre einer «dissidenten Technik» der Psychoanalyse konstruiert.* Alle für eine wissenschaftliche Diskussion nötigen Unterscheidungen zwischen «veröffentlichten» und «privaten» Ansichten verschwinden hier.

In der Verwertung intimen und meist nicht nachprüfbaren Materials ist jedem Autor besondere Sorgfalt auferlegt, es sei denn, er strebt nach einer billigen Überlegenheit über Personen der Geschichte. Historiker wissen um solche Differenzierungen; als Historiker dilettierende Psychoanalytiker genießen anscheinend nur ihren moralischen Triumph, wenn sie Widersprüche zwischen privaten Äußerungen und Publikationen aufgreifen

* J. Cremerius, Vom Handwerk des Psychoanalytikers, Bd. II, Stuttgart (Frommann) 1984, S. 306 f.

oder einem Briefschreiber vorwerfen, daß er sich auf den Emp-
fänger einstellt und nicht auf ihre ethischen Erwartungen.*

Die traditionelle Moralpredigt, gegen die wir uns in erprobter
Skepsis wappnen, will nur dem Übel des Triebes und der Versuchung wehren. Je weiter wir diese von uns fernhalten können, je
rigider unsere asketische Position wird, desto sicherer können
wir auch sein, im Urteil der Ethiker ungeschoren zu bleiben. Anders die Moralisten der Therapie: sie tadeln unsere feste Distanz
als zwanghafte Abwehr und bekämpfen dann unsere emotionale
Nähe als Mißbrauch und Übergriff.

Zur psychotherapeutischen Arbeit gehört ein hohes Maß an
Unsicherheit. Der Arzt sieht, ob die Symptome verschwinden
oder die Operationsnarbe heilt. Der Lehrer prüft in periodischen
Abständen, was die Schüler gelernt haben. Jeder Handwerker
hat die sinnliche Rückmeldung seines Tagewerks. Psychotherapeuten arbeiten in einem Feld, wo es notwendig ist, über lange
Zeit ohne sichtbare Erfolge tätig zu sein. Die nachträgliche Erfahrung belehrt immer wieder *ebenso* über die Sinnhaftigkeit
wie über die Unsinnigkeit geduldigen Ausharrens. Es wäre zu
schön, um wahr zu sein, daß es immer *Kriterien* gibt, wie die
spürbare Erleichterung des Klienten nach jeder Sitzung, das Verschwinden von Symptomen, beruflicher Erfolg und so weiter,
welche dem Helfer beweisen, daß er auf dem richtigen Weg ist.

In einfach gelagerten Fällen, die auf jede Methode gut ansprechen, mag das so sein. Aber bei schwerwiegenden Störungen gehört es zur Arbeit, daß der Erfolg zunächst ausbleibt und der
Therapeut im Unsichtbaren arbeitet. In Supervisionen finden
wir Metaphern für diese Situation: Wer einen Sumpf trockenle-

---

* Vgl. Cremerius in Carotenuto, a. a. O., S. 27, über einen Brief Freuds: «Weder
protestiert er [Freud] gegen Jungs taktlosen Ton, noch widersetzt er sich seinem
Wunsch, Sabina Spielrein nichts von Jungs Kritik mitzuteilen.»

gen will, weiß nicht, ob seine Kräfte ausreichen, *genügend* Steine heranzuschleppen und hineinzuwerfen. Der Morast bleibt lange Zeit scheinbar unverändert. Er verschluckt die Steine, ohne ein Zeichen zu geben, daß sich allmählich eine feste Schicht aufbaut.

Wer sich bereits einige Male auf solche Arbeiten eingelassen hat, hat auch erfahren, daß sich manchmal plötzlich ein Fundament ergibt, auf dem schöne Gebäude erstehen. In anderen Fällen steigen nur Gasblasen auf, und der Kranke, der uns den Sumpf anvertraut hat, resigniert schließlich ebenso erschöpft wie der Helfer. Beide wissen dann nicht, ob es mit einem anderen Helfer oder einer anderen Heilmethode anders ausgegangen wäre. Da die Forschung solche Prozesse bisher kaum erfassen kann, gibt es auch nur wenige Möglichkeiten, im einzelnen Fall zuverlässig abzuschätzen, ob ein neuer Versuch bessere Ergebnisse bringen wird. Es wird mit vielen Vermutungen in einem Gebiet operiert, in dem andererseits ausgeprägte Wünsche nach Sicherheit herrschen.

Ich habe oben versucht, die große Beliebtheit von Mißbrauchs-Ätiologien bei schweren seelischen Störungen damit zu verknüpfen, daß auf diese Weise Sündenböcke gewonnen werden können, welche den «guten» Helfer entlasten, weil es ja einen dämonisierten «bösen» Helfer (oder Elternteil) gibt. Ist es nötig, sich vorbeugend gegen die Unterstellung zu wehren, solche Argumente würden Mißbraucher schützen und Täter legitimieren? Selbst nach langer Prüfung kann ich in mir keine Sympathie für Helfer finden, die Abhängigkeiten ausnützen und psychische oder physische Gewalt anwenden. Auf der anderen Seite gebietet mir eine ähnliche Abscheu, auch Opfer und Opferanwälte in Frage zu stellen, die ihre eigene (und sei es nur verbale) Gewaltmeierei durch erlittene Gewalt rechtfertigen. Die Möglichkeit, solchen Zyklen zu entrinnen, hängt an der kritischen Vernunft, nicht an der Parteinahme, die in ihrer Selbstgerechtigkeit jene Formen von Gewalt wiederholt, die zu bekämpfen sie vorgibt.

Jede der kampfbereiten Positionen um « Mißbrauch » und « Mißbrauch des Mißbrauchs » hat Vorteile und Nachteile, die aus größerem Abstand deutlich werden. Beide operieren mit Opfern und Tätern. In den patriarchalischen Traditionen, in denen die Frau für die dunkle, emotionale Seite des Menschen steht, wird die Geschichte, welche heute als Mißbrauch Abhängiger erzählt wird, zur Darstellung einer Verführung, ja Verhexung: die dämonische Macht der Frau verlockt den Mann, vom Pfad der Tugend abzuweichen. In den Prozeß-Szenarien über Vergewaltigung, welche die allmähliche Durchsetzung feministischer Positionen in der Öffentlichkeit spiegeln, wird diese lockende Frau, die den Mann zuerst verführt und dann erpreßt, mehr und mehr zum Opfer, das nur noch in den Ausreden des Täters verführerische Züge besitzt.

Wer an einem heißen Sommertag in Europa oder den USA unterwegs ist, erkennt an der universellen Präsenz leicht bekleideter, kaum verhüllter Frauen die viel höhere Disziplinierung, welche hier für den Durchschnittsmann kulturelle Selbstverständlichkeit geworden ist. In den öffentlichen Parks prallen die Welten dort aufeinander, wo der Reisende aus dem Orient, begleitet von seiner bis zu den Zehen verhüllten Frau, an einer Wiese vorbeiwandert, auf der Europäerinnen nackt in der Sonne liegen. Ich zitierte schon einmal eine feministische Therapeutin, die während einer Fernsehdiskussion pathetisch sagte, selbst wenn sich die Patientin vor ihm nackt auf den Boden legen würde, müsse der Therapeut seine Abstinenz wahren. Das ist als technisches Ideal ebenso gültig wie die Widerstandskraft des Eremiten Antonius gegen die Verlockungen von Frau Venus. Es beweist die von Norbert Elias demonstrierte Schrittmacherfunktion des Umgangs mit Frauen für die Triebunterdrückung im

Prozeß der Zivilisation. Es ist aber auch erstaunlich, wie wenig in diesen Normierungen noch von Mitverantwortung die Rede ist.

Das feministische Argument, wonach das Geschlechterverhältnis auf latenter Gewalt beruht und nur die Parteinahme ein brauchbares Mittel gegen männliche Übermacht ist, stärkt die Position der Frau. Für den Vorzug, daß so Frauen, die sonst ängstlich geschwiegen hätten, den Mut finden, sich zu wehren, tauscht es den Nachteil ein, daß jetzt Frauen, die durchaus wehrhaft sind, Verbündete finden, welche ihnen in jedem Fall recht geben. Das besagt, daß ein parteiisches Angebot in einem Konflikt immer eine potentielle Quelle von Verwöhnungen ist. Jede Verwöhnung führt aber schließlich zu einem Trauma. Sie wird nach dem Sucht-Modell verarbeitet: dem kurzen Rausch der Entlastung folgen wachsende Abhängigkeiten von immer höheren Dosen, während gleichzeitig die Fähigkeit schwindet, Versagungen zu ertragen.

Nehmen wir den Fall einer Patientin, deren Therapeut sich nicht an seine Abstinenzverpflichtung gehalten hat. Er hat sich auf eine sexuelle Beziehung eingelassen. Die Frau glaubte, sie könne auf diese Weise die quälenden Gefühle von Angst und Trauer für immer besiegen, die sie in die Behandlung geführt haben. Der Therapeut hat die Idealisierung seiner Person und eine aus ihr folgende Hingabe, Kompromißbereitschaft und Einsicht in seine Bedürfnisse mit dem Angebot einer realistischen und stabilen Beziehung verwechselt. Solange die abstinenzvergessen Liebenden einander ungetrübt gehören, läßt sich diese brüchige Basis nicht von einer festen unterscheiden.*

---

* Mir scheint dieser Fall der häufigste und auch dynamisch wichtigste. Die von Pope und Bouhoutsos beschriebenen Szenarien betonen demgegenüber das uneinfühlsame, zum Teil gewalttätige Vorgehen der Therapeuten. Die Patientinnen

Aber wehe, wenn Konflikte auftreten, wie sie selten ausbleiben, wenn eine Verliebtheit aller Überlegungen spottet. Solche Konflikte entspringen enttäuschten Erwartungen über die innige Zuwendung, welche der Therapeut implizit zu geben versprach. Er hat doch *bewiesen*, wie gut er sich einfühlen kann. Weshalb ruft er nicht an? Weshalb redet er plötzlich von seiner Arbeit, von einem Kongreß, von seiner Familie, die ihn hindern, die Geliebte wiederzusehen, die sich ihm in der Hoffnung hingab, sie habe nun endlich einen Menschen, der sie erotisch begehrt und *versteht*? Häufig entspringt gerade dieser Wunsch, verstanden zu werden, dem Idealisierungsbedürfnis eines zutiefst enttäuschten und gekränkten Menschen, der nur die gewissermaßen überoptimale, perfekte Beziehung als genügend gut erleben kann. Der Verlust dieser idealisierten Situation führt dann zu einer Eruption von Enttäuschung, Haß und Wut, die sich in vielen Fällen depressiv gegen das eigene Ich richten (mit der Folge von autoaggressiven Handlungen, Angstzuständen und Suizidphantasien).

Stellen wir uns nun weiter vor, wie eine Frau in dieser Situation den beiden unterschiedlichen Diskursen über die Abstinenzverletzung begegnet und welche Folgen diese für sie haben. Der Diskurs von der Übertragungsliebe, die durch ein Mißgeschick * des Therapeuten nicht analysiert, sondern – gewissermaßen übergefügig gegenüber den Wünschen der Patientin – erfüllt wird, erinnert die Patientin daran, daß der Therapeut einen Fehler gemacht hat, daß aber auch ihr Angebot ein Zeichen ihrer

handeln wie in Hypnose und können sich nachher oft gar nicht erinnern. Ob das an dem Befragungsverfahren oder an kulturellen Unterschieden liegt, ist unklar. Die Szenarien der amerikanischen Autoren sind statistisch nicht verifiziert.

* Diese Auffassung zeigt sich am deutlichsten in Freuds Gleichnis vom zersprungenen Reagenzglas in der Hand des Chemikers, mit dem er C. G. Jung über seine Abstinenzverletzungen in dessen Spielrein-Affäre tröstet, vgl. S. 209.

Störung ist. Die Gefahr dieses Diskurses ist, daß er dem patriarchalischen Klischee zu nahe rückt: dem Modell der männlichen «Tugend», die einer weiblichen «Verführung» nicht standhalten kann, sondern ihr erliegt. Der Nutzen dieses Diskurses ist, daß er regressive Entwicklungen und die Suche nach einem Sündenbock eindämmt. Die Patientin kann auch aus dem Scheitern dieses Therapieversuchs die Hoffnung schöpfen, daß sie bei einem anderen, pflichtbewußteren Helfer und durch eigene Vorsicht geschützt eine Vorstellung von Liebe finden kann, die der Realität angemessen ist.

Vergleichen wir die Situation mit dem typischen Mißbrauchs-Diskurs. Hier ist die Patientin nur Opfer, während der Therapeut nur Missetäter ist, dem unterstellt wird, er habe seinen Beruf möglicherweise deshalb gewählt, um Gelegenheit zu solcher Piraterie zu finden. Wenn die Patientin sich später erneut von ihren Liebesbeziehungen enttäuscht fühlt, weil sie es nicht erträgt, die Idealisierung zu verlieren und doch am Guten des Partners festzuhalten, dann ist das nicht mehr ihre Störung, sondern es ist die Schuld eines verantwortungslosen Therapeuten, der sich an ihr vergangen hat.

Dieser Diskurs verwandelt die Idealisierung der ersten Verliebtheit, welche die Abstinenzverletzung eingeleitet hat, in eine negative Idealisierung oder Dämonisierung des Therapeuten. Diese wird durch die Hypothese einer lebenslang wirkenden Schädigung («schlimmer als Inzest») von außen gestützt. Der Vorteil dieses Diskurses ist, daß er die Patientin von Mitverantwortung entlastet. So wird er ihr helfen, wenn sie sich schuldig fühlt, daß aus der Liebe zum Therapeuten nichts Tragendes und Gutes geworden ist. Der Nachteil dieses Diskurses ist die fortgeführte Abhängigkeit von Idealisierungen. Er erschwert es sehr, diese allmählich in realistischere Kontaktformen mit mehr Toleranz für Zwischentöne überzuführen. Die Dämonisierung des

Therapeuten und des Traumas erschweren es der Patientin, sich aus der belastenden Situation zu lösen. Ihr Bedürfnis nach Therapie, ihre Angst vor Therapie und ihr Zweifel, ob ihr überhaupt geholfen werden kann, wachsen gleichermaßen. An anderer Stelle haben wir bereits darüber gesprochen, daß diese Mischung aus kurzfristiger Entlastung und langfristiger Entwicklungshemmung auch für Therapeuten die Dämonisierung des Mißbrauchs attraktiv macht. Man könnte sagen, daß – ähnlich wie die Abstinenzverletzung eine zunächst bequem erscheinende, später als schädlich erkannte «Lösung» der Übertragungsliebe verspricht – die Mißbrauchstheorie ebenfalls zunächst entlastet, später aber die Analyse der Idealisierungen erschwert.

Heute kommen in die Praxen der Therapeuten, vor allem in den Großstädten, viele Menschen, die bereits eine oder mehrere Psychotherapien hinter sich haben. Sie berichten über diese Vorerfahrungen sehr unterschiedlich, aber es läßt sich meist doch erkennen, ob das Urteil über den früheren Behandler realistisch oder von Idealisierungen – erst positiven, nun negativen – bestimmt ist. Der Zweit- oder Dritt-Therapeut kann seinem Klienten dann am besten helfen, wenn er versucht, dieses realistische Urteil zu fördern. Diese Haltung tut auch dann gute Dienste, wenn eine vorausgehende Therapie in einer intimen Beziehung endete. Es scheint mir ein Kunstfehler und gewiß kein Dienst an einem Betroffenen, ihm nun klarzumachen, daß er schwerst geschädigt wurde und den Missetäter anzeigen muß, oder aber so zu tun, als sei dieser Ausgang die natürlichste Sache der Welt. Um zu klären, was geschehen ist, leisten Anklage und Entschuldigung gleich schlechte Dienste. Es geht um Bedürfnisse, um Erwartungen und um die Realität, auch die eines Kunstfehlers.

Jeder Diskurs hat also Vorteile und Nachteile. Das Risiko des Diskurses der verführerischen Übertragungsliebe ist die Bagatellisierung des Mißbrauchs Abhängiger durch verantwortungslose Helfer. Das Risiko des Diskurses vom Mißbrauch eines wehrlosen Opfers ist die Stimulation primitiver Idealisierungs- und Rachemechanismen.

Es kann kein Zweifel sein, daß uns die gesellschaftliche Entwicklung vom ersten zum zweiten Diskurs führt. Ich habe bereits erwähnt, daß ich diesen Prozeß im Rahmen der Erosion traditioneller Erlebnis- und Verkehrsformen durch die Mechanismen der Konsumgesellschaft sehe, in der mehr und mehr einstige Loyalitätsverhältnisse gespalten und verrechtlicht werden. Der «alte» Patient dachte, auch wenn sein Arzt einen Fehler machte, an die vielen Situationen, in denen dieser Arzt ihm geholfen hatte, an die Patienten, die er gesund gemacht hatte, und brachte es deshalb nicht fertig, ihm aufgrund eines einzigen Fehlers einen Prozeß um Schmerzensgeld und Schadenersatz anzuhängen.

Der «neue» Patient kennt diese Skrupel nicht; ihm steht ein Anwalt zur Seite, der – wie in den USA üblich – in Kleinanzeigen unzufriedene Patienten bittet, sich bei ihm zu melden, damit er gegen eine hohe Erfolgsprovision ihre Entschädigungswünsche gerichtlich vertreten könne. Das heißt, daß die Bereitschaft abgenommen hat, kleine Beschädigungen hinzunehmen und das Versagen eines Helfers nicht für den eigenen Vorteil zu nutzen.

Solche Veränderungen entstehen interaktiv, werden aber häufig projektiv definiert. Die Ärzte beklagen die wachsende Undankbarkeit der Patienten, die Patienten die wachsende Gefahr, daß Ärzte nicht in erster Linie Leiden lindern, sondern Geld verdienen möchten, ein Handeln, das die Ärzte wiederum durch ihre hohen Versicherungsprämien rechtfertigen. Insgesamt nehmen in der Konsumgesellschaft die Bedürfnisse eine immer drängendere Gestalt an; die Bereitschaft, Leid auf sich zu nehmen, schwindet. Die wachsende Suchtgefahr belegt das: Der Süchtige ist der Prototyp eines Menschen, der Entspannung sofort haben will und alle schädlichen Folgen für seine Gesundheit und seine soziale Zukunft verdrängt.

Der Patient, welcher dem Arzt beim ersten Kunstfehler den Schadenersatzprozeß macht, klagt den fehlerfreien Arzt ein. Was er bekommt, ist der defensive Arzt, zum Beispiel die natürliche Geburt auch dort, wo sie nur ein winziges Risiko trägt, durch einen Kaiserschnitt ersetzt: für ihn erhält er mehr Geld, durch ihn kann er die Sauerstoffversorgung des Kindes besser kontrollieren.

Im Bereich der sozialen Berufe folgte die Akzentuierung des Mißbrauchs den Untersuchungen über die Motive der Helfer und den wachsenden Neidpotentialen, die sich angesichts der Verknappung narzißtischer Ressourcen auf alle prestigeträchtigen Tätigkeiten richten. Wer den Arzt um sein alle anderen Berufe übertreffendes Sozialprestige beneidet, wird eher geneigt sein, dieser bevorteilten Gestalt am Zeug zu flicken, wenn sie eine Schwäche zeigt. Daher fügt sich die Mißbrauchsdebatte in den Wandel vom Reformoptimismus der 68er Jahre zu den Verteilungskämpfen der Gegenwart. Damals waren alle Pädagogen, Psychologen, Soziologen gefragt, die Randgruppen der Gesellschaft zu integrieren, die Gefühle zu befreien, die sexuelle Verklemmung abzuschaffen.

Eine Schlagzeile wie «Sexuelle Freiheit nach Alt-68er-Art auf Kosten der Kinder»* illustriert diese Verteilungskämpfe. Die Feministinnen von «Wildwasser» und «Zartbitter», die mißbrauchte Mädchen «parteiisch» beraten, sind ideologische und wirtschaftliche Konkurrentinnen der Sozialpädagogen einer früheren Generation, die sich an der Spitze des Fortschritts fühlten, wenn sie ihren Töchtern (nach dem Vorbild der Kommune I)

---

* Die Tageszeitung, 24.9.1993, in einem Artikel von Gitti Hentschel.

beim gemeinsamen Wannenbad die Geheimnisse des Sexualaktes erklärten.

In der Moderne werden solche Umverteilungsprozesse durch
die Dominanz der optischen Medien hektischer und plakativer.
Aus dem Dämon der Freiheit ist die Sexualität zu einem Dämon
der Unterdrückung geworden. Projektionen der Lust weichen
den Projektionen des Mißbrauchs, und nicht selten wird, was
von den Beteiligten in einer Situation als Lust idealisiert wurde,
in einer nächsten als Mißbrauch dämonisiert.

In der Empörung über die Verführung auf der Couch steckt
zumindest in den um die «Anonyma» zentrierten Texten immer
auch ein Stück therapeutischer Größenwahn. Etwas, das keiner
Therapie als Versprechen zukommt, die glückliche hetero-
sexuelle Beziehung, wird in die Macht der richtigen, der absti-
nenten Analyse gestellt, als könnte diese wahrhaft einlösen, was
die agierte Übertragungsliebe nur verspricht. In einem 1994 in
einer psychoanalytischen Fachzeitschrift veröffentlichten Artikel «Anonyma über Anonyma» werden Anna O. (Breuer), Sabina Spielrein (C. G. Jung), Elma Palos (Ferenczi), Anaïs Nin
(Allendy) und Marie Bonaparte (Laforgue) als Beweise zitiert,
daß solche Frauen «scheiterten» und sich «keine befriedigende
Liebesbeziehung aufbauen … konnten».* Der Dämon des
Verführers, der die Ich-Kräfte angeblich lebenslang geschwächt
hat, wird zur Folie für den therapeutischen Erlöser. Dieser
könnte, allen persönlichen und sozialen Widersprüchen weib-
licher Identitätsfindung zum Trotz, die glückliche Liebes-An-
passung ebenso herstellen, wie sie sein Gegenspieler zu zerstören
vermochte.

Anonymität verleiht Macht. Sie ist eine Verführung, die
Wahrheit nach dem eigenen Urteil zu biegen. Ich vermisse eine

* Anonyma über Anonyma, Psyche 48 (1994), S. 12.

solche Diskussion der Anonymität bei den Herausgebern der «Anonyma»-Texte. Besonders prekär, aber auch aufschlußreich ist die Tatsache, daß Anonyma von sich sagt, sie sei selbst Therapeutin geworden. Die «Verführung auf der Couch» hat ja dort einen kaum auflösbaren Zwangscharakter, wo die Analyse auch eine berufliche Identität vermittelt. Ich habe an anderer Stelle beschrieben, welche Abwehrfunktionen die Absicht eines Analysanden erfüllt, selbst Analytiker zu werden.* Die Selbstgefühlsspannungen werden regressiv abgewehrt und nicht bearbeitet. Der unsichere Weg zu dem begehrten Status läßt sich durch Verliebtheit und sexuelles Agieren scheinbar abkürzen. Wenn ihr die Tatsache bewußt wird, daß sie nicht am Status des idealisierten Partners teilhaben kann, gerät sie in eine depressive Krise, aus der sie sich durch die Dämonisierung des einstigen Liebesobjektes zu befreien sucht. Wie bereits erwähnt, ist auch für den Analytiker die Gefahr größer, seine Analysandin als Liebespartnerin anzunehmen, wenn er in ihr die künftige Kollegin sieht: Er kann ungehemmter ihre Abhängigkeit verleugnen, seine Verantwortung als Therapeut bagatellisieren und sich selbst in die Rolle des Bedürftigen begeben, als das in einer Heilanalyse der Fall ist. Die in Anonymas Aussagen verborgene Allmachtsphantasie, wonach Therapeuten Schöpfer oder Zerstörer von Liebesbeziehungen sind, liegt für eine künftige Therapeutin ebenfalls nahe. Gegenüber solchen Bedürfnissen haben es analytische Wahrheitssuche und die realistische Einschätzung therapeutischer Möglichkeiten schwer, sich durchzusetzen.

Dieses Versagen der kritischen Distanz spiegelt auf fatale Weise das Versagen des Analytikers, der – wie gesagt – An-

---

* W. Schmidbauer, Jetzt haben, später zahlen. Die seelischen Folgen der Konsumgesellschaft. Reinbek 1995, S. 163 f.

onyma mißbraucht hat. Sie versucht, ihn gleichzeitig anzuklagen und zu schonen, zu vereinnahmen und zu verwerfen. Sie gibt ihn nicht anderen preis, es darf keine Luft, kein Licht, kein fremdes Urteil, kein objektiver Richter an ihr Geheimnis. Daß dieses Vorgehen einer angeblichen Analytikerin das kritische Bewußtsein der analytischen Zunft so wenig wecken konnte und dieser die Teilhabe an einer organisierten Geheimnistuerei so verführerisch erschien, ist ein zweiter Skandal nach dem ersten.

So gebe ich der Versuchung nach, die Psychoanalytiker an Freud zu erinnern, der 1913 in seinem Aufsatz «Zur Einleitung der Behandlung» klar gesagt hat, was er von Anonymität hielt:

«Auch auf die Mitteilung von Namen kann man nicht verzichten; die Erzählungen des Patienten bekommen sonst etwas Schattenhaftes wie die Szenen der ‹natürlichen Tochter› Goethes, was im Gedächtnis des Arztes nicht haften will; auch decken die zurückgehaltenen Namen den Zugang zu allerlei wichtigen Beziehungen ... Es ist sehr merkwürdig, daß die ganze Aufgabe unlösbar wird, sowie man die Reserve an einer einzigen Stelle gestattet hat. Aber man bedenke, wenn bei uns ein Asylrecht, zum Beispiel für einen einzigen Platz in der Stadt, bestände, wie lange es brauchen würde, bis alles Gesindel der Stadt auf diesem einen Platze zusammenträfe.» [*]

In seiner Erzählung «Der Leopard» beschreibt der italienische Schriftsteller Giuseppe Tomasi di Lampedusa den Beginn der ideologisch fundierten Verteilungskämpfe während der «Befreiung» Siziliens durch Garibaldi. Die Güter der Feudalherren lösen sich langsam auf; Besitz und Macht wachsen in der Hand von Emporkömmlingen, die den patriotischen Kampf in den Dienst ihrer Interessen stellen. Die Tochter des «patriotischen» Bürgermeisters, deren Mutter noch eine analphabetische

---

[*] S. Freud (1913), Zur Einleitung der Behandlung, Ges. W. VIII, S. 469.

Bäuerin war, heiratet den verarmten Neffen des Fürsten. Seine erste Verlobte, eine fromme Prinzessin, geht leer aus. Am Ende erweisen sich die meisten der von ihr ein Leben lang gesammelten Reliquien unter der Lupe eines naturwissenschaftlich geschulten Theologen als wertlose Fälschungen.

Diese melancholische Geschichte erinnert uns daran, daß unser fester Glaube von heute, im sicheren Besitz von Wahrheit und Fortschritt zu sein, morgen zu einer Illusion werden kann. Allerdings wissen wir davon erst später. Und während es ein billiges, aber auch ödes Vergnügen ist, aus dem Verlauf der Geschichte das Recht abzuleiten, die Illusionen unserer Vordenker zu entlarven, fallen wir gerade darin den Illusionen der Gegenwart zum Opfer.

Die Besserwisserei über die «unmöglichen» Reaktionen von Breuer und Jung auf die Übertragungsliebe gaukelt uns vor, es gebe eine glatte Lösung des Konflikts zwischen Leidenschaft und Disziplin. In Wahrheit ist aber diese Verwicklung tragisch. Der Psychotherapeut muß beides sein, leidenschaftlich und diszipliniert. Es ist billig, ihm nachher aufgrund ungünstiger Folgen seiner Handlungen nachzuweisen, daß er gefehlt hat. Der Gewinn aus solchen Feststellungen ist flach, aber unentbehrlich: Er läuft darauf hinaus, im Recht zu sein, es besser zu wissen, von einem Fehler nicht gefährdet zu sein, dem andere erliegen. Aus dem Blickwinkel der Ideale von Abstinenz ist der leidenschaftliche Analytiker ein Mißbraucher und Chaosstifter, der seinen Analysandinnen schadet. Aus dem Blickwinkel der Ideale von Leidenschaft ist der disziplinierte Analytiker ein Abstinenzautomat, der seinen Analysanden nicht kondoliert, wenn gestern ihr Vater gestorben ist, und ihnen nicht Glück wünscht, wenn sie sich morgen einer chirurgischen Operation unterziehen müssen.*

* Diese Beispiele kommen von L. Stone, Die psychoanalytische Situation,

In Wahrheit bemühen sich die Analytiker, die nicht kondolieren und nicht Glück wünschen, ebenso um ihre Patienten und um eine gute Analyse wie ihre Kollegen, die solche Formen der Beziehungspflege hochschätzen. Diese ernsthafte Bemühung abzuwerten, indem man das Spiegel-Gleichnis in das des Automaten umwandelt, zeigt das Bedürfnis der Helfer nach Sicherheit. Ähnliche Bedürfnisse scheinen in den Fragen über Liebe und Mißbrauch, Abstinenz und Agieren ausgetragen zu werden. Vielleicht gibt es hier sogar eine Polarisation zwischen realer Ungewißheit und imaginärer Sicherheit. Wenn ich beobachte, mit welcher subjektiven Gewißheit Helfer in Supervisionsgruppen vieldeutige Situationen auf einen Nenner bringen, entsteht dieser Eindruck – und meine Kollegen haben ihn nicht selten auch von mir.

Wir haben oben den zeitgeschichtlichen Wandel von der sexuellen Befreiung der 68er Jahre und der erregten Debatte [*] über sexuellen Mißbrauch in den späten achtziger Jahren erwähnt. Historisch hängt er wohl damit zusammen, daß den disziplinierenden Anstrengungen der großen Kriege jeweils Zeiten der Konsum- und damit Luststeigerung folgten. Ein Schlüsseldenker war hier Wilhelm Reich, der in den späten zwanziger Jahren gegen den Faschismus argumentierte, er sei Zeichen einer Sexualstörung und durch sexuelle Befreiung an der Wurzel auszurotten. Von der Studentenbewegung wurde Reich neu entdeckt. Sein manischer Optimismus, in dem die Welt voller menschlicher Güte und sexueller Energie steckt, die durch Bosheit und Dummheit in wechselnden Schattierungen

a. a. O., und werden u. a. von Cremerius und von Krutzenbichler / Essers beifällig zitiert.
[*] Katharina Rutschky, Erregte Aufklärung. Kindesmißbrauch: Fakten und Fiktionen, Hamburg (Klein-Verlag) 1992.

unterdrückt werden, faszinierte die erste Nachkriegsgeneration. Wer sich der orgastischen Energie öffnet, die in sich gut ist, wird frei. Mißbrauch übt, wer sich dieser lebensspendenden Kraft verschließt. Es ist nur konsequent, daß Reich sich nie vor sexuellen Beziehungen zu seinen Analysandinnen zurückhielt.

Der psychoanalytische Begriff von Sexualität, den Reich noch radikalisierte und in seiner Orgon-Mythologie zum kosmischen Prinzip erhob, wird heute wieder aufgelöst. Freud hat die innige Verbindung der erwachsenen Sexualität mit «perversen» Elementen betont. Er benennt exhibitionistische, sadistische, masochistische und fetischistische Partialtriebe, um nur einige zu nennen.

Die reife, genitale Sexualität entsteht aus der Integration und Sublimierung dieser Teile. Während Katharina Rutschky den feministischen Beraterinnen und Beratern eine sexualfeindliche Position vorwirft, entgegnen diese, daß ein Kampf gegen sexuelle Gewalt nicht sexualfeindlich sein könne, weil sexuelle Gewalt mit Sexualität nicht das geringste zu tun habe.[*] So wird ein idealistischer Gegensatz zwischen Lust und Gewalt konstruiert. Die Sexualität wird von den Peinlichkeiten des Sadomasochismus gereinigt und den Tröstungen von Empathie und Zärtlichkeit unterstellt. Aber ob es uns in die Ideologie paßt oder nicht: Gewaltausübung *ist* potentiell lustvoll, für Männer wie für Frauen, und es bedarf einer keineswegs leicht herzustellenden Selbstdisziplin, diese Lust nicht destruktiv auszukosten.[**] Solche Erkenntnisse legitimieren Mißbrauch nicht, im Gegenteil: sie zeigen uns, in welcher Richtung wir nach

---

[*] Gitti Hentschel, taz, 24.9.1993.
[**] Ein ironischer Beweis dafür ist, daß engagierte Vertreter der gewaltfreien Sexualität Katharina Rutschky mit Gewalt daran hinderten, einen Vortrag auf

Mitteln gegen ihn suchen sollten und wo wir sie nicht finden werden.

Auf einer Tagung der Evangelischen Akademie in Tutzing über den «Gebrauch des Mißbrauchs» nannte der Soziologe Michael Schesti folgende Akteure als Ursachen der intensiven Mißbrauchs-Debatte: Eine weibliche politische Elite, die nach den Niederlagen der Friedens- und Anti-Atom-Bewegung neue, eher zu bewältigende Arbeitsfelder sucht; konservative Kreise, die an der Diskreditierung von Sexualität interessiert sind; Politiker, weil dann Probleme von Individuen nicht mehr mit gesellschaftlichen Rahmenbedingungen (wie Arbeitslosigkeit) verknüpft werden; schließlich die Medien mit dem Wunsch, an Sex and Crime tugendhaft zu partizipieren, und eine Helfer-Expertinnen-Szene, die Arbeitsplätze und öffentliche Geltung im Blick hat.*

Im Hintergrund der Mißbrauchs-Debatte wird die Neigung der Konsumgesellschaft zu destruktiven Idealisierungen deutlich, die auflösen und behindern, was sie vorgeblich perfektionieren. Die gereinigte, von allen Übergriffen befreite Form der Sexualität wird als Befreiung und Luststeigerung idealisiert. Aber sie hängt wie Blei an den Akteuren. In der Mißbrauchs-Debatte soll die «sexuelle Revolution» der sechziger Jahre durch einen Fundamentalismus präzisiert werden, der vorgibt, die weibliche Sexualität von ihren männlichen Peinigern zu befreien. Aber bereits damals hat die sexuelle Pseudo-Befreiung,

einem Kongreß zu halten. Wie in dieser Auseinandersetzung Einfühlung und Selbstkritik eliminiert werden, belegt ein Artikel über den von der feministischen Antimißbrauchsszene und ihrem autonomen Umfeld mit Stinkbomben gehetzten Kabarettisten Wiglaf Droste, der Rutschkys Thesen ironisch überspitzt hat, in der «Zeit» vom 23.6.1995, S. 62. Es scheint, daß in dem angeblichen Schutzbemühen um unschuldige Opfer beträchtliche Aggressionspotentiale durch eine unbewußte Identifizierung mit brutalen Tätern geweckt werden.
* Tagung vom 18.–20.2.1994, «Das Ende eines Tabus. Über den Gebrauch des Mißbrauchs».

die Marcuse so treffend als repressive Entsublimierung* charakterisierte, die Menschen gewiß nicht entspannter und erotischer gemacht. Sie führte zu einer verbissenen Orgasmus-Jagd, deren Kehrseite nach dem Kollaps der überforderten Einfühlung eben der Mißbrauch ist. An Kindern und Abhängigen kann sich austoben, wer das immer höher gehängte Ideal der Genitalität nicht erreicht.

Idealisierte Bilder von Beziehungen (auch sexuellen Beziehungen) sind immer lebensfeindlich, wenn sie nicht von der Vernunft realistisch gemildert werden können. Dann zerbricht jeder Kontakt im Augenblick der Enttäuschung, in dem auch das idealisierte Bild zerbricht.

Die Vernunft gebietet, das Scheitern einer Elternbeziehung, das Trauma in einer kindlichen Entwicklung oder in einer Psychotherapie als schlechte Erfahrung zu akzeptieren, aber auch zu erkennen, daß diese Erfahrung vorbei ist und das Leben, solange wir körperlich unbeeinträchtigt sind, buchstäblich jeden Tag neu begonnen werden könnte. Unser Leben unter dem Leistungsdruck der Moderne ist leider dieser Unbekümmertheit nicht förderlich, die uns vor Depressionen schützen könnte. Das Individuum, das sein Glück selbst schmieden soll, verzeiht sich die eigene Wehrlosigkeit längst nicht so gut wie der Mensch der traditionellen Kulturen, der nichts Beschämendes darin findet, wieder einmal Opfer gewesen zu sein. So kommt es, daß in diesen Gesellschaften Männer und Frauen traumatische Schicksale** scheinbar mühelos verarbeiten, die objektiv weit gravie-

---

* Ein subtiler Unterdrückungsprozeß im Dienst der Konsumsteigerung, in dem zum Beispiel Vorspiel und Orgasmus technisch faßbare Leistungen werden, die von Liebenden «ausgetauscht» werden.
** In vielen traditionellen Kulturen Afrikas wurden zum Beispiel kleine Mädchen in einem Ritual beschnitten, das uns unerträglich grausam anmutet. Andererseits werden Beobachter nicht müde, die Fröhlichkeit und die geringe Anfällig-

render erscheinen als die Verletzungen, mit deren Erinnerungs-
qual sich die Mißbrauchsopfer der industriellen Luxuswelten ihr
komfortables und sicheres Leben vergällen.

keit vieler Frauen dieser Kulturen für Depressionen zu betonen. Ähnliches gilt
für die australischen Ureinwohner: Hier wurden die Knaben durch eine schwer-
wiegende Penisverletzung (Subinzision) traumatisiert, ohne daß an den Erwachsenen psychische Folgen (wie eine massive Steigerung der Kastrationsängste) zu
beobachten waren, die wir bei einem europäischen Opfer solcher Riten erwarten
müßten.

19

Falsche Erinnerungen, Multiple
Persönlichkeiten

Die Dämonisierung von Helfer-Fehlern hängt mit einer Krise
der Konsumgesellschaft zusammen, die sich in den Vereinigten
Staaten zuspitzt. Einerseits ist dort eine blühende therapeutische Industrie entstanden, in der durch suggestive Rückführung
Kindheitstraumen bis zur Zwangsteilnahme an einem Satanskult entdeckt und Eltern zu Sündenböcken gemacht werden.
Anderseits haben sich auch die Angeschuldigten organisiert
und dämonisieren ihrerseits jede Form von vergangenheitsbe-
zogener Psychotherapie als Produktion von Monstern, Erinne-
rungsverfälschung und Verleumdung.

Wer die Geschichte eines Menschen rekonstruieren will, darf
auf keinen Fall mit vorgefaßten Meinungen an diese Aufgabe
herantreten; sonst gewinnt er genau die Erinnerungen, die er
haben möchte, und zwar mit der vollen Überzeugung ihrer Realität. In den USA sind zwar nur wenige professionell gut ausgebildete Therapeuten, aber um so mehr Scharlatane (mit Angeboten von «incest work» in den gelben Seiten) in eine grassierende
«Erinnerungsindustrie» verwickelt, in der alle Leiden der Gegenwart auf vergessene Mißbrauchserfahrungen zurückgeführt
werden. Dagegen wehren sich Kritiker, die nun Verdrängung
überhaupt als Mythos, Wunschdenken und professionelle Insze-

nierung ansehen.* Es ist, als ob ein Konflikt, der sich seinerzeit allein in Freuds Forscher-Ich abspielte, publizistisch vergrößert und verschärft würde.

Die Erinnerungsarbeit ist auf dem besten Weg, die berechtigte Kritik am Totschweigen von Kindsmißbrauch und Vergewaltigung in einer trotz formaler Gleichberechtigung nach wie vor patriarchalisch strukturierten Justiz zu diskreditieren. In den USA haben vor allem zwei Fälle heftige Kontroversen ausgelöst. Der erste ist die Mordanklage gegen George Franklin aufgrund einer Zeugenaussage seiner Tochter Eileen Lipskin, die während einer suggestiven Erinnerungstherapie «sah» – ohne zu wissen, ob das Gesehene wirklich geschehen war –, wie ihr Vater vor zwanzig Jahren den Schädel ihrer achtjährigen Freundin Susan mit einem Stein zertrümmerte, nachdem er sie vergewaltigt hatte.

In dem Streit der Glaubwürdigkeits-Gutachter trug damals die Anklage einen Sieg davon; Franklin verbüßt eine lebenslängliche Haftstrafe. Nach neueren Informationen ist der Fall sehr dubios, nicht nur weil die Tochter bereits vor dem Prozeß Buch- und Filmkontrakte über ihre «wahre Geschichte» unterschrieb, sondern auch, weil ihre Aussagen bei genauer Nachprüfung widersprüchlich und tendenziell waren.

Warum soll eine Frau ihren eigenen Vater hinter Gitter bringen wollen, wenn er nicht schuldig ist? Die Mitglieder der Jury entschieden sich dafür, Eileen zu glauben. Hatte sie nicht durch die Anklage viel zu verlieren und nichts zu gewinnen? Das ver-

---

* Loftus, E., Ketcham, K., The Myth of Repressed Memory: False Memories and Allegations of Sexual Abuse, St. Martins, 1994. Vgl. auch Frederick Crews, The New York Review of Books 19/1994, S. 54 f. Crews nennt eine Schätzung von einer Million auf diese Weise «überzeugten» Inszestopfern in den USA seit dem Jahr 1988 «a conservative guess».

einfachte die Sachlage. Eileen fürchtete um ihre eigenen Kinder, die sie durch den pädophilen Vater bedroht sah, und sie hatte Geschmack an der öffentlichen Aufmerksamkeit gefunden, die sie durch den Prozeß gewann. Aber diese Gründe können keinen Menschen dafür entschädigen, daß er in einen Abgrund geblickt hat, der ihn zeitlebens nicht mehr loslassen wird.

Ein zweiter Fall, den Lawrence Wright dokumentiert hat, zeigt die selbstschädigende Qualität des Erinnerungskultes noch deutlicher. Es geht um die Geschichte von Paul Ingram, einem Polizisten in Olympia im Staat Washington. Lange Zeit galten die Ingrams als mustergültiges Ehepaar; Pauls Frau Sandy arbeitete als Tagesmutter. Beide gehörten einer fundamentalistischen Sekte an, der «Kirche des lebenden Wassers», in der persönliche Offenbarungen kultiviert wurden.

Im August 1988 nahmen die beiden Töchter der Ingrams an einer örtlichen Veranstaltung dieser Kirche teil, auf der einige ihrer Altersgenossinnen von sexuellem Mißbrauch berichteten. Jetzt schuldigte auch eine der Töchter ihren Vater an; die Polizei bekam Wind davon und verhörte Paul Ingram. Obwohl sich dieser an nichts erinnerte, bekannte er sich in Polizeiverhören schuldig, seine beiden Töchter und einen seiner Söhne unzählige Male vergewaltigt zu haben. Selbst als sich die Anklagen der ersten und später auch der zweiten Tochter ins Groteske steigerten, bemühte sich Paul Ingram, mitzuhalten. In Hypnose «erinnerte» er sich, die Mädchen an ganze Pokerrunden verkuppelt zu haben, sie und seine Frau grausam mißhandelt und zum Geschlechtsverkehr mit Hunden und Ziegen gezwungen zu haben. Schließlich gestand er auch noch, er habe einen Satanskult organisiert und unzählige Säuglinge in kannibalischen Riten gemordet.

Keinem der an den Geständnissen der Mädchen und des Vaters beteiligten Experten fiel auf, wie sehr alle diese Geschichten triviale Phantasien über eine verteufelte Sexualität ausdrückten. Der Sozialpsychologe Richard Ofshe, der Paul Ingram ebenfalls verhören konnte, stellt fest, wie leicht es war, ihn dazu zu bringen, sich an eine von Ofshe vorgegebene Szene zu «erinnern».*

An diesem Fall wird deutlich, wie sehr dramatische und lebhafte Phantasien, die starke Triebwünsche ausdrücken, in Menschen induziert werden können. Erstaunlich ist dieses Phänomen nicht; erstaunlich ist eher, wie alles Wissen über Suggestibilität und erotische Phantasie im Jahr 1988 aus dem Bewußtsein von Akademikern verschwinden kann, während Polizeibeamte ernstlich nachgrübeln, ob sie – ohne davon zu wissen – an einem Satanskult teilgenommen haben. Denn eine von Ingrams Töchtern klagte auch die Kollegen – zum Teil die Männer, welche ihren Vater «überführt» hatten – der Reihenvergewaltigung an.

Was wir gerne als Hexenwahn dem Mittelalter zuordnen, war historisch gesehen der Eintritt in die Neuzeit. Ähnliche Ereignisse haben uns nicht mehr verlassen. Es ist eine Illusion anzunehmen, daß die Zeit der Hexenjagden vorbei ist, im Gegenteil: durch das leidenschaftliche Interesse der Medien an solchem Stoff werden sie gesteigert und multipliziert. Ingram wurde schließlich zu zwanzig Jahren Haft verurteilt, weil das Gericht die Anklagepunkte des Kindsmißbrauchs für erwiesen ansah; die restlichen (Selbst-)Anklagen wurden nicht verfolgt, obwohl der Wahnsinn damals weitere Kreise zog. Einige der als Teilnehmer an satanischen Riten Angeschuldigten kamen für kurze Zeit in Haft. Ingrams Frau Sandy ist Presseberichten zufolge nach wie vor überzeugt, eine heimliche Satanistin zu sein; sie hat einen anderen Namen angenommen und ist umgezogen, ebenso die einzige Tochter Ingrams, die noch in ihrem Geburtsort lebt.

Die Vorstellung, daß ein Mensch ein Doppelleben führt und

* Lawrence Wright, Remembering Satan, New York (Knopf) 1994.

die eine Seite seiner Person nichts von der anderen weiß, ist seit der Geschichte über «Dr. Jekyll and Mr. Hyde» von Robert Louis Stevenson ein Mythos der Moderne, lange bevor Freud das Unbewußte beschrieb. Während die wissenschaftliche Beschäftigung mit dem Unbewußten fordert, Suggestionen strikt zu vermeiden, dominieren diese in den populären Konzeptionen des «Unterbewußten», der «Tiefenschicht», in der sich die Monster räkeln.

Amerikanische Kritiker der «wiedergewonnenen Erinnerungen» haben inzwischen eruiert, daß mindestens fünfzehn Prozent der Personen, die verlorene Kindheitstraumen «wiederfinden», von der Teilnahme an einem Satanskult berichten. Obwohl es fast nie Beweise für solche Riten gibt, sind sie ein sehr beliebtes Thema der Medien. Auch einige der auf die Rückgewinnung von traumatischen Erinnerungen spezialisierten Therapeuten glauben an ihre Existenz. In einem Zirkelschluß wird behauptet, daß Teilnahme an satanischen Riten eine zentrale Ursache der «Persönlichkeitsspaltung» oder der «multiplen Persönlichkeit» sei.

Bis zum Beginn des «recovered memory»-Booms in den USA trafen Anklagen des Satanismus vor allem Kindergärtnerinnen und Kindergärtner, die von einem Elternteil beschuldigt werden. Die meiste Aufmerksamkeit fand der Fall der McMartin-Vorschule in Manhattan Beach, Kalifornien. Die Erzieherinnen wurden der abscheulichsten, satanistischen Praktiken bezichtigt. Der Prozeß dauerte sieben Jahre, kostete fünfzehn Millionen Dollar und endete ohne Schuldspruch.

Heute werden in vielen Familien erwachsene Kinder ihren Eltern entfremdet, weil sie nach der Lektüre populärer Anleitungen zur Selbsttherapie oder unter dem Eindruck einer Erinnerungsbehandlung überzeugt sind, mißbraucht worden zu sein. Da diese Behandlungen davon ausgehen, daß Zweifel an der

Realität des erinnerten Ereignisses nicht für Wahrheitssuche, sondern für erneute Verdrängung stehen, nimmt es nicht wunder, daß in den frühen Ausgaben einschlägiger Texte behauptet wird, bisher hätte jede Frau, die den *Verdacht* hatte, mißbraucht worden zu sein, auch entsprechende Erinnerungen aufgefunden.* Seit die ersten Schadenersatzprozesse wegen falscher Inzestanklagen von den betroffenen Eltern gewonnen wurden, sind die Vertreter der Gedächtnisrekonstruktion vorsichtiger geworden.

Besonnen sind auch die Gegner der «recovery»-Therapie, wie Frederic Crews, Elizabeth Loftus und Mark Pendergast nicht. Unbewußte Bilder sollen, wenn es nach den Sprechern dieser Kontroverse geht, entweder immer Humbug oder immer wahr sein. Besonnenheit und der Versuch, menschliche Verstrickungen geduldig aufzudröseln, bleiben auf der Strecke. Die Situation bestätigt das Sprichwort, wonach in jedem Krieg die Wahrheit das erste Opfer auf dem Schlachtfeld ist. Mit der Politisierung von familiären Tragödien ist es fast unmöglich geworden, Inzestanschuldigungen kritisch zu prüfen. Der Kult des verdrängten Mißbrauchs hat inzwischen dazu geführt, daß von Feministinnen ex cathedra verkündet wird, jede zweite Frau sei «Überlebende» sexuellen Mißbrauchs; umgekehrt wird von den Gegnern der Erinnerungszauberei selbst ein Skeptiker wie Freud unter die Scharlatane gezählt.

Ich habe an anderer Stelle auf die spezifischen Gefahren einer Opferkultur hingewiesen, in der seelische Wunden möglichst of-

* Ellen Bass, Laura Davis, The Courage to Heal: A Guide for Women Survivors of Child Sexual Abuse, New York (Harper Perennial) 1992. Bass und Davis sind keine Psychotherapeutinnen, sondern radikale Feministinnen, ursprünglich eine Lehrerin für kreatives Schreiben und eine ihrer Studentinnen, vgl. F. Crews, The Revenge of the Repressed, The New York Review of Books, Dec. I. 1994, S. 49.

fen gehalten werden.* In derlei Debatten gewinnt der Betrachter den Eindruck, daß die realen Probleme beschädigter Kinder und Erwachsener nur stören.

Die Auseinandersetzung drückt einen extremen Anspruch an die Eltern aus. Insofern paßt sie in die Kolonialisierung der familiären Intimsphäre durch Experten, die Probleme der Kleinfamilie ebenso ausdrückt wie vertieft. Anscheinend kann die Familie in ihrem freigesetzten, atomisierten Zustand die nötige Regulation des Trieblebens kaum mehr leisten. Aus den immer «weicher» und grenzenloser gewordenen Definitionen des Inzests wird deutlich, daß der Eltern-Kind-Beziehung gar nichts mehr zugetraut und gleichzeitig reinste Perfektion gefordert wird.

Wenn sexueller Mißbrauch ausschließlich subjektiv durch das Opfer definiert wird, bedeutet das den Verzicht auf die traditionelle familiäre Sozialisation, in der schließlich das Kind von den Eltern erfährt, wie Gefühlsbeziehungen beurteilt werden. Eine amerikanische Autorin** behauptet, daß Inzest ohne körperliche Berührung stattfinden kann; eine andere***, daß es einen «emotionalen Inzest» gibt, der immer dann festzustellen ist, wenn Eltern zwar liebevoll und aufmerksam *erscheinen*, es aber in Wahrheit nicht *sind*, weil sie das Kind benützen, um eigene Wünsche zu erfüllen.

Als katholisch erzogenes Kind gewann ich während der Adoleszenz den Eindruck, daß die Sündenkataloge meines Beichtspiegels vor allem dazu dienten, mich von den kirchlichen Gnadenmitteln abhängig zu machen. Daran erinnert mich meine gegenwärtige Vorstellung, daß die Dämonisierung der familiären

---

* W. Schmidbauer, Jetzt haben, später zahlen. Die seelischen Folgen der Konsumgesellschaft, Reinbek (Rowohlt) 1995, S. 214 f.
** E. Sue Blum, Secret Survivors, Wiley 1990.
*** Patricia Love, The Emotional Incest Syndrome, New York (Bantam) 1990.

Interaktion dazu dient, die Indoktrinierten den Gnadenmitteln pädagogischer und therapeutischer Experten auszuliefern. Jeder Vater, der sich seine Tochter sportlich wünscht, muß gewärtigen, als Mißbraucher dazustehen, wenn diese Tochter dem Aufklärungstext über den emotionalen Inzest mehr traut als der Beziehung zu ihm. Was früher als Projektion eigener Ideale in die Kinder eine Selbstverständlichkeit war, gilt in solchen Texten als böses Trauma, an dem die Eltern schuld sind. Ihre falsche Liebe ist die Ursache aller Schwierigkeiten.

Diese Thesen und Texte sind auf die amerikanische Mittelschicht zugeschnitten (und werden von Teilen der europäischen begierig rezipiert). Es handelt sich um die verwöhnteste Subkultur, die jemals auf diesem Planeten existiert hat. Wäre ihr Rohstoff- und Energieverbrauch kein Privileg, sondern Erd-Durchschnitt, hätten wir die ökologische Katastrophe schon erlebt, die wir gegenwärtig befürchten. In dieser Kultur wachsen offensichtlich die Ansprüche an eine ideale Elternschaft proportional zu der Tatsache, daß die realen Eltern mehr und mehr darin versagen, alle in sie gesetzten Erwartungen zu erfüllen.

Vermutlich spiegelt der öffentliche Streit zwischen Anhängern der Erinnerungsbehandlung und den Positivisten der False Memory Syndrome Foundation (deren Gründer Angehörige von «Inzestopfern» sind, die sich fälschlich angeklagt fühlen) die Dynamik der betroffenen Familien. Keine Seite ist bereit, einzulenken und zu diskutieren. Insofern gehören die Ankläger des Mißbrauchs und die Ankläger des Mißbrauch-Mißbrauchs, die Anwälte der angeblichen Inzestopfer und die Anwälte der angeblich falsch Beschuldigten doch zu einer Partei: der Partei jener, die sich durch das Verhalten des Gegners rechtfertigen und glauben, daß es in einer Beziehung nur eine Wahrheit gibt: die eigene.

Wo Rechthaberei dominiert, erstarren emotionale Kontakte zu Angst und Haß. Sie entwickeln sich nur dort, wo es möglich ist, sich in die fremde Position eines Gegenübers einzufühlen und so eine gemeinsame Realität wahrzunehmen. Täter und Opfer, Richter und Verbrecher haben kaum mehr Chancen, eine gemeinsame Auffassung der Wirklichkeit zu finden.

Da inkompetente Therapeuten kritische Augen in dem Beziehungsfeld fürchten, in dem sie arbeiten, leiten sie ihre Klienten oft an, jeden Kontakt mit ihren Eltern abzubrechen. Allenfalls noch durch einen Anwalt darf um das Erbe oder eine Entschädigung gestritten werden. Solche Mittel sind meist unprofessionell und dienen vielfach dazu, Scharlatanerie zu verschleiern.* Ziel einer Behandlung, welche Mehrdeutigkeiten und Ambivalenzen nicht spaltet, sondern zu erkennen sucht, ist es eher, die Realität der Eltern anzunehmen, ohne sich durch diese zu mehr verpflichtet zu fühlen, als es dem Austausch zwischen erwachsenen Partnern entspricht.

Ich vermute, daß die Sehnsucht nach Eindeutigkeit im Opfer-Sein das Versagen einer Familie spiegelt, mit Konflikten umzugehen und unterschiedliche Sichtweisen zuzulassen. Wo es eine familiäre Tradition gibt, Macht auszuüben, zu dominieren, zu unterdrücken, haben es Rattenfänger und Gurus leicht, Anhänger zu finden. Von der ekklesiogenen Neurose** erlöst allemal der charismatische Therapeut am besten. Der Erinnerungszauber gibt sich nur als Therapeut aus, er ist keine Therapie. Vielen Betroffenen geht es schlechter, seit sie wissen, daß sie Opfer sind

---

* Während einer stationären Behandlung Süchtiger oder bei gewalttätigen Angehörigen sind solche Trennungen manchmal auch im Interesse der Klienten; ich selbst habe ein solches Mittel noch nie angewendet.
** Moralpredigten, die wir als Kinder über uns ergehen ließen, beeinflussen unser erwachsenes Leben keineswegs immer. So ist Skepsis gegenüber dem Konzept der neurotisierenden kirchlichen Erziehung angebracht. Wer gar zu eifrig dabei ist, falsche Erlöser zu bekämpfen, trägt den Glauben an einen wahren Erlöser noch in sich.

und das Stigma tragen. Sie verlieren den Glauben an sich und an ihre Umwelt. Zwar haben sie nun eine Erklärung und einen oder mehrere Schuldige für vieles, was in ihrem Leben nicht so gelaufen ist, wie sie es sich wünschen. Aber sie haben kein besseres Leben. Ihre Beziehungen zu ihren Eltern und Geschwistern sind zerrüttet. Wer ihre Sicht der Dinge nicht teilt, ist ein Feind. Ängste, Schreckensbilder, Mißtrauen, daß alle, die nicht die Täter dämonisieren, mit diesen im Bunde sind, beherrschen die Situation.

Diese Lage der Dinge hängt damit zusammen, daß in der Konsumgesellschaft die reale Abhängigkeit von den Eltern häufig eine Generation lang dauert. Wenn eine Tochter sich nach dem Abitur nicht gleich für ein Studium entscheiden kann und daher etwas verspätet damit beginnt, kann sie dreißig Jahre lang finanziell von ihren Eltern abhängig sein. Folgerichtig beanspruchen die Auseinandersetzungen mit den Eltern auch mehr Zeit als in Gesellschaften, in denen die Geschlechtsreife und der soziale Status des Erwachsenen enger zusammenliegen. Anschuldigungen Erwachsener gegen ihre Eltern verlören dort jede Pointe, wo – wie vor Beginn der Moderne – die durchschnittliche Lebenserwartung bei rund vierzig Jahren lag.

Der phantasierte Inzest macht die Kindheitssituation sozusagen unsterblich; das unterscheidet ihn von dem real erlittenen, der dem Opfer den Wunsch vermittelt, sich möglichst weit von der Situation seiner Kindheit zu entfernen und gegen Wiederholungen zu wappnen.

Um diese These zu illustrieren, hier zwei Beispiele aus der Praxis. Es handelt sich um zwei Frauen, beide zu Beginn der Analyse etwa vierzig Jahre alt und kinderlos. Die eine – nennen wir sie Maria – ist wirklich mißbraucht worden; die andere – nennen wir sie Erna – glaubt nach einer Veranstaltung in einem Frauentherapiezentrum, daß auch bei ihr «etwas gewesen sein müsse».

Während Maria sachlich über ihre Erlebnisse erzählt und sich dabei um Genauigkeit bemüht, bleibt Erna immer vage. Maria lebt nach mehreren Beziehungen zu Männern allein. Sie ist sehr tüchtig in ihrem Beruf, bedauert es, keine Kinder zu haben, erkennt aber, daß ihre Männerbeziehungen an ihrer Angst scheiterten, zu abhängig zu werden.

Der Mißbraucher war ein Stiefvater, der inzwischen verstorben ist. Zur Mutter, die den Mißbrauch geduldet hat, unterhält Maria eine distanzierte, aber nicht unfreundliche Beziehung. Sie kümmert sich um die inzwischen pflegebedürftige Frau, erledigt Gartenarbeit für sie und wird einmal das Haus erben, in dem die Mutter wohnt. Über den Mißbrauch hat sie sich mit der Mutter auseinandergesetzt, es aber bald aufgegeben, weil diese alle Verantwortung an den Täter abschob. In meiner Gegenübertragung finde ich häufig, daß Maria ihre Eltern zu sehr schont und übermäßig rücksichtsvoll ist (auch mir gegenüber).

Erna lebt in einer unglücklichen, von großer Abhängigkeit charakterisierten Ehe. Ihr Mann ist tüchtig, aber – so sagt Erna – sexuell unattraktiv; sie bleibe nur wegen ihrer psychischen Leiden bei ihm. Vor vier Jahren war sie schwanger, hat aber das Kind abtreiben lassen, weil sie ihr Studium abschließen wollte und sich nicht sicher war, ob sie sich an ihren Ehemann dauerhaft binden könne. Nach Abschluß des Studiums hinderten sie Angstzustände, eine Berufstätigkeit aufzunehmen. In der Therapie will sie lernen, ihre Kindheit aufzuarbeiten, einen attraktiveren Mann zu finden und beruflich erfolgreich zu sein. Erna hat eine frühere Therapie abgebrochen, behauptet aber, der Therapeut hätte sie «hinausgeschmissen».* Erna ist noch sehr abhän-

---

* Diese unterschiedliche Wahrnehmung entstand dadurch, daß Erna erst die Therapie abbrach, sie dann aber wieder aufnehmen wollte, was ihr früherer Therapeut jedoch nicht tat.

gig von ihrer Mutter, besucht sie oft, fühlt sich von ihr bevormundet und streitet sich dann heftig mit ihr. Ihr Vater ist vor einiger Zeit gestorben.

In meiner Gegenübertragung nehme ich häufig Wünsche wahr, Ernas Ehemann, ihren Vater, ihre Mutter oder ihre früheren Arbeitgeber vor ihren Vorwürfen und Entwertungen in Schutz zu nehmen.

Beide Fälle und die Problematik insgesamt sind sicher viel komplexer, als es diese Skizze ausdrücken kann. Aber sie steht für einen wesentlichen Unterschied, den ich oft bestätigt gefunden habe und der die narzißtischen Folgen des klaren beziehungsweise unklaren Traumas betrifft. Beide Frauen sind in ihrem weiblichen Selbstgefühl beschädigt. Aber Maria erlebt sich, seit sie ihre reale Kindheit und die mit dieser verknüpfte Abhängigkeit hinter sich gelassen hat, deutlich befreit. Ihre gegenwärtigen Schwierigkeiten hängen eher damit zusammen, daß sie sich zu sehr fürchtet, von Menschen abhängig zu werden, die sie liebt. Sie kann gut zwischen Menschen, die ihr wohlwollen, und anderen, die sie ausbeuten, unterscheiden; zwar fällt es ihr manchmal schwer, sich Ausbeutungsversuchen zu entziehen, aber sie reagiert dann nicht vorwurfsvoll, sondern eher gelassen und selbstkritisch. Auf ihre berufliche Leistung ist sie stolz, hier ist ihr Realitätssinn ausgeprägter als in ihren Liebesbeziehungen: Sie weiß genau, was sie kann und was ihr Arbeitgeber an ihr hat.

Bei Erna dominiert der Versuch, ihr schlechtes Selbstgefühl durch Entwertungen gerade der Menschen aufzubessern, an deren Zuwendung und Bestätigung ihr liegt. Ihren Mann, der ihr ein bequemes Leben zu Hause ermöglicht und sich ihren Entschlüssen fügt, entwertet sie als langweilig und unattraktiv; wenn sie erst ihren Inzest aufgearbeitet, ihre Ängste überwunden, zu den verschütteten Traumen vorgedrungen sei, dann beginne ihr eigentliches Leben, dann werde sie Erfolg im Beruf und eine tolle Beziehung mit einem wirklichen Partner haben.

Genauere Betrachtung zeigt die tiefe narzißtische Kränkung hinter dieser Fassade und die fortbestehende Abhängigkeit von nie genügenden Elterninstanzen. Während Erna zunächst abstreitet, jemals unter der Abtreibung gelitten zu haben, ergibt sich bald ein unbewußter Konflikt zwischen ihren Verwöhnungs- und Zärtlichkeitswünschen und ihrer erwachsenen Sexualität. Sie ist überzeugt, daß sie nicht beides zusammen haben darf. Ihr Erwachsenwerden muß sie buchstäblich vernichten. Daher die Abtreibung des unbewußt ersehnten Kindes und später das Opfer der beruflichen Selbstverwirklichung zugunsten der Tagträume von einer großartigen Zukunft nach dem Durcharbeiten des Inzesttraumas.

Die Mißbrauchsphantasie paßt in dieses Szenario von fortbestehender Abhängigkeit von Elterninstanzen. Sie dient dazu, Schuldgefühle über Regressionen und ihr Festhalten an einer kindlichen Rolle durch Projektionen abzuwehren. Indem sie ihren Ehemann entsexualisiert und ihren Vater beschuldigt, kann Erna an dem Vater festhalten – er steht zwischen ihr und ihrer erwachsenen Sexualität. Gleichzeitig hat sie etwas gut, ist sie gerechtfertigt, wenn sie sich den Anforderungen und zwangsläufigen Enttäuschungen der Berufsarbeit nach dem Studium nicht stellt. Sie darf Kind bleiben, weil ihre Eltern sich an ihr vergangen haben. Diese Szene hat alle Eigenschaften eines neurotischen Kompromisses: sie *befriedigt* die regressiven Wünsche, bietet durch die Entwertung der Eltern und des Partners narzißtische Aufwertung, und sie *bestraft* Erna durch Ängste, düstere Zukunftsperspektiven und das nagende Gefühl, nichts zustande zu bringen.

Während Maria die Freundlichkeit ihres Analytikers hoch schätzte und seine Distanz als vernünftig und notwendig akzeptierte, entwertete Erna die Haltung ihres Therapeuten immer wieder als analytische Kälte, als Ausdruck einer typisch männlichen Reduziertheit und Einengung. Wie alle Männer sei auch ich eine Kümmergestalt, bestehend aus Penis und linker Gehirnhälfte, nur zu Sex, Leistung und Rationalität fähig. Auf der anderen Seite brachte sie liebevoll gestaltete Geschenke mit und deutete einmal zwei hochhackige Schuhe, die unsere Praxisputzfrau im Flur stehengelassen hatte, als einen Versuch von mir, sie zu verführen.

Wenn sie ihre Verachtung über männliche Therapeuten allzusehr ausbreitete, versuchte ich mit ihr zu klären, weshalb sie nicht Hilfe bei einer Frau gesucht habe. Sie wich entweder mit «praktischen» Argumenten aus (ich sei eben der Analytiker auf der Liste, der am bequemsten zu erreichen sei) oder brach in Tränen aus – da solle sie sagen, was sie empfinde, und dann stelle ich gleich unsere ganze Beziehung in Frage. Allmählich wurde deutlich, daß sie mich um meine beiden Berufe – die therapeutische und die Arbeit als Schriftsteller – beneidete und hoffte, durch die Analyse bei mir so zu werden wie ich. Als sie erkannte, daß diese Hoffnungen nicht realistisch waren, reagierte sie enttäuscht und steigerte ihre Entwertungen.

Wir konnten uns darauf einigen, die Arbeit für ein Jahr zu unterbrechen. Als sie mich schließlich nach dieser Frist anrief, sagte sie, sie habe unsere Entscheidung so verstanden, daß nach diesem Karenzjahr eine private Beziehung beginne, ob wir uns in einem Café treffen könnten? Meine Absage empörte sie, sie war zunächst nicht mehr bereit, im Rahmen der Therapie weiterzuarbeiten. Ich tröstete mich mit dem Urteil, daß in ausgeprägten Fällen einer narzißtischen Störung die Entwertung des Therapeuten zu den unerläßlichen Bedingungen einer Trennung von ihm gehört.

Nach einigen Jahren habe ich Erna doch wieder getroffen und

mit ihr in einer Therapiegruppe weitergearbeitet. Ich hatte den Eindruck, daß es ihr gutgetan hatte, die Therapie bei mir zu unterbrechen. Sie hatte nach meiner Absage an eine private Beziehung, die sie sehr erbittert hatte, nicht mehr auf eine passive Erlösung, eine Art narzißtische Transfusion gewartet, sondern war aktiv geworden. Sie trennte sich trotz ihrer Ängste von ihrem Mann und arbeitete wieder in dem Beruf, den sie vor ihrem Studium ausgeübt hatte. Dadurch verschwanden auch die Angstzustände; sie hingen offensichtlich mit den unterdrückten Trennungswünschen zusammen. Es ging ihr insgesamt viel besser. Die Entwertung ihres Mannes war zugunsten einer realistischen Einschätzung ihrer Ehe und eines Stückes Trauer über den Verlust des Partners zurückgetreten. Auch meine Arbeit schien sie inzwischen zu schätzen (was mich sehr erstaunte; ich hatte offensichtlich die Abwehrqualität ihrer Entwertung unvollständig erkannt). Sie suchte nicht mehr nach einer Inzesterinnerung und hatte ihre Absicht einer hypnotischen Therapie aufgegeben. In der Gruppe wollte sie gezielt an ihrer Kontaktproblematik mit Männern arbeiten.

Ich habe den Eindruck, daß diese Beispiele tendenziös sind. Doch will ich sie nicht wieder tilgen, weil ich ebenfalls überzeugt bin, daß in ihnen ein Schimmer Wahrheit steckt. In dem unzugänglichen Gebiet, in dem wir uns bewegen, muß man für jeden Lichtfleck dankbar sein, der auf den Boden des Dschungels fällt. Und noch etwas läßt sich vielleicht gerade aus der Art, wie ich die beiden Fallvignetten skizziert habe, ableiten: daß für Erna, die Trägerin der Inzestphantasie, der Druck viel größer ist, ihren skeptischen und negativ gegen ihre Entwertungen nahestehender Personen eingestellten Therapeuten zu überzeugen, wie sehr sie real gelitten hat, während umgekehrt Maria keinerlei Probleme damit hat, zwischen ihrer Sehnsucht nach Zärtlichkeit und dem brutalen Übergriff des Stiefvaters zu differenzieren, den sie schließlich – so berichtete sie – mit einer Routine, einem Abscheu und einer Distanz bediente, als gelte es «eine Kuh zu melken».

Für den geschichtlich interessierten Psychoanalytiker erscheint die Wiedererinnerungs-Therapie der Mißbrauchsopfer ein doppelt regressives Phänomen: Während die Entwicklung der Psychoanalyse von der dramatischen Katharsis, der Abreaktion «eingeklemmter» Affekte und der Suggestion zur langfristigen Arbeit an Widerständen, Konflikten und unbewußter Abwehrtätigkeit führte, wird in dieser Behandlung ein überwunden geglaubtes Stück Praxis neu belebt. Warum? Die Katharsis ist zunächst einmal publizistisch wirksamer. Niemand kann aus einer realistisch nachinszenierten Psychoanalyse Bilder gewinnen, die ein Massenpublikum fesseln. Dramatisch heißt immer auch suggestiv; die Abstinenz des professionellen Therapeuten legt sich wie Eiseskälte auf das Bedürfnis nach «emotional appeal».

Hollywood hat die Katharsis und die Persönlichkeitsspaltung – eine Kür für Schauspieler – schon immer der analytischen Arbeit vorgezogen. Die Betroffenen erleben tiefbewegt eine traumatische Szene, trocknen ihre Tränen und sind genesen. Dieses Ritual hat sich an die traditionellen Rituale der religiösen Erweckung und an die Wiedergeburts-Mythen aller Zeiten angeglichen. Solche Rückschritte werden uns in Zukunft wohl immer mehr beschäftigen. Es ist zwar am bequemsten, diese Möglichkeit zu verdrängen, wie es zum Beispiel die Gewohnheit einer deutschen Mehrheit nach dem Hitler-Regime ist, aber dadurch wird unsere Situation nur gefährlicher. Die wirtschaftliche und technische Komplexität unserer Gesellschaften erfordert gerade dann ein hohes Maß an kritischer Vernunft, wenn deren Botschaften unbequem sind und es keine glatte Lösung ambivalenter Situationen nach dem Täter-Opfer-Modell gibt.

«Seelenmord», ursprünglich eine für KZ-Überlebende geprägte Metapher*, ist in der Mißbrauchskampagne neu belebt worden. Dieser Vergleich ist aus verschiedenen Gründen sehr interessant. Einmal drückt er eine Trivialisierung der Judenvernichtung aus. Wenn, wie es die Aktivistinnen der Bewegung sagen, jede zweite Frau diesen Seelenmord überlebt hat, dann stehen Frauen auf der Seite der unschuldigen Nazi-Opfer und haben mit den Nazi-Täterinnen nichts zu tun. Warum aber wird Sexualität – ihre übergriffige, traumatisierende, aber doch nur extrem selten mörderische Variante im Mißbrauch – mit einem böswilligen, heimtückischen Tötungsversuch identifiziert?

Ich halte es für kurzsichtig, hier zu unterstellen, daß lesbische Aktivistinnen um Gefolgschaft werben, indem sie die Heterosexualität verteufeln. Unleugbar hat sich das Meinungsklima über die Sexualität verändert. Einen Teil dieser Neuerungen kann ich nur gerecht finden. Eine Frau, die sich mißbraucht fühlt, hat dasselbe Recht auf eine Lobby vor Gericht wie der Mann, der glaubt, er wisse genau, was Frauen «eigentlich» wollen. Muß eine solche Lobby auch über ihr Ziel hinausgehen, ihr Anliegen gigantisch aufblähen?

Ich habe an anderer Stelle schon erläutert, daß hinter dieser Tendenz die idealisierende Phantasie einer von allen aggressiven Elementen gereinigten Sexualität steht. Parallel dazu ist aber in der Realität durch die Emanzipation der Frauen die Sexualität keineswegs gewaltärmer geworden. Im Gegenteil, das bisher in einem traditionellen Konsens unterdrückte Aggressionspotential der Frauen ist hinzugekommen. Eine Teil-Erklärung der Multiplikation von Mißbrauchs- und Gewaltthemen liegt darin, daß viele Frauen ihre eigenen, freigesetzten aggressiven Impulse projektiv abwehren. Ein klinisches Beispiel:

---

* William G. Niederland, Folgen der Verfolgung: Das Überlebenden-Syndrom. Seelenmord. Frankfurt 1980.

Die vierzigjährige Mutter von zwei Kindern kommt mit heftigen Angstzuständen und Suizidalität. Sie fühlt sich an einen
Mann gebunden, den sie nicht mehr liebt, ist aber seinetwegen
umgezogen, wobei sie ihre Halbtagsstelle aufgegeben hat, um
ihm einen Karriereschritt in eine Managerposition zu ermöglichen. Eine ihrer Angstphantasien ist, daß ihr Mann sich um-
bringt, wenn sie ihn verläßt; eine andere, daß ein sexuell attrak-
tiver Mann sich in dem Augenblick, in dem sie mit ihm allein ist
und sich ihm nähern will, als Lustmörder entpuppt.

Die Analysandin ist in einer Familie aufgewachsen, in der eine
bei ihrer Geburt achtzehnjährige Mutter sich überfordert fühlte
und später eng an das Kind band. Der Vater war Alkoholiker,
verführerisch und manchmal distanzlos. Ihren Ehemann suchte
sie sich nach dem Gegenbild ihres Vaters: sehr ruhig, sachlich,
verhalten; die sexuelle Aktivität ging immer von ihr aus, er
machte mit. Einer der ersten Angstauslöser war die Zwangsvorstellung: Wenn meine Ehe kaputtgeht, muß ich meine Mutter
umbringen. Diese Todesangst verlagerte sich in Urlauben auf
den Ehepartner – «er bringt mich um» – und später, als die Patientin selbstbewußter geworden war und neue Kontakte zu
Männern suchte, auf die Verwandlung eines potentiellen Lieb-
habers in einen Lustmörder. Die projizierte Aggression wurde
von der Mutter auf den verführerischen Vater (den «Lustmörder») verschoben. Die ödipale Phantasie: Wenn ich den Vater
verführe, tötet mich die Mutter, verdichtet sich zu dem Bild: Der
Mann, den ich verführe, wird mich töten.

Gegen naive Verknüpfungen von Gesellschafts- und Indivi-
dualanalyse läßt sich viel einwenden; ich halte mein Beispiel
eher für eine Illustration als für einen Beweis. Vielleicht kann es
uns darauf gefaßt machen, daß in dem Feld der Sexualität neue
Spannungen auftauchen, welche in einem Rückkoppelungsef-
fekt dazu führen, daß die Amalgamierung von erotischen und

aggressiven Impulsen erschwert wird. Auch unsere multikulturelle Gesellschaft trägt dazu bei, daß die zärtliche Geste zur Aggression werden kann, daß als erotische Verlockung verstanden wird, was allein das Selbstbewußtsein steigern soll, und plakative Schwarzweißmalereien die Einfühlung ersetzen. Ein Klaps auf den Po kann zärtlich sein oder ein Übergriff; die Touristin, welche im Orient keinen Schleier trägt, ist für den unterrichteten Muslim eine Fremde, deren Sitten er respektiert, während der dummdreiste sich mit seinem ethnischen Hintergrund für seine schamlose Annäherung entschuldigt. Eine Italienerin hat sich einmal bei mir beklagt, daß während ihres Aufenthaltes in Deutschland keiner dieser superkühlen Männer daran gedacht habe, sie anzumachen; da sei es ihr doch lieber, in Palermo während der Messe in den Hintern gekniffen zu werden. Inzwischen kann es aber auch einem Sizilianer geschehen, daß ihm eine Sizilianerin für diesen Übergriff die Carabinieri auf den Hals hetzt.

Die Leistungs- und Konkurrenzideale haben die Erotik verändert; Näheangst und Verwirrung sind die Folgen. Alle Verführungskünste von der Kostümierung bis zur Geste und zum Parfum auszuüben, aber nicht die geringste Unbeherrschtheit von seiten der stimulierten Sexualpartner oder Partnerinnen zu dulden, ist das Ideal der Konsumgesellschaft, das dem einzelnen maximale Verfügung über alle Genußmöglichkeiten verspricht. Einfühlung, Kompromiß, Dialog und Rücksichtnahme für ein Gegenüber, das es vielleicht gut, vielleicht nicht gut meint, sind langwierig und haben keine gute Presse.

In diesem Klima muß eine Diskussion über Mißbrauch in der Therapie anders aussehen. Wir müssen auch hier mit dem «Seelenmord»-Motiv rechnen, und tatsächlich ist es auffindbar.*
Diese Metaphorisierung bedeutet nichts anders, als daß die Wut

---

* In den «Anonyma»-Texten, Psyche 48 (1994).

über eine sexuelle Enttäuschung durch die Eskalation der Individualisierung mörderisch geworden ist.* Hingemordet wird im sexuellen Mißbrauch während einer Therapie aber nicht das Opfer, sondern die Professionalität. Und auch hier sollte man ohne Beweisführung nicht Mord nennen, was vielleicht im Affekt geschehen, das heißt ein Totschlag ist. Die hektische Steigerung in der Wortwahl klärt die Situation nicht, sondern muß ihrerseits geklärt werden.

Wie wollen wir Gewalt noch angemessen beschreiben, wenn Anonyma ihr sexuelles Erlebnis als Mord deklariert? Wenn wir Vergleiche aus der Strafjustiz suchen, scheint der Betrugsvorwurf angemessener. Der Therapeut betrügt seine Patientin. Er behauptet, Therapie zu verkaufen, befriedigt aber unter diesem Vorwand sexuelle Wünsche. Ein Heilpraktiker, welcher Bandwurmeier als Schlankheitsmittel verkauft, ein Chirurg, der überflüssige Operationen vermarktet, ein Arzt, der Medikamente verschreibt, die das Leiden nicht beheben, aber den Patienten süchtig machen, sind ebenfalls Betrüger. Auch sie werden die Ausrede verwenden, sie hätten doch nur Wünsche ihrer Schützlinge erfüllt. Die Frage, die ich hier diskutiere, richtet sich darauf, weshalb bei ihnen erst dann, wenn wirklich ein Patient an ihrer Kur stirbt, der Mordvorwurf erhoben wird, während er bei den psychotherapeutischen Pfuschern bereits im Augenblick des Betrugs zur Geltung kommt.

Wenn wir als wesentliches Element des Umgangs mit sexuellen Übergriffen die Entlastung von Aggression erkennen, die durch den Mißbrauchs-Vorwurf an den Täter delegiert werden kann, dann wird auch verständlicher, weshalb die Adepten der

* Der Hollywood-Streifen «Eine verhängnisvolle Affäre» zeigt Michael Douglas nach einem «unschuldigen» Seitensprung als Opfer eines mörderischen Rachefeldzugs der verlassenen Frau.

Inzest-Erinnerungs-Therapie behaupten, im Augenblick der Erinnerung fühle sich der Patient wie neu geboren, mit seinem Schicksal versöhnt, vom Schuldgefühl befreit. Wer seelisch so weit gereift ist, daß er sich Handlungsalternativen zu einem traumatisch eingeengten Verhalten erschließen kann, profitiert von allen Möglichkeiten, welche seine Einengungen lockern. Wer die traumatische Erinnerung regressiv sucht, weil er sich den Anforderungen des erwachsenen Lebens nicht gewachsen fühlt, den kräftigt sie nicht; sie schwächt ihn. Die gegenwärtige Schwarz-weißmalerei wird durch den Vergleich der Pro-und-Contra-Texte im Zusammenhang mit der Erinnerungstherapie deutlich. Während die einen von Opfern beherrscht sind, die durch den Zugang zu ihren unterdrückten Erinnerungen befreit wurden, dominieren in den anderen unglückliche Frauen, welche der von geschäftstüchtigen Therapeuten suggerierte Inzest aller guten Kindheitserinnerungen beraubt hat.*

Die Krise, welche diese Situation ausdrückt, läßt sich auch als Pflegekrise bezeichnen. Unter «Pflegenotstand» versteht man die Lage in Krankenhäusern und Altenheimen, wo gestreßte, schlecht bezahlte Professionelle unter einer hohen Arbeitsbelastung stöhnen.** Aber diese Signale sind nur die Flagge auf der Spitze des Eisbergs. Darunter liegt die Tatsache, daß in der Konsumgesellschaft die Bereitschaft, Frustrationen zu ertragen, ra-

* In den USA wurde 1992 eine False Memory Syndrome Foundation von den erschütterten Angehörigen der «Inzest-Überlebenden» gegründet. Die kritische Literatur zur hypnotischen Rückführung ist seither angewachsen, vgl. u. a. Michael D. Yapko, Suggestions of Abuse: True and False Memories of Child-hood Sexual Trauma, New York (Simon and Schuster) 1994, sowie Claudette Wassil-Grimm, Diagnosis for Disaster: The Devastating Truth about False Memory Syndrome and Its Impact on Accusers and Families, Overlook 1995.
** Die Belastung durch Kündigungen, Berufswechsel der Pflegenden und nicht besetzbare Stellen nimmt in Zeiten hoher Arbeitslosigkeit wieder ab, obwohl die Grundprobleme bestehen bleiben.

pide schwindet. Ohne diese Bereitschaft ist aber eine angemessene Fürsorge für Kinder, Kranke und Behinderte (das heißt auch pflegebedürftige Alte) nicht finanzierbar. Wer sich von dieser Aufgabe abwendet, weil es angenehmere Jobs gibt, müßte durch höhere Bezahlung bei der Stange gehalten werden. Woher aber das Geld nehmen?

Der sexuelle Mißbrauch von Kindern ist ein Alarmzeichen der schwindenden Frustrationstoleranz. Die Konsumgesellschaft greift in die Intimsphären: weshalb, wenn es schon soviel Opfer kostet, Kinder in die Welt zu setzen, irgendeine Lust, die man mit ihnen haben kann, anderen überlassen? Trauerarbeit, was die Sexualität mit den eigenen Kindern angeht, ist Teil der Elternschaft. Das so verbreitete Inzestmotiv spricht dafür, daß es Eltern noch nie leichtgefallen ist, ihre Söhne und Töchter anderen Sexualpartnern zu überlassen. Je stärker sich Einstellungen ausbreiten, wonach jede Leistung durch konkrete oder abstrakte Lust* belohnt werden muß, desto schwerer fällt auch dieser Verzicht. Analog die Lage der Alten. In dem Land, in dem heute die dramatischsten Mißbrauchs-Anklagen formuliert werden, gibt es auch einen Tatbestand, der zwar selten, aber beispielhaft ist: das Granny-Dumping. Immer häufiger finden Polizisten in den USA verwirrte, orientierungslose Greisinnen und Greise auf der Straße, die von ihren Kindern oder Enkeln ausgesetzt wurden, um sie nicht pflegen zu müssen. Machiavelli würde sagen: Wenn du dich vor jeder emotionalen Verpflichtung schützen willst, deine alten Eltern zu versorgen, klage sie an, dich als Kind mißbraucht zu haben.

Der Suchtmechanismus ist in den Konsumgesellschaften universell. Wider alle Vernunft in einem selbstzerstörerischen Verhalten fortzufahren gehört zum Prinzip ihrer Regierungspar-

---

* Abstrakte Lust = Geld.

teien und Schlüsselindustrien.* Einer der brillantesten Texte gegen die Erinnerungstherapie bei Inzestverdacht untermauert die These, wie eine solche Behandlung ihrerseits zur Sucht werden kann. Er stammt von Richard Ofshe und Ethan Watters**; sie beschreiben, wie Erinnerungstherapeuten in einen Notstand geraten, weil die Symptome ihrer Patientinnen nicht, wie versprochen, nach dem ersten Auftauchen grauenhafter Kindheitserlebnisse verschwinden.

Die systemimmanente Antwort ist, daß der Mißbrauch viel schlimmer war, als ursprünglich angenommen, und daß nun weitere, noch fürchterlichere Erinnerungen gesucht und gefunden werden müssen. Schließlich formieren sich die Ängste zu Erinnerungen, die sich immer weiter steigern. Was ist der schlimmste Mißbrauch? Der durch den eigenen Vater. Was ist die schlimmste Folge des Mißbrauchs? Schwanger zu werden. Was ist die schlimmste Folge der unerwünschten Schwangerschaft? Kindstötung. Was ist die schlimmste Folge einer Kindstötung? Ein satanisches Ritual, in dem die Mutter ihr eigenes Kind aufessen muß.

Spätestens hier würde man von einem skeptischen Akademiker erwarten, daß er sich von dem distanziert, was er gefunden hat. Aber diese Distanzierung erfolgt nicht: in der Ideologie der Erinnerungstherapie macht, wer induzierte Erinnerungen anzweifelt, den Patienten erneut zum Opfer. So wird die Vergangenheit, die sich durch so viele unerwartete und oft nicht zueinander passende Erinnerungen fragmentiert hat, notdürftig zu einem Störungsbild geschustert, das seit langer Zeit von man-

---

* Vgl. W. Schmidbauer, Weniger ist manchmal mehr. 3. Aufl., Reinbek (Rowohlt) 1991.
** Making Monsters: False Memories, Psychotherapy, and Sexual Hysteria. New York (Scribner's) 1994.

chen Psychiatern entschieden vertreten, von anderen als Humbug bekämpft wurde: MPD, Multiple Personality Disorder.

Dieses Zustandsbild wurde zuerst von dem amerikanischen Nervenarzt Morton Prince beschrieben, einem Hypnosetherapeuten, der im Vorwort seines Buches bemerkte: «Wenn es sich hier nicht um eine wissenschaftlich-psychologische Studie handelte, wäre ich versucht gewesen, dieses Buch ‹Die Heilige, die Frau und der Teufel› zu nennen.» In dem von Prince beschriebenen Fall ist die streng religiöse Miss Beauchamp davon geplagt, daß plötzlich ihre Teilpersönlichkeiten III und IV die Oberhand gewinnen; die eine ist «Sally», ein aggressiver Poltergeist, die andere «der Idiot» (so nennt Sally diese Teilpersönlichkeit IV), ein frivoles, putzsüchtiges Weibchen. Die Verbindungen zwischen diesen Teilpersönlichkeiten sind kompliziert; die wachbewußte Miss Beauchamp weiß weder von Sally noch vom Idioten; Sally hingegen kennt die puritanische Studentin und den Idioten. Ergreift Sally die Oberhand, dann weiß Miss Beauchamp von nichts; manchmal erhält sie von Sally impertinente Briefe, in denen diese sie wegen ihrer Muckerei beschimpft, oder sie legt Spinnen ins Couvert, vor denen Miss B. graut. Manchmal findet sich Miss B. ohne Erinnerung an einem fremden Ort, die von Sally angezündete Zigarette noch zwischen den Lippen.

Prince deutet ein Sexualtrauma von Miss B. an, verschweigt es aber aus Diskretionsgründen. In Hypnose, so berichtet Prince, konnte er Persönlichkeit I (die Puritanerin) und IV (den Idioten) versöhnen, worauf Sally ihren Spuk einstellte.*

Ofshe und Watters sehen in diesen Mehrfachpersönlichkeiten generell ein Artefakt. Wo kein Hypnotherapeut arbeitet, gibt es

---

* Nach J. H. Schultz, Psychotherapie – Leben und Werk großer Ärzte, Stuttgart (Enke) 1952, sowie Alexander, F., Selesnick, S. T., Geschichte der Psychiatrie, Konstanz 1969.

demnach auch keine MPD. An der Frage, ob es wirklich die sata-nischen Rituale gibt, die relativ viele der MPD-Patienten erin-nern, entzündet sich gegenwärtig eine Kontroverse, die auch die Hypnotherapeuten spaltet: Einerseits haben sie jedem Zweifel an den «Erinnerungen» ihrer Klienten abgeschworen, ander-seits können sie doch nicht an die Realität einer Unterwelt von Babyopfern und Hexenmessen in amerikanischen Kleinstädten glauben.

20

Sternenflug und Sturz

Verstrickungen zwischen Helfern und Schützlingen wirken oft schicksalhaft. Es ist, als hätte eine geheime Regie Täter und Opfer zusammengeführt. In dem, was dann entstand, ging die klare Rollenverteilung zwischen dem Helfer, der die Interaktion kontrolliert, und dem Schützling verloren. In einem Konglomerat aus Wünschen, Ehrgeiz, guten Absichten und Scheitern bildet sich eine Art Strudel, der immer mehr Energie beider Beteiligten verschluckt. Die Unfähigkeit, beim ersten Zeichen eines Mißerfolges zurückzutreten und nachzudenken, führt dazu, daß gleichzeitig das Ziel aus den Augen gerät und die Anstrengungen verdoppelt werden, es zu erreichen. Es wird unmöglich zu erkennen, wie sehr diese Arbeitswut das Ziel verdunkelt.

Im folgenden sollen solche Prozesse an zwei Beispielen erläutert werden: einem aktuellen, in dem eine Psychologin, die als Beschäftigungstherapeutin in einer Einrichtung für psychisch kranke Straftäter arbeitet, einem mehrfachen Mörder zur Flucht verhalf, und einem historischen, in dem sich ein angesehener Psychoanalytiker in der Arbeit mit einer Hochstaplerin zugrunde richtet. Beide Fälle belegen eine Situation, die sich als Wettlauf der Werte charakterisieren läßt. Diese illustriert der in vielen Kulturen erzählte Witz vom schwerkranken, gottlosen Kaufmann, zu dem seine Angehörigen einen Priester rufen lassen, um ihn endlich zu bekehren. Die Situation endet damit, daß der Geschäftsmann nicht fromm wird, der Priester hingegen mit leerer Börse den Laden verläßt. In jeder Situation sozialer Hilfe treten die Wertsysteme des Helfers und die des Schützlings in einen Machtkampf ein. Nicht immer gewinnt der Helfer oder beendet wenigstens die Interaktion so früh, daß er mit heiler Haut davonkommt.

Am 30. Mai 1996 begann ein Prozeß wegen Fluchthilfe gegen die vierzigjährige Psychologin Tamar Segal vor der Strafkammer des Hamburger Landgerichts. Sie hatte am 27. September 1995 dem mehrfachen Frauenmörder Thomas Holst dabei geholfen, aus der Spezialabteilung für Gerichtspsychiatrie des Krankenhauses Ochsenzoll zu entfliehen, und ihn dann in einer eigens für diesen Zweck angemieteten Wohnung versteckt. Die Ursachen solcher Situationen sind komplex und wohl auch in einer Psychoanalyse der Täterin – falls sie zu einer solchen bereit wäre – nur begrenzt aufzuklären. Dennoch lassen sich einige Grundmerkmale beschreiben, die solche Verstrickungen auszeichnen:

1. Isolation des Helfers in seiner Institution. Tamar Segal war während ihrer Arbeit in der psychiatrischen Abteilung des Allgemeinen Krankenhauses Ochsenzoll in massive Spannungen zu den übrigen Teammitgliedern geraten. Die engagierte, mit den Opfern identifizierte Frau konnte die eher resignierte, an Verwahrung stärker als an Behandlung orientierte Stimmung in der Einrichtung nicht ertragen. Sie arbeitete unter ihrer Qualifikation als Diplom-Psychologin auf einer Stelle für Beschäftigungstherapie. Diese berufliche Erniedrigung und der solchen Einrichtungen immanente Widerspruch zwischen dem medizinisch-pflegerischen Verwahrsystem und dem aufgepfropften Therapiesystem trugen zu ihrer Isolation bei. Wie in solchen Fällen typisch, kompensierte Frau Segal die entstandenen Mängel an Kontakt und Bestätigung durch unprofessionell enge Beziehungen zu Klienten. Solche Entwicklungen verlaufen nach dem Gesetz der Rückkoppelung: durch die Di-

stanz zum Team erscheinen dem isolierten Helfer die Kollegen auch kalt und distanziert zu den Klienten; er hingegen gerät fast immer in die Gefahr übermäßiger Nähe, weil er sich verpflichtet fühlt, die von ihm wahrgenommenen Mängel zu kompensieren. Die Kritik an seinem übermäßigen Entgegenkommen verstärkt dann die Isolation. In Ochsenzoll zirkulierten bald auch entsprechende Vorwürfe; Tamar Segal wirft den Verantwortlichen heute vor, sie hätten Therapiepläne gefälscht, um Behandlungen vorzutäuschen, die gar nicht ausgeführt wurden.

2. Helfer-Ehrgeiz bis, im Extremfall, zum therapeutischen Größenwahn. Den isolierten und verunsicherten Helfer drängt es, sein geschwächtes Selbstgefühl in der möglichst dramatischen Heilung des schwierigsten Falles zu stabilisieren und den Kollegen, von denen er sich nicht genügend beachtet fühlt, ein für alle Male zu zeigen, wie sehr sie ihn verkannt haben. Tamar Segal band sich eng an den einerseits «prominentesten», andererseits von ihren Kollegen als hoffnungslos aufgegebenen Schützling. Während diese bei Holst von «unvermindertem Tötungstrieb» und «extremer Rückfallgefahr» sprachen, griff Tamar Segal zu der oben beschriebenen Theorie, Holst leide unter einer «multiplen Persönlichkeit», die in den USA inzwischen zu den von Geschworenen belächelten Ausreden von Mördern vor Gericht gehört. Holst, so sagte die Therapeutin, trage zwölf bis fünfzehn andere Personen in sich, die in seinen Straftaten die Oberhand gewännen. Sie könnten durch geeignete Behandlung unter die Kontrolle seines bewußten Ich gebracht werden.*

---

* Niemand kann mit Sicherheit sagen, ob Tamar S. oder die forensische Psychiatrie die besseren Propheten sind. Die Psychiater haben vielleicht eine etwas größere Wahrscheinlichkeit auf ihrer Seite, vor allem aber das Zweck-Argu-

3. Dieser Lösungsversuch verstärkt die Isolation und den Mangel an einem Rahmen, in dem die eigenen Helferphantasien reflektiert werden können. Tamar Segal wurde von ihren Kollegen wegen ihrer abstrusen Vorstellungen ausgelacht und auf ihre eigentliche Aufgabe als Beschäftigungstherapeutin hingewiesen. Ihre Befreiungsaktion war ein Versuch, die Klinikleitung ins Unrecht zu setzen.

4. Der Helfer ist durch eigene narzißtische Probleme in eine Situation geraten, in der die Grenzen zwischen ihm und seinem Schützling verschwinden. Er identifiziert sich zuerst in extremer, selbstschädigender Weise mit seiner Aufgabe und später mit einem «besonderen» Schützling. In dieser Situation kann er sein Schicksal nicht mehr getrennt vom Schicksal des Schützlings erleben und ist bereit, fast alles für ihn zu tun. Zur Vorgeschichte der Hamburger Gefangenenbefreiung gehört, daß Tamar Segal in Israel als Kind einer von einem KZ-Schicksal schwer belasteten Mutter aufwuchs. Die Mutter starb an Krebs, als die Tochter gerade sechzehn Jahre alt war. In einer forcierten Ablösung aus der engen Vaterbindung an einen zionistischen Pionier – von Beruf Arzt – wählte Tamar Segal einen Weg, der an andere Berichte über die psychischen Probleme der Kinder von KZ-Überlebenden erinnert. Ein Beispiel ist das in Kanada beobachtete Mädchen, die Tochter von zwei Auschwitz-Überlebenden, das in allen Schulfächern schlechte Noten hatte, nur nicht in Deutsch. Frau Segal kämpfte schon als Schülerin in der Friedensbewegung. Später brach sie weitere Tabus: Sie lebte mit einer Frau zusammen, verließ einundzwanzigjährig Israel, um mit dieser Frau in das Land der Täter auszuwandern. Sie heiratete einen Deutschen,

ment: Wenn jemand benachteiligt werden soll, dann der mehrfache Mörder und nicht ein potentielles weiteres Opfer.

wodurch sie ein unbefristetes Aufenthaltsrecht bekam. Auch in dem Interesse an Eingeschlossenen spiegelt sich ein Versuch, mit dem traumatischen Kindheitsschicksal als Tochter einer Überlebenden der Vernichtungslager fertig zu werden. Fest steht, daß Tamar Segal sich auch schon vor ihrer Tat bis an die Grenze der Selbstschädigung engagiert hat. Sie holte ihren alten, gelähmten Vater aus Israel zu sich und pflegte ihn. Sie arbeitete viele Monate unbezahlt auf einer Stelle, die weit unter ihrer Qualifikation lag; als sie später den schlecht bezahlten Halbtagsjob in der Beschäftigungstherapie antrat, blieb sie den ganzen Tag in der Klinik und nahm an allen Besprechungen teil.*

5. Der «Heidemörder» Thomas Holst hat drei ihm hilflos ausgelieferte Frauen gequält, vergewaltigt und später die toten Körper verstümmelt. Er ist ein Lustmörder par excellence und paßt, so scheint es, wie ein Wiedergänger in die Phantasiewelt der Tochter einer Frau, die Theresienstadt überlebt hat. Tamar Segal, die gegen die Unterdrückung der Palästinenser durch die Zionisten und gegen die Unterdrückung der Homosexuellen durch die Heterosexuellen gekämpft hat, kämpfte nun gegen Psychiater, welche den Frauenmörder lebenslänglich einsperren wollten. Er stand nicht nur für ihr offenbar übersteigertes Helfer-Syndrom, sondern vermutlich auf einer unbewußten Ebene auch für die SS-Männer, die ihre Mutter fast umgebracht hätten. Wir wissen, daß sich die Kinder der Überlebenden häufig in extremer, irrationaler Weise am Schicksal ihrer Eltern schuldig fühlen und glauben, sie müßten etwas tun, um gutzumachen, was diesen geschehen ist. So paßten Täter und Opfer ineinander, verschmolzen, so daß

---

* Vgl. den ausgezeichnet recherchierten Artikel «Die Retterin des Mörders» von Viola Roggenkamp, Die Zeit, 17. 5. 1996, S. 65.

nicht mehr unterschieden werden kann, ob Tamar Segal ein Opfer ist oder eine Täterin. In jedem Fall aber ist sie Tochter eines Opfers. Von Kindheit an muß sie die Frage beschäftigt haben, warum Menschen zu Mördern werden und was man tun kann, um das zu verhindern. Die Beschäftigungstherapeutin, die dem Heidemörder zur Flucht verhilft, nennt er zärtlich «meine Kleine». Kann sie, indem sie ihren Beruf und ihre Freiheit, vielleicht auch ihr Leben (oder das Leben neuer Opfer) aufs Spiel setzt, etwas ungeschehen machen? Den potentiellen Täter, den Beinahe-Muttermörder, der stellvertretend für seine Mutter andere Frauen umgebracht hat, erlösen und auf diese Weise etwas wiedergutmachen, das sie nur in ihrer Phantasie verschuldet hat?

Wie wenig die Öffentlichkeit von solchen Verstrickungen wissen will, zeigen Presseberichte, die versuchen, die Tat der Tamar Segal durch sexuelle Hörigkeit zu erklären. Es wäre beruhigend, die narzißtischen Verstrickungen zwischen Helfern und Schützlingen auf derlei handfeste Ursachen reduzieren zu können. Aber die Situation ist ungleich komplizierter. Tamar Segal war, obwohl in den Medien als «Psychotherapeutin» bezeichnet, nicht für diese Arbeit ausgebildet und daher besonders verwundbar für die beschriebene Eskalation. Ihr Engagement, ihr Glaube, auch in aussichtslosen Fällen etwas ausrichten zu können, hätten sich unter anderen Umständen, durch eigene Therapie und Supervision gemäßigt, segensreich auswirken können. Daß es zu der Eskalation kam, zeigt eine bedrückende Realität der forensischen Psychiatrie: Nicht nur, was die Täter zur Tat bewogen hat, bleibt meist im Dunkel, sondern auch was die Helfer zur Hilfe motiviert, kann nicht erkannt und in zweckmäßige Bahnen gelenkt werden.*

* Ende Juli 1996 wurde Tamar Segal zu zwei Jahren Gefängnis mit Bewährung

271

Wie gesagt, die von Tamar Segal an den Fall des Heidemörders herangetragene Idee der multiplen Persönlichkeit ist ein umkämpftes Gebiet: Während Vertreter dieser Theorie überzeugt sind, mit ihrer Hilfe zahlreiche seelische Störungen erklären und endlich Licht in die Folgen schwerster, früher Mißbrauchserlebnisse bringen zu können, halten ihre Gegner sie selbst für den Ausdruck von Leichtgläubigkeit, Beeinflussung, in extremen Fällen eines Mißbrauchs durch Pseudo-Wissenschaftler.** Solche Probleme lassen sich durch eine histo-

und einer Geldstrafe von 50000 DM verurteilt. Die Täterin nahm das Urteil sichtlich erleichtert an, obwohl ihre Versuche, die Psychiatrie des Krankenhauses Ochsenzoll als den eigentlichen Schuldigen anzuklagen, gescheitert waren. Der Richter stellte fest, daß die Täterin zwar eigenmächtig und riskant, aber uneigennützig handelte. Die Staatsanwaltschaft mußte hinnehmen, daß ihre Vorstellung vom Strafmaß (zwei Jahre neun Monate Haft) das Gericht nicht überzeugte. Die Frage blieb offen, weshalb die Verantwortlichen der forensisch-psychiatrischen Abteilung so wenig mit einer hochengagierten Mitarbeiterin umgehen konnten. Die Gerichtspsychiatrie in einem Krankenhaus bietet dem Staat Dienstleistungen an. Dieser hat eine Fürsorgepflicht, daß die aufgewendeten Mittel möglichst wirkungsvoll und sparsam eingesetzt werden. Täter lebenslang einzusperren ist sicher, aber teuer. Sie zu behandeln und zu resozialisieren bringt Risiken, aber auch Chancen, sowohl in menschlicher wie in ökonomischer Sicht. Tamar Segal hat mit fanatischem Dilettantismus versucht, in der von ihr gemieteten Wohnung ein Konkurrenzunternehmen zu der mächtigen Psychiatrie von Ochsenzoll aufzubauen. Leider wird nie jemand mit letzter Sicherheit entscheiden können, ob ihre Betreuung des Heidemörders wirkungsvoller und sparsamer gewesen wäre als das, was im Hochsicherheitstrakt geschah und künftig geschehen wird. Ronald Laing hat die Situation in der Psychiatrie einmal mit einem Vogelschwarm verglichen, dem ein einzelner Vogel begegnet. Der Schwarm fliegt in die eine, der einzelne Vogel in die entgegengesetzte Richtung. Ist er deshalb verrückt?
** In den USA haben Theorien über «Multiple Persönlichkeiten» auch deshalb einen schlechten Ruf, weil sie häufig als Ausrede vor Gericht verwendet werden – «ich war ein anderer, als ich die Tat beging; jetzt bin ich wieder ich selbst und darf nicht verurteilt werden». Holst hatte sich diese Diagnose selbst gestellt; Tamar S. war die einzige Helferin in der Forensischen Psychiatrie, die diese Selbst-Diagnose teilte. Die Fluchthilfe hing auch damit zusammen, einen neuen

rische Perspektive vielleicht noch am ehesten einer Klärung näherbringen.

Der kanadische Historiker Edward Shorter hat an vielen berühmten und/oder skurrilen Gestalten gezeigt, wie der «wissenschaftlich» vorgehende Arzt und die «nervöse» Patientin in der Gestaltung von Krankheiten und Krankheitssymptomen in einer Weise zusammenwirken, die wir heute vielleicht mit der Interaktion von Regisseur und Schauspielerin vergleichen würden.

Ein Musterbeispiel ist das Schicksal der Charcotschen Hysterie. Der 1825 geborene Pariser Internist und Neurologe Jean Martin Charcot genoß in Paris ein seit den sechziger Jahren wachsendes Ansehen, das auf soliden neurologischen Diagnosen beruhte, von ihm aber mit großem Sinn für Prestige und Machtausübung durchgesetzt und in Bereiche erweitert wurde, in denen sich das medizinische «Wissen» nicht von dem der Astrologie unterschied. Charcots Ruf entstand durch gute klinische Beobachtungen; er wies zum Beispiel nach, daß die charakteristischen Schäden der Kniegelenke bei Spätsyphilis mit Rückenmarksbefall nicht durch die Grundkrankheit, sondern durch sekundäre Traumen entstehen. Weil die Kranken Tiefensensibilität und Vibrationsempfindung in den Beinen eingebüßt haben, treten sie so ungeschickt auf, daß ihre Gelenke zerstört werden.

Daß ein Gelehrter die Hypothese, die sich an einem Ort bewährt hat, auf ein noch ungeklärtes Phänomen anwendet, liegt nahe. Daß er freilich, wenn sich die Erscheinungen gegen die Hypothese wehren, nicht locker läßt, bis sie sich ihr fügen, setzt ein Forschungsgebiet voraus, in dem das Zusammenspiel

Gutachter zu finden, der die MPD-Diagnose in einem neuen Prozeß vertreten hätte.

zwischen Arzt und Patientin Inszenierungspotentiale erschließt. Immerhin räumte Charcot mit dem Vorurteil auf, daß Hysterie nur Frauen befallen kann, weil sie von der Gebärmutter oder den Eierstöcken «verursacht» wird. Wenn sie, wie er vermutet, eine Krankheit des Nervensystems ist, befällt sie auch Männer. Sigmund Freud, der ein Stipendium nutzte, um bei Charcot zu hospitieren, brachte diese Einsicht nach Wien und mußte sich mit scholastischen Einwänden seiner Kollegen plagen: Da Hysterie von griechisch «hysteron» (Gebärmutter) abzuleiten sei, könnten Männer nicht an ihr leiden.

Die «große Hysterie», die Charcot entwarf und bis zu seinem Tod im Bewußtsein der europäischen Medizin verankerte, war ein Kunstprodukt, erzeugt durch suggestive Anstekkung der zusammengepferchten Patientinnen und aufrechterhalten durch die «hypnotischen» Bemühungen der Assistenten, Beweise für die Theorie des Meisters zu finden.

Daß die Hysterie durch epileptoide Anfälle charakterisiert ist, denen ein «Stadium des Clownismus» und ein «Stadium der pathetischen Haltungen» folgen, galt so lange, wie Charcot seinen Assistenten dieses Krankheitsbild glaubhaft machte. Joseph Jules Déjerine, der zwei Jahre nach Charcots Tod dessen Lehrstuhl übernahm, betreute ebenfalls einen ganzen Saal armer hysterischer Frauen. Aber wo unter Charcot gezuckt und geschrien wurde, ging es jetzt ruhig zu, weil der Chef keine Anfälle mochte. «In den acht Jahren, die ich nun an der Salpêtrière bin», faßt Déjerine zusammen, «haben die Symptome der sogenannten Hysterie, wo sie sich in meiner Abteilung zeigten, in keinem einzigen Fall länger als eine Woche angehalten.»*

---

* Edward Shorter, Moderne Leiden. Zur Geschichte der psychosomatischen Krankheiten. Rowohlt Verlag, Reinbek 1994.

In ähnlicher Weise scheinen auch die Erscheinungsweisen der multiplen Persönlichkeit nur bei den Therapeuten aufzutreten, die an sie glauben. Dabei hat die Vorstellung, daß hinter der Fassade des Kranken eine (oder mehrere) ganz andere Person(en) stecken, spezifische narzißtische Qualitäten. Sie entspricht gewissermaßen einer Größenphantasie des Helfers, einen neuen Menschen schaffen zu können. Frankenstein erfüllte sich diesen Traum, indem er Friedhöfe plünderte; die modernen Vertreter der Reinkarnationstherapie oder der multiplen Persönlichkeit erfüllen sich ihn, indem sie ihre Patienten anleiten, in ihren Phantasien Menschen (gewesen) zu sein, die es nur durch die Macht des Helfers «wirklich» gibt.

Besonders dramatische Folgen haben die Theorien über die traumatische Persönlichkeitsspaltung dann, wenn ein Therapeut seine Patienten, die sich an nichts erinnern, glauben macht, sie hätten schwerste Erlebnisse hinter sich, von denen sie jetzt nur kraft der Zuwendung und Aufmerksamkeit des Therapeuten erfahren. Hinter der leidenden, unzufriedenen Fassade des Schützlings entfaltet der Helfer dann ein Drama, in dem er gar nicht anders dastehen kann denn als Lichtgestalt. Denn er hat, dem Helden im Märchen gleich, die Verzauberten erlöst, die Prinzen- und Prinzessinnen-Naturen unter der trivialen Maske befreit.

Die klinische Erfahrung bestätigt, was von experimentalpsychologischer Seite gegen die Objektivität solcher Erinnerungs- und Spaltungszauberei geltend gemacht wurde. Nüchtern gesehen, erinnern sich die meisten Personen, die Mißbrauchserlebnisse hinter sich haben, auch an das, was mit ihnen geschehen ist. Sie tun das keineswegs gern, sie sprechen nicht leicht darüber, aber sie wissen, was sie erlebt haben. Auf der anderen Seite ist unsere Erinnerung niemals so stabil, wie es die modernen Mittel der Schrift und der Fotografie sind. Das er-

275

lebt bereits, wer versucht, seine Erlebnisse während einer Woche zu rekonstruieren, und dann das Tagebuch über diese Woche liest. Die Bilder, aus denen wir unsere Geschichte rekonstruieren, unterliegen einem dauernden Prozeß der Bearbeitung und Neuinterpretation.

Ehrgeiz, Mangel an Supervision, Isolation von den Fachkollegen und der daraus resultierende Wunsch, sich selbst gegen alle Skeptiker in einer grandiosen Anstrengung ins Recht zu setzen, charakterisieren auch die therapeutischen Experimente eines wichtigen Freud-Schülers, des Ungarn Sándor Ferenczi. Wie wir heute wissen, ist es im Grunde eine einzige Patientin, an und mit der Ferenczi seine vieldiskutierten therapeutischen Neuerungen entwickelte: stärkere Aktivität, Konzentration auf reale Traumatisierungen und Analyse, Entspannungssuggestionen an den Patienten, Abkehr von der Distanz und Neutralität, weitgehendes Entgegenkommen angesichts von Wünschen, Sitzungen zu verlängern, den Analytiker in den Urlaub zu begleiten, die Rollen zu tauschen («mutuelle Analyse», der Patient kann, wenn er es wünscht, auch die freien Einfälle des Analytikers abrufen).

Wer war diese Frau, deren Bild in der Psychoanalysegeschichte schwankt, die von manchen* an die Seite der «großen Patientinnen» gestellt wird, die – wie «Anna O.» oder «Dora» mit wichtigen theoretischen Neuerungen verknüpft sind, von anderen als pathologische Lügnerin und Ferenczis böser Geist bewertet? Elisabeth Severn würde heute sicher als Frau

---

* Vgl. Ch. Fortune, «The Case of RN. Sándor Ferenczi's Radical Experiment in Psychoanalysis», in L. Aron und A. Harris (Hg.), The Legacy of Sándor Ferenczi, Hillsdale (The Analytic Press) 1993, S. 101–120. Zit. n. der Übersetzung von Erika Nemeny, in Psyche 48, 1994, S. 683–706. Die Einschätzung von RN als große Anregerin stammt von B. Wolnstein, Ferenczi, Freud and the Origins of American Interpersonal Relations, Contem. Psychoanal. 25, 1989, S. 672–685.

mit narzißtischer Persönlichkeitsstörung auf Borderline-Niveau charakterisiert: zu krank, um normal, also ohne ständige Symptome, dramatische Zusammenbrüche und Klinikaufenthalte zu leben, anderseits zu gesund, um die Krankenrolle zu akzeptieren. Solche Menschen suchen Hilfe und mißtrauen dem Helfer, weil sie sofort anfangen, ihm seine vermeintliche narzißtische Übermacht zu neiden; im typischen Fall wird der Arzt erst idealisiert, dann trennt sich der Patient im Streit und sucht den nächsten, idealisierten Arzt. Besonders problematisch ist es, wenn solche Persönlichkeiten selbst Therapeuten werden; sie wiederholen dann dieses Muster, idealisieren einen Lehrer, lassen ihn dann fallen, entwerten ihn und bewundern den nächsten.

Elisabeth Severn hieß ursprünglich Leonta Brown. Unter diesem Namen wurde sie 1879 in einer Kleinstadt im amerikanischen Mittelwesten geboren und streng religiös erzogen. Sie litt an Eßstörungen und «Nervenzusammenbrüchen», die durch Sanatoriumsaufenthalte behandelt wurden, wobei die Besserung immer nur kurze Zeit anhielt. Dennoch heiratete Leonta; 1901, im Alter von zweiundzwanzig Jahren, bekam sie ihr einziges Kind, eine Tochter mit Namen Margaret, die später Tänzerin wurde und deren Auskünfte die wichtigste Quelle über Leonta Brown sind. Wie bei schweren Persönlichkeitsstörungen von Frauen nicht selten, war die Beziehung zu dieser Tochter die Konstante in Leonta Browns Leben, ihre Ehe ging bald in die Brüche.

Nach einer Behandlung bei einem theosophischen Arzt, der die «hysterische» Qualität ihrer körperlichen Beschwerden erkannte und versuchte, sie in der Kraft des «positiven Denkens» zu unterrichten, geschah wieder etwas Typisches: Statt gesund zu werden, wurde Leonta Brown Heilerin. Sie schrieb an ihre Mutter: «Ich werde jetzt daran arbeiten, selbst Heilerin zu werden.

Es ist keine Frage, daß ich dazu die Kraft habe. Es wäre die Erfüllung meines Lebens, in dieser Weise anderen Menschen zu helfen.»*

Da selbsternannte Prophetinnen in ihren Vaterstädten nichts
gelten, reiste die frischgebackene Heilerin nach Texas und ließ
sich Visitenkarten mit dem Aufdruck «Elisabeth Severn, Meta-
physikerin» machen. 1912 ging sie nach England. Mit jeder
Ortsveränderung wuchsen ihre Qualifikationen; seit sie ein
Buch «Psychotherapie – Lehre und Praxis» publiziert hatte,
nannte sich Elisabeth Severn Ph. D. In diesem 1913 publizierten
Text behauptete sie, sie habe unter anderem einen Hirntumor
durch die von ihr vermittelten positiven Kräfte geheilt. 1914
ging sie nach New York. Sie mietete sich in einer Hotel-Suite ein
und eröffnete eine psychotherapeutische Praxis. Nach außen
eine eindrucksvolle und erfolgreiche Frau mit dem Aplomb einer
Hochstaplerin, litt sie sehr unter ihrer Isolation («sie hatte keine
Freunde oder Kollegen, nur Patienten», erzählte ihre Tochter
später) und konsultierte die verschiedensten Ärzte, darunter
auch den Psychoanalytiker Otto Rank. Vielleicht hat ihr dieser
Sándor Ferenczi empfohlen; er wußte von dessen Faible für
Frauen mit (angeblich) übernatürlichen Fähigkeiten.**

Jedenfalls ging Elisabeth Severn 1924 nach Budapest und begann eine Behandlung bei Ferenczi. Sie quartierte sich in einem
vornehmen Hotel ein und brachte einige gutgestellte Patienten
aus Amerika mit sich, die ihre Behandlung bei ihr fortsetzten,

---

* Brief aus der Sammlung von M. Severn, zit. n. Fortune, a.a.O., S. 686.
** Fortune, a.a.O., S. 687. Vgl. Briefwechsel Freud-Ferenczi Bd. I/1,
1908–1911, Wien (Böhlau) 1993. Ferenczi konsultierte öfter Wahrsagerinnen
und versuchte auch Freud zu bewegen, sich der okkultistischen Erscheinungen
anzunehmen, was dieser – weit skeptischer – auch tat; er berichtet darüber in S.
Freud, Neue Folge der Vorlesungen zur Einführung in die Psychoanalyse,
Ges. W. XV.

während sie selbst Ferenczi aufsuchte. Die Analyse dauerte zunächst immer nur einige Monate und wurde dann durch die Rückkehr von Frau Severn nach New York unterbrochen. Am 7. Juli 1925 hatte Ferenczi Geburtstag (er wurde 52 Jahre alt); dazu schenkte ihm Elisabeth Severn ihr zweites Buch mit der Widmung: «Mit Anerkennung für den, der imstande ist, immer noch den Duft der Kränze vergangener Jahre wahrzunehmen, Sándor Ferenczi, von seiner dankbaren Schülerin, Elisabeth Severn.» *

Wie wenig Ferenczi die Hochstaplerin durchschaute, drückt sein Empfehlungsbrief für Freud im selben Jahr aus, in dem er sie als Dr. Severn, Amerikanerin und «fleißige Psychologin» vorstellte, die bei ihm in Analyse sei. 1926 kam Ferenczi selbst nach New York und hielt Vorlesungen für Sozialarbeiter; dort nahm Severn an einer Gruppe von Laienanalytikern teil, die Ferenczi – auch aus Ärger über die Einschränkungen der Laienanalyse durch das New Yorker Psychoanalytische Institut – damals gründete. Privatleben und Arbeit vermischten sich; Severn reiste mit Ferenczi und dessen Frau Gizella zurück; sie besuchten Groddeck in Baden-Baden und kamen dann nach Budapest.

Die Analyse entwickelte sich seit 1928 zu einer dramatischen Verstrickung. Statt besser, ging es Severn immer schlechter; statt weniger, brauchte sie mehr Behandlungszeit. Ferenczi traf sie monatelang jeden Tag drei bis vier Stunden. Weil Severn – außer wenn sie ihre eigenen Patienten sah – «zu krank» war, um ihn aufzusuchen, kam Ferenczi in ihr Hotel. Er besuchte sie zu jeder Tages- und Nachtzeit, sie begleitete ihn in den Urlaub. Als sich ihr Zustand im Juni 1930 dennoch weiter verschlechterte, tele-

---

* Fortune, a. a. O. Die Hauptquelle über Elisabeth Severn ist ihre Tochter Margaret, mit der die Mutter fast täglich korrespondierte; allerdings hat die Tochter die Briefe später, einem Wunsch der Mutter entsprechend, verbrannt.

grafierte er an ihre Tochter und bot an, auf sein Honorar zu verzichten, wenn sie dafür in Budapest bleibe und für ihre Mutter sorge. Schließlich bat Severn Ferenczi auch noch darum, sich von ihr analysieren zu lassen, und er gestand es ihr zu; später rationalisierte er seine Nachgiebigkeit als technischen Kunstgriff («mutuelle Analyse»).

Die Versuche Ferenczis und auch Severns, diese Verstrickung positiv zu bewerten und die entdeckten Kindheitstraumen als besonders tiefe Einsichten zu bewerten, muten an, als hätten sich beide entschlossen, das Nötigste zu retten, um nicht akzeptieren zu müssen, daß die ganze Mühe mehr geschadet als genützt hatte. Jedenfalls führte auch Ferenczis letzte Nachgiebigkeit nur dazu, daß Severn ihm im März 1932 vorwarf, er lasse sich nicht wirklich auf die Analyse durch sie ein. Ferenczi versuchte vergeblich, die Rolle des Analytikers zurückzugewinnen; am 2. Oktober 1932, kurz vor dem Manifestwerden seiner Blutkrankheit, schrieb er in sein therapeutisches Tagebuch: «Versuch, einseitig fort zu analysieren. Emotionalität verschwand; Analyse insipid, Relationship – distant. Ist irgendwann einmal Mutualität versucht worden, dann ist die Einseitigkeit nicht mehr möglich ...»*

Der Schluß ist sehr traurig: Ferenczi war todkrank; Severn sah nur ihre eigene Kränkung über den Rückzug des Menschen, den sie schon längst nicht mehr als Therapeuten achtete, sondern als «vollkommenen Liebhaber» (miß)brauchte. Während Severn sich wünschte, auch öffentlich als Analytikerin ihres Lehrers Ferenczi aufzutreten, bestand Ferenczi nach Severns Mitteilungen darauf, daß sie seine Analyse durch die eigene Analysandin geheimhalte. Sie solle erklären, sie sei von ihm geheilt. Das war sie jedoch so wenig, daß ihre Tochter Margaret Ferenczi

* S. Ferenczi, Ohne Sympathie keine Heilung. Das klinische Tagebuch von 1932. Hg. J. Dupoont, Frankfurt (S. Fischer) 1988, S. 279.

einen erbitterten Brief schrieb, als Elisabeth Severn in desolatem Zustand nach der Beendigung ihrer neunjährigen Therapie in Paris ankam. Ferenczi hat nicht mehr geantwortet; er ist im Mai 1933 gestorben. Severn hingegen erholte sich rasch. Mitte Juni fuhr sie bereits nach London, wo sie ihre eigene Praxis wieder aufnahm. Sie starb im Februar 1959, neunundsiebzig Jahre alt, in New York an Leukämie.

Vor dem Hintergrund der neueren Literatur zum False Memory Syndrome muten die Berichte über Severns traumatische Erinnerungen wie ein Paradebeispiel an: Ihr Vater hatte sie, so erinnerte sich Severn, seit dem Alter von anderthalb Jahren sexuell mißbraucht, er hatte sie unter Drogen gesetzt, sie an viele andere Männer verkauft und schließlich gezwungen, einen Mord zu begehen.

Erich Fromm sagte, daß Ferenczi zwischen Freud und Groddeck stand, sich keinem von beiden wirklich zuneigen konnte und daher scheitern mußte. Freud steht für die analytisch-abstinente, wissenschaftliche Disziplin, Groddeck für die künstlerische Hingabe an die anarchische, spielerische Realität des Es. Herbert Will* hat versucht, die Situation genauer zu klären: Hier der verwurzelte, letztlich nur sein Eigenes erkennende Groddeck, dort der geniale Forscher Freud, dem es vor allem um sein wissenschaftliches Ansehen und die Durchsetzung seiner Theorien ging; in der Mitte Ferenczi, der sich verausgabt, um Freud zu beweisen, daß er zwar in der Theorie sein Schüler, in der Praxis aber der größere Heiler ist. Denn sein Ziel, dem er soviel Kraft und Gesundheit opferte, war es, an und mit Elisabeth Severn die erste wirklich vollständige und gültige Analyse in der Geschichte dieser Wissenschaft vorzulegen.

* H. Will, Ferenczi und Groddeck – eine Freundschaft. Psyche 48, 1994, S. 720–737.

Sicherlich ist es eine Wurzel von Ferenczis Verhalten, sich in einem von seiner Abhängigkeit zu befreien und gleichzeitig Freuds Anerkennung doch noch zu gewinnen. Insofern entspricht die Beziehung bis zu ihrem tragischen Ende dem Muster, dessen Ambivalenz sich in dem jetzt publizierten Briefwechsel zwischen Ferenczi und Freud bereits 1910, nach der gemeinsamen Sizilienreise, zeigte: Freud reagiert nüchtern-liebevoll auf Ferenczis Überschwang, er will nicht dessen leidenschaftliches Werben um Intensität erwidern, die Freundschaft jedoch pflegen. Ferenczi hingegen läßt bereits damals ahnen, was ihn gegenüber Severn so verführbar machte: eine Sehnsucht nach Symbiose, die er mit «absoluter gegenseitiger Offenheit»[*] umschreibt.

Die tyrannische Qualität dieser Bedürfnisse drückt sich in einem ergreifenden Pendeln zwischen Vereinnahmung und Zurücknahme, vorwurfsvoller Ansprüchlichkeit und idealisierender Hochschätzung des eben noch als karg entwerteten Freud aus.[**]

Wie die Situation für Ferenczis nächste Freunde aussah, läßt sich aus dem Briefwechsel zwischen Gizella Ferenczi und Groddeck ablesen. Im Januar 1930 schreibt Gizella in ihrem gebrochenen Deutsch nach Baden-Baden: «Sándor arbeitet mit viel Interesse – besonders Prinzessin Severn hält und nützt ihn aus – soviel sie kann (manchmal vier Stunden täglich) aber trotzdem ist er nicht ganz dasselbe wie er war. Nur Euch gestehe ich es – und bitte Euch es für ein Geheimnis zu betrachten. Er ist oft ein

---

[*] Von makabrer Ironie ist die Tatsache, daß Ferenczi seine intensivsten Versuche mit der totalen Offenheit zwischen Analytiker und Analysand bis hin zum Rollentausch in der mutuellen Analyse mit einer Hochstaplerin erlebte. Scharlatane beherrschen oft die Kunst einer überoptimalen Ehrlichkeit, die wahrhaftiger wirkt als die ganz gewöhnliche Wahrheit.
[**] Ferenczi-Freud, Briefwechsel, Bd. I/1, a.a.O., S. 305 f.

Rätsel für mich den ich nicht lösen kann. Nacht für Nacht erwacht er mit Kopfschmerzen – und nur der schwarze Kaffee hilft dagegen. Von mir verlangt er Liebe die ich so gerne geben möchte denn mein Herz ist ja voll für ihn – aber nicht nur daß er mir keine Gelegenheit gibt – aber er tut alles, mir die Courage zu nehmen. Sándor ist seelisch krank – und ich nehme ihm nichts übel.» *

Gizella hat später sehr um ihren Mann getrauert. Groddeck gegenüber erwähnt sie eine Äußerung von Lou Andreas-Salomé, die gefragt habe, ob Groddeck, Ferenczis Arzt, der ihn öfter in seinem Sanatorium in Baden-Baden behandelte, nichts habe tun können. Groddeck hat darauf geantwortet: «Ich habe hier und da versucht, ihn auf die Gefahr seines Weges aufmerksam zu machen; aber ebensowenig, wie man einen reißenden Strom mit der hohlen Hand aufhalten kann, ebenso wenig konnte man Sándor helfen. Wenn man sagt, daß ich das vielleicht gekonnt hätte, so ist das ein Irrtum. Er war, so nahe wir uns standen und so sehr wir befreundet waren, schon weit weg von mir in einem Sternenflug, dem ich mich nicht anschließen konnte und wollte.» (19. Februar 1934)

Der «Sternenflug» des Helfers ist der Größenwahn, durch grenzenlosen eigenen Einsatz und Raubbau an seinen Kräften könne er Wunder wirken. Unmögliches muß ihm doch gelingen! Was tatsächlich geschieht, ist ein Unrecht nicht nur an seiner Gesundheit und seiner Familie, sondern auch an den Patienten – sowohl an denen, die durch den Verschleiß der eigenen Kräfte für die grandiose Phantasie nicht mehr angemessen versorgt werden können, wie auch an der Person, der soviel geopfert wird und die daher in unrealistischen Erwartungen bestärkt und mit Schuldgefühlen belastet wird. Freud hat sich gegenüber Ferenczis

* Zit. n. Will, a. a. O., S. 726.

narzißtischer Bedürftigkeit abgrenzen und ihm lange Zeit Halt geben können. Severn hingegen nahm alles und mehr als das, was Ferenczi eigentlich Freud hatte geben wollen. Sie war so bedürftig, daß Ferenczi seine Bedürftigkeit in sie projizieren und sich dann bis zur völligen Erschöpfung verausgaben konnte, um indirekt auch seine eigenen Größenphantasien und Symbiosewünsche zu erfüllen.

Mir scheint Groddecks Metapher vom «Sternenflug» passender für diese tragische Situation als die Kommentare späterer Analytiker, welche Freud vorwerfen, er hätte Ferenczis präödipale Übertragung auf ihn für eine ödipale gehalten.* Das klingt so, als sei eine erkannte Übertragung auch schon eine aufgelöste, und diese Vorstellung ist ihrerseits eine Größenphantasie.

Freuds eigene Reaktion auf Ferenczis tödliche Krise als Analytiker und Therapeut zeigt, daß er eine wesentliche Seite des Helfer-Syndroms an Ferenczi erkannt hatte, freilich auch, daß er sich offenbar nicht in der Lage sah, etwas dagegen zu unternehmen. In einem Brief an Jones eine Woche nach Ferenczis Tod beschreibt er dessen übermächtigen, unbewußten Wunsch, eine bessere Mutter zu sein als die eigene Mutter:

«Im Mittelpunkt stand die Überzeugung, daß ich ihn nicht genug liebte, seine Arbeiten nicht anerkennen wollte, auch daß ich seine Analyse schlecht gemacht hatte. Damit standen seine technischen Neuerungen in Zusammenhang, er wollte mir zeigen, wie liebevoll man seine Patienten behandeln müsse, um ihnen zu helfen. Es waren in der Tat Regressionen zu den Komplexen seiner Kindheit ... So wurde er selbst eine bessere Mutter, fand auch die Kinder, die er brauchte, darunter eine suspekte

---

* T. Bokanowsky, zit. n. Will, a. a. O., S. 734; vgl. auch M. Ermann, Sándor Ferenczis Aufbruch und Scheitern. Sein Umgang mit der Regression aus heutiger Sicht, in Psyche 48, 1994, S. 706–719.

Amerikanerin, der er oft 4–5 Stunden am Tag widmete (Mrs. Severn?). Als sie abgereist war glaubte er, daß sie ihn durch Schwingungen über den Ozean beeinflusse, erzählte, daß sie ihn analysiert und dadurch gerettet habe. (Er spielte also beide Rollen, die Mutter und das Kind.) Sie scheint eine Pseudologia phantastica * produziert zu haben, er glaubte ihr die merkwürdigsten Kindheitstraumen, die er dann gegen uns vertrat. In diesen Wirren verlosch seine einst so glänzende Intelligenz. Aber wir wollen seinen traurigen Ausgang als Geheimnis unter uns bewahren.»

Freud nannte Elisabeth Severn Ferenczis «bösen Geist»**; in seinem Ansinnen, die Ereignisse geheimzuhalten, zeigt sich wieder die Polarisierung zwischen Ferenczis Ideal der grenzenlosen Offenheit*** und politischem Pragmatismus. Man kann tadeln, daß beide Männer ihren bereits auf der gemeinsamen Sizilienreise manifesten Konflikt nicht lösen konnten; man kann aber auch anerkennen, daß sie trotz ihrer Dissonanzen so lange und derart intensiv zusammenarbeiteten, bis Ferenczi in den Strudel einer Regression geriet, die nicht nur Elisabeth Severn, sondern auch ihn selbst erfaßte.

Seit den siebziger Jahren erlebt Ferenczi eine Renaissance; selbst sein aberwitziges Unternehmen mit Elisabeth Severn wird mit einem Glanz des Wagemuts umgeben. Im Zusammenhang

---

* Pseudologia phantastica: die heute veraltete psychiatrische Diagnose «krankhaftes Lügen».
** Als Freud, selbst sterbenskrank, 1938 von den Nazis zur Emigration gezwungen worden war, hat Anna Freud Elisabeth Severn noch einmal in Freuds neues Heim in Hampstead eingeladen. Wir wissen nicht, ob und worüber die beiden gesprochen haben; vermutlich wurde aber das Thema des bösen Geistes nicht angeschnitten.
*** Das er bereits selbst in seinen Anweisungen an Severn, die mutuelle Analyse geheimzuhalten, konterkarierte.

mit Mißbrauch wird Ferenczi sowohl als Täter* wie auch als Opfer** und schließlich als mutiger Pionier im Kampf gegen Freuds angebliche Unterdrückung der Bedeutung von Realtraumata erwähnt.***

Michael Balint, Ferenczis bekanntester Schüler, hat in seinem Kommentar nur bedauert, daß Ferenczi die Behandlung von Elisabeth Severn nicht abschließen konnte, nicht aber erwähnt, daß ihn die Anstrengung das Leben kostete. So wird der therapeutische Übermensch hochgehalten, der Ferenczi im Gegensatz zu Freud sein wollte. Wenn nur die Kräfte grenzenlos, die Eigenanalyse wundertief wären, dann müßte jede Behandlung gelingen.

Wer diese Einstellung hat, wird nicht schonend mit den eigenen Kräften umgehen und jene bösartigen Regressionen vermeiden können, die zum Allmachtswahn eines Therapeuten passen wie der Schlüssel ins Schloß.

Die Ferenczi-Renaissance drückt aus, daß die Ambivalenz zwischen Abstinenz und Relaxation, Versagen und Gewähren in der Psychotherapie ein Dauerthema ist und es auch bleiben wird. Ich habe allerdings den Verdacht, daß dieser Konflikt heute schärfer als früher polarisiert ausgetragen wird, parallel zur tieferen Prägung auch der Intimsphäre, der Familie und der Psychotherapie durch die Konsumgesellschaft. Ferenczi hat sich in seinen veröffentlichten, von ihm nach außen vertretenen Texten über die «Kinderanalyse bei Erwachsenen» immer damit auseinandergesetzt, daß sowohl Versagen wie Gewähren, so-

---

* Anonyma über Anonyma, Psyche 48 (1994) und H. S. Krutzenbichler und H. Essers, Muß denn Liebe Sünde sein? Über das Begehren des Analytikers, Freiburg (Kore) 1991.
** Fortune, a. a. O., S. 695.
*** J. M. Masson, Was hat man dir, du armes Kind, getan? Reinbek (Rowohlt) 1984.

wohl Phantasie wie Realtrauma ihren Platz im therapeutischen Dialog haben müssen.

Heute wird er oft zum Vertreter des Gewährens und zum Propagandisten der realen Traumatisierung gemacht. Man spielt ihn gegen eine Karikatur von Orthodoxie aus; das hat er nicht verdient.

21

Einseitigkeit und Gegenseitigkeit

Die Waage der Gerechtigkeit hat zwei Schalen. Sie kennt nur einseitige Lösungen. Da es Richter schon gab, als sich noch niemand die Existenz von Psychologen hätte träumen lassen, ist auch klar, daß juristische Betrachtungsweisen tiefer in unserer Kultur verwurzelt sind. Psychologische Praxis war lange Zeit die Domäne jener, die überzeugend und gewinnend sein mußten, weil ihnen die Macht fehlte, durch Gewalt zu herrschen: der Frauen, der Kinder, der Sklaven, der Kaufleute.

Es ist etwas Merkwürdiges um das Recht. Jeder will es im Streit haben, aber nur einer erhält es. Die Folgen sind häufig höchst unerquicklich. Der Entrechtete akzeptiert nur selten, daß er im Unrecht war. Er rächt sich an dem Rechthaber und macht diesem oft mehr zu schaffen, als es vor dem Rechtsstreit der Fall war. Aus diesem Grund hat sich die Berufsgruppe der Beziehungshelfer entwickelt, zu denen auch die Psychotherapeuten gehören. Der vorpsychoanalytische Umgang mit den Neurotikern glich dem erwähnten Beispiel vom schädlichen Sieg in einem juristischen Streit: Die Ärzte bescheinigten ihnen zwar, daß sie nichts hatten, was ernsthaft-organisch war; das führte aber dazu, daß die Symptome nicht verschwanden, wie es dem medizinischen Gesetz entsprochen hätte, sondern sich verschlimmerten. Freud entwickelte einen neuen Gesichtspunkt, der diese Situation klärte. Symptome sind verschlüsselte Botschaften und stehen für mißlungene Kompromisse zwischen

Triebwunsch und Gesellschaft. So wurde verständlich, daß die Neurotiker, wenn sie nicht verstanden wurden, geräuschvollere Symptome ausbilden mußten.

Das Recht unterscheidet zwischen formalen und informellen Transaktionen. Wenn ich eine Flugreise buche und den Preis nicht bezahle, bin ich formal im Unrecht. Wenn ich die Reise antrete und nachher unzufrieden bin, weil das Hotel an einer Hauptstraße lag und der versprochene Seeblick durch einen Neubau verstellt war, muß erst objektiviert werden, ob meine Klagen berechtigt sind. Vollends im Subjektiven sind wir, wenn ich mich durch die Anwesenheit Behinderter im Speisesaal gestört fühle. Dennoch kommen auch solche Fälle vor Gericht; in dem berüchtigten «Flensburger Urteil» mußte der Reiseveranstalter Schadenersatz leisten, weil der Richter meinte, nach dem «normalen Empfinden» sei der Anblick von Behinderten einem deutschen Touristen nicht zuzumuten. Es ist klar, daß dieses «normale Empfinden» das Empfinden des Richters selbst ist; sein Urteil hat viel Empörung ausgelöst.

Wie wichtig klare Regelungen in einer sozialen Organisation sind, kann jeder ermessen, der einmal einen Verein mitgegründet hat. Ich habe das zweimal erlebt und zu meinem Staunen bemerkt, wie meine eigenen, individualistisch orientierten Werte mehr und mehr in Richtung auf eine Verrechtlichung hin tendierten. In dem psychoanalytischen Institut, das aus einer dieser beiden Gründungsanstrengungen entstanden ist, entwickelte sich während der rund zwanzig Jahre, die ich dabei bin, die Ausbildungsordnung aus einem beidseitig bedruckten Blatt zu einem Ordner mit Register und Heftmechanik für periodisch notwendige Ergänzungen. Das ließ mich nachträglich den Jurastudenten Abbitte leisten, deren backsteindicke Sammlungen von Gesetzestexten ich einst belächelt hatte. Wenn viel entschieden werden muß, ist es sehr ökonomisch, sich an klare Regeln zu halten, die allen Beteiligten vorher bekannt sind. Alles andere führt zu noch größerem Aufwand.

Allerdings hat das Gesetz auch eine narzißtische Qualität, die solche Wohltat in Plage verwandeln kann. Alle Erfindungen, die über den einzelnen hinausgreifen, wecken den Wunsch, sich unsterblich zu machen. Wie Kleinstadtbürgermeister und Kreispolitiker geneigt sind, sich durch ein neues Rathaus, eine neue Straße, ein geräumigeres Krankenhaus zu verewigen, so lieben auch viele das Gesetz, das ihre Persönlichkeit verkörpert, mehr als das, welches schon da ist und das zu erhalten weniger verschwenderisch wäre, aber auch die eigene Geltung weniger steigerte.

Korrelationen, das heißt zählbares Miteinander-Vorkommen, beweisen vielerlei, beispielsweise auch einen statistisch signifikanten Zusammenhang zwischen der Zahl der Storchennester und der Geburtenrate. Ähnlich könnte man durch eine Korrelationsrechnung auch beweisen, daß die Zahl der Drogensüchtigen durch die Gesetze gegen Rauschgiftmißbrauch steigt: je mehr Gesetze, desto mehr Süchtige. Aber ebensowenig, wie Störche die Babys bringen, machen die Gesetze gegen den Betäubungsmittelmißbrauch die Süchtigen. Es ist freilich so, daß Gesetze verwendet werden, um gesellschaftliches Wunschdenken auszudrücken. Zum Beispiel wurde in den USA versucht, Alkoholgenuß gesetzlich zu verbieten. Die Folgen waren verstärkter Alkoholismus, mehr Todesfälle durch giftigen Fusel und die Entwicklung des organisierten Verbrechens. Das Gesetz wurde aufgehoben, nicht weil sich Alkohol inzwischen als weniger schädlich erwiesen hatte, sondern weil ein Gesetz, das von einer Bevölkerungsmehrheit nicht geachtet wird, schlechter ist als *kein* Gesetz.

Die Gefahr des Gesetzes ist also die narzißtische Verblendung des Gesetzgebers, durch Strafdrohung könne er die Gesellschaft in jede beabsichtigte Richtung lenken. Solche Verblendungen scheinen auch dort vorzukommen, wo Gesetze beziehungsweise

Gerichtsurteile* das Verhalten von Helfern regulieren. Ein Beispiel ist die Schadenersatzverpflichtung bei Sauerstoffmangel während einer Entbindung, die in den USA die Versicherungskosten für Gynäkologen so in die Höhe getrieben hat, daß die Honorare für alle Frauen sehr hoch sind und die Zahl der Entbindungen durch Kaiserschnitt enorm gewachsen ist.

Wer die Gesetze betrachtet, mit denen sexuelles Verhalten geregelt wurde und wird, findet ähnliche Mängel. Dem Mann, der eine Sechzehnjährige in einen Suizidversuch getrieben hat, geschieht nichts, während die liebevolle Beziehung eines anderen Mannes zu einer Fünfzehnjährigen durch den ersten Denunzianten zerstört und er zu einer Strafe verurteilt werden kann. Juristische Objektivierungsversuche vermitteln das Gefühl von Willkür. Weshalb bin ich mit 0,7 Promille Alkohol noch fahrtüchtig, mit 0,9 aber nicht mehr? Es ist klar, daß es solche Werte geben muß; darüber hinaus sind die Richter gehalten, die Gesamtsituation angemessen zu berücksichtigen. Aber es bleibt ein Rest Ungenügen und die Frage, welche Gesetze es fördern können, den Kontext angemessen einzubeziehen, und welche das eher erschweren.

Problematisch scheint es immer zu werden, wenn Gesetze ein Verhalten regulieren sollen, in dem es keinen Geschädigten gibt. Selbstmord oder Drogensucht schädigen nur den Täter. Daher sind Strafen gegen Suizid und Drogenkonsum in vielen Staaten abgeschafft worden, obwohl das Verhalten nach wie vor als unerwünscht gilt und das Eingreifen der Polizei oder die Anordnung einer Betreuung rechtfertigt.

Ähnliches gilt für die sogenannten «Perversionen». «Wider-

---

* die in der angelsächsischen juristischen Tradition häufig eine ähnliche Funktion haben wie Gesetze beziehungsweise die Auslegung der Gesetze durch das höchste Berufungsgericht in der deutschen Rechtsprechung.

natürliche» Sexualakte waren in vielen Ländern ein schweres Delikt; mit der Verweltlichung der Rechtsprechung sind die entsprechenden Gesetze wieder verschwunden. Geblieben sind die Strafen für Pädophilie und für Inzest. Hier hat sich eine Überzeugung erhalten, daß in einem gewissen Alter und zwischen engen Verwandten sexuelle Handlungen prinzipiell verboten sind. In diesem Rahmen ist auch der Begriff des Mißbrauchs definiert. Was ein Erwachsener, der keine medizinische oder pflegerische Aufgabe hat, mit den Genitalien eines Kindes macht, ist Mißbrauch.

Die sexuelle Leidenschaft eines Erwachsenen kann gewiß die kindlichen Zärtlichkeits- und Lustbedürfnisse überfordern. Sie muß es nicht tun, und ein Gesetz gegen Pädophilie kriminalisiert die guten Pädophilen, um die bösen bestrafen zu können. Wäre es nicht besser, nicht den sexuellen Akt, sondern die mit ihm verbundenen Qualitäten – Nötigung, Erpressung, Drohung, Gewaltanwendung und so weiter – zu bestrafen? Ich weiß es nicht, aber mir scheint, daß unsere Gesetze einen realitätswidrigen Wunsch der Gesetzgeber spiegeln, Kinder und Familien «rein» zu erhalten. Da viele traumatische Sexualerlebnisse von Gleichaltrigen kommen, ist dieser Schutz selbst dann illusionär, wenn er alle Erwachsenen abhalten könnte, sich an Kindern zu vergreifen. Anders als in den Medien ist in der Realität der typische inzestuöse «Mißbrauch» der zwischen Bruder und Schwester, nicht der zwischen Vater und Tochter.

Wenn Begriffe überdehnt werden, verlieren sie an Gehalt. Der Begriff des sexuellen Mißbrauchs ist auf dem Weg in seine eigene Aufhebung. Er wird so ausgeweitet, daß auch die gewaltfreie Beziehung zwischen einer Siebzehnjährigen und ihrem fünfzehnjährigen Bruder darunterfällt. In unausgelesenen, genau befragten Gruppen berichten zwischen zehn und zwanzig Prozent der Frauen über solche Erlebnisse. Geschwisterinzest ist dabei mit über einem Drittel der Fälle viel häufiger als Vaterinzest*; er ist auch die bei weitem häufigste Variante des «Mißbrauchs» innerhalb der Familie, der wiederum etwa die Hälfte der Fälle ausmacht.**

Die Inflation der Mißbrauchs-Vokabel drückt jene merkwürdige Allianz zwischen den leibfeindlichen Traditionen der Kirchen in Europa und Amerika und feministischen Extremistinnen aus, die auch in der Verhütungsdiskussion aufgefallen ist («die Pille liefert die Frau dem Zugriff des Mannes aus»). Sexuelle Aktivität scheint in diesen Karikaturen männlich zu sein. Vor allem der Inzest ist das Vorrecht des Mannes; es gibt keine Schwester, die ihren Bruder verführt. Männer haben nur eine Möglichkeit: sich auf keine sexuelle Beziehung einzulassen. Wenn sie es tun, kann ihnen vorgeworfen werden, sie hätten, ohne es zu merken, Mißbrauch geübt.

Erinnern wir uns an das Handlungsmuster des Films «Eine verhängnisvolle Affäre»: die Geliebte *fühlt* sich mißbraucht. *Ist* sie es deshalb? Wir sehen hier, wie mit einer Inflation des Mißbrauchsbegriffs in hilfloser Einseitigkeit versucht wird, mit den Problemen einer hedonistischen Gesellschaft umzugehen, in der

---

* Zu dieser Ansicht kommt auch der späte Freud, der in seiner «Selbstdarstellung» (1925) deutlich macht, daß er die Verführung des Kindes nach wie vor berücksichtigt: «Die Verführer waren aber zumeist ältere Kinder gewesen.» S. Freud, Ges. W. Bd. XIV, S. 60.
** Vgl. Gisela Braun, Zum Ausmaß sexuellen Mißbrauchs an Mädchen und Jungen. Vergleichende Untersuchungen, in Sozialmagazin 5/1992, S. 22. Im Editorial dieses Heftes steht: «Neben einer inflationären Ausweitung des Begriffs des sexuellen Mißbrauchs, unter dem in einigen Schriften fast jeder zärtliche Körperkontakt zwischen Kindern und Erwachsenen in Mißkredit gebracht wird, erschreckt der geradezu missionarische Eifer vieler Gruppierungen, die verunsicherte Frauen und Mütter unentwegt auf die Gefahren hinweisen, die angeblich in jedem vierten Kinderzimmer lauern.» Vgl. auch K. Rutschky, Erregte Aufklärung. Kindsmißbrauch: Fakten und Fiktionen, Hamburg (Klein Verlag) 1992.

sexuelle Lust «freigesetzt» wurde, ohne daß die Dialogfähigkeit zwischen Frauen und Männern im gleichen Maß zugenommen hat. In dieser Situation schwirren Mißbrauchsvorwürfe wie Lassos durch die Luft, um die durchgegangenen Pferde wieder einzufangen.

Wer hat recht, wenn wir das Muster der «verhängnisvollen Affäre» betrachten? Der Mann, der eine unverbindliche Liebschaft für «normal» hält, oder die Frau, welche sein erotisches Interesse als Zusage für eine feste Bindung begreift? Hat er sie mißbraucht, weil sie sich so fühlt, und darf sie sich deshalb an ihm rächen? Es nützt nichts, sich in solchen Situationen nach der traditionellen Welt zurückzusehnen, in der Menschen nach einem Ehebruch stillhalten mußten, um nicht gesteinigt oder ausgegrenzt zu werden.

Wer menschliches Verhalten gerne durch seine Extreme verdeutlicht, kann im Zusammenhang mit solchen Verwirrungen von einer manisch-realitätsverleugnenden Phase und später von einer ins Aggressive gewendeten Depression sprechen. Man sollte nicht als (Beziehungs-)Helfer arbeiten, wenn einem unbekannt ist, wie unterschiedlich Personen eine sexuelle Beziehung erleben, die schließlich mit den tiefsten Veränderungen in unserem Leben – mit Zeugung, Schwangerschaft und Geburt – verknüpft ist. Anzunehmen, daß eine eigene – etwa hedonistische – Auffassung von Sexualität sozusagen von selbst auch der Partnerin zu eigen ist, heißt auch, daß der Realitätssinn gegenüber dem Triebwunsch schweigt.

Wenn eine erwachsene Frau einen gewaltfrei akzeptierten sexuellen Akt nachträglich als Mißbrauch definiert, ist das bedeutungsvoll. Sie zieht sich sozusagen aus ihrer reifen Genitalität zurück und nimmt das Selbstbild eines Kindes an, dessen schwaches Ich von bösen äußeren Mächten überwältigt wurde, mit denen sie nichts zu tun hat.

294

Wahrscheinlich wehren die Betroffenen auf diese Weise eine charakteristische Reaktion von Frauen auf eine gescheiterte Beziehung zu einem Mann ab: die Über-Verantwortung, die Phantasie, *selbst* an allem schuld zu sein. Wenn einer Phase, in der sich eine Frau auf den Therapeuten einläßt, eine zweite folgt, in der sie unter dieser Intimität leidet, sie beendet und als Mißbrauch entwertet, dann ist das Beziehungsmuster gekippt. Ist der begehrte Therapeut ein idealisierter Vater, der grenzenlos in Besitz genommen werden soll, so wird der mißbrauchende zur bösen Mutter, die an allem schuld ist.

Warum braucht das Opfer einen Schuldigen? Ist sie wirklich durch den sexuellen Akt verletzt und gekränkt oder eher dadurch, daß der Therapeut, statt ihre widersprüchlichen Wünsche zu erkennen und sie mit ihr zu bearbeiten, durch sein Agieren versprochen hat, sie zu erfüllen? Schließlich würde das auch noch heißen: die Frauen, welche sich über den Mißbraucher empören und gegen ihn kämpfen, fällen ein richtiges Urteil über die defizienten Qualitäten eines Therapeuten. Aber sie urteilen falsch über sich selbst. Sie sehen sich als Bauer auf *seinem* Schachbrett. Das ist *eine* Wahrheit. Eine *andere* heißt, daß er die Königin auf *ihrem* Schachbrett ist.

Wie kann es gelingen, aus diesen beiden Wahrheiten wieder eine gemeinsame zu machen? Zunächst ist es angezeigt, den Begriff der Regression zu klären. Zu behaupten, daß der regredierte Klient sich zum Therapeuten verhält wie ein Kind zu Eltern, ist wenig aufklärend. Denn wie verhalten sich Kinder zu Eltern? Und wie Eltern zu Kindern? Ist nicht Elternschaft ihrerseits von regressiven Zügen charakterisiert? Wenn in ihrer bisherigen Arbeits- und Intimsphäre überlegt und reif auftretende Menschen ein Kind aufziehen, dauert es oft nicht lange, und sie fangen an, in Konflikten zu schreien, die Beherrschung zu verlieren und so tyrannisch oder rachsüchtig zu argumentieren, wie sie es an sich selbst nicht kannten. Umgekehrt sind Personen, die noch nie eine enge Beziehung über die erste Enttäuschung hinwegretten konnten, im Kontakt mit ihrem ersten Kind oft wie umgewandelt, ertragen Frustrationen, die sie bisher nie derart angemessen und reif verarbeitet haben.

Regression ist ein Geschehen, dessen Tiefen schwer objektiviert werden können, weil sie sich nur einem Beobachter erschließen, der selbst regressiv verstrickt ist. Zur Regression gehört es, die Stärke, Macht, Disziplin und Kontrolle anderer zu überschätzen. Regression umfaßt im Alltag nur sehr selten alle Bereiche einer Person und beeinträchtigt ihre Lebensbewältigung ganz unterschiedlich. Typisch für Kinder ist beispielsweise, daß sie nach einer tiefen Kränkung in der Schule ihre Fassung bewahren und erst kurz vor der Haustür, wo die tröstende Mutter wartet, zu weinen beginnen. Der Manager, der tagsüber alle Streitfälle souverän gemeistert hat, schreit am Abend seinen achtjährigen Sohn an, weil dieser sein Fahrrad im Regen stehen ließ. Das Ehepaar, welches in tiefster Regression verharrt und den jeweils anderen als bösartigen Tyrannen ansieht, der trotz genauesten Wissens über das einzig liebevolle Verhalten in seinen Grausamkeiten fortfährt, möchte um jeden Preis verhindern, daß die fünfzehnjährige Tochter von den Scheidungsplänen erfährt: Dem Kind soll die Geborgenheit nicht genommen werden. «Dieses ‹Kind›», denkt der Berater, «ist wahrscheinlich vernünftiger als ihr beide zusammengenommen!»

Kurzum – wenn es eine allgemeine Aussage über Regression gibt, dann die, daß sie nicht stabil ist, unzuverlässig, immer ein schwer erkennbares und nicht in seiner Komposition vorhersagbares Mosaik aus reifen und unreifen Fragmenten. Von diesen bestimmt bald die eine, bald die andere Seite das Verhalten. In gar nicht wenigen Fällen sind die steuernden Funktionen des

Ichs nur scheinbar außer Kraft gesetzt. Dieses beobachtet aber von einem verborgenen Platz aus das Geschehen und kann notfalls sehr rasch eingreifen. Der Bankdirektor, welcher eben noch seine Geliebte mit einer geladenen Pistole unter Druck gesetzt hat, indem er abwechselnd drohte, sie oder sich selbst zu erschießen, händigt der heimlich herbeizitierten Polizei souverän eine Schreckschußwaffe aus und hat nur Spaß gemacht.

Unsere Versuche, diese Szene als «echt» oder «gespielt» zu bewerten, sind ähnlich prekär wie die Entwertung von Selbstmorddrohungen, die nicht in die Tat umgesetzt wurden. Während es uns emotional schwerfällt, den Mann mit der Schreckschußpistole ernst zu nehmen, müssen wir vernünftigerweise erkennen, daß seine Drohung ein ernstzunehmender Teil von ihm ist. Irgendwann, wenn er zuviel getrunken hat oder «zufällig» eine scharfe Waffe hält, mag sich die diesmal kontrolliert wirkende Regression durchsetzen.

So können wir ironisch festhalten, daß die einzige Quelle von Gewißheit, die wir angesichts einer psychischen Regression empfehlen, eine eigene Regression ist. Nur sie erlaubt es uns, das Mosaik zu entdifferenzieren und handlungsfähig zu werden: Wir sind entschieden, daß unser Kind sich anstellt, die Suiziddrohung ernst gemeint ist, der Alkoholiker sich nicht bessern wird, daß unsere Tochter «zu klein» ist, um mit der U-Bahn zu fahren, aber einige Jahre später groß genug, mit einem Tramper-Ticket nach Marrakesch zu reisen.

Ich sprach oben von «psychischer Regression», weil es auch eine physische gibt: die Schwäche des Kranken, des Pflegebedürftigen. Sie ist eindeutig. Der Körper bietet eine Struktur, die Regressionen klärt und auch in gewisser Weise vor ihnen schützt. Ich finde es angesichts psychisch regredierter, aber körperlich gesunder Patienten sinnvoll, sie darauf aufmerksam zu machen, daß sie in ihrem Körper alles mit sich tragen, was sie brauchen, um mit der scheinbar unerträglichen Situation fertig zu werden.

Hunger und Sättigung, Schlafen und Wachen, Libido und sexuelle Entspannung verlaufen zyklisch und sind sozusagen als autonome Regulatoren unseres Erlebens auch in den Zuständen der Verzweiflung, der Panik, der Phantasie restloser Verlassenheit prinzipiell zugänglich. Oft wird es als Verrat empfunden, sich beispielsweise nach dem Verlust eines geliebten Menschen zum ersten Mal wieder einer der kleinen Befriedigungen des Alltags – wie einem guten Essen – hinzugeben. Aber gerade dieser Genuß ist ein Signal für den Unterschied zwischen regressiver Phantasie und körperlicher Realität. In der Phantasie ist der Tod der geliebten Menschen für mich vernichtend. In der Realität kann ich nicht umhin, bald zu erkennen, daß mein Körper noch nicht den Preis für die Geburt bezahlt hat, den sie entrichten mußten. Für mich geht das Leben weiter; sie sind nicht mehr daran beteiligt.

In der Regression verwischen sich Unterschiede zwischen körperlicher Präsenz und körperlicher Abwesenheit, die für unseren erwachsenen Zustand so entscheidend sind.* Die Welt ist von Gespenstern bevölkert, aus den Gräben steigen nachts Vampire, die sich im Tageslicht auflösen wie Rauch. Jahrzehntelang vergangene Kränkungen können erzählt werden, als seien sie gestern geschehen.

Solche Störungen des Realitätssinns sind mit einer Schwäche des narzißtischen Systems verknüpft. Sie funktioniert nach einem Regelkreis-Prinzip: Je weniger die Gegenwart, der eigene

---

* Diese Qualität trägt entscheidend zu den «falschen Erinnerungen» bei: Wo intensive Phantasien und reale Erlebnisse immer wieder zusammen belebt werden, kontaminieren sich beide Quellen und können schließlich kaum mehr unterschieden werden.

Körper, die materielle Realität um uns in der Lage ist, unser narzißtisches System (das als «Selbstgefühl» oder «Selbstbewußtsein», auch als «Stolz» und «Zufriedenheit» erlebt wird) zu festigen, desto weniger stark sind auch die Bindungen an die Realität. «‹Das habe ich getan›, sagt mein Gedächtnis. ‹Das kann ich nicht getan haben› – sagt mein Stolz und bleibt unerbittlich. Endlich – gibt das Gedächtnis nach.»* Freud sagte es lakonischer: Der Neurotiker wendet sich von der Wirklichkeit ab, weil er sie als ganze oder teilweise unerträglich findet.

Phantasien von Rechtfertigung und einstiger Größe in Tugend oder auch Leid werden ausgebildet, um Kränkungen der Gegenwart zu entkräften. Wer Biographien des 19. und angehenden 20. Jahrhunderts liest, findet immer wieder Kränkungen durch Eltern, die geprügelt haben und verständnislos waren. Aber dieses Leid wird häufig als «verdiente» Strafe humorig akzeptiert. Die bewußte Position gegenüber Vater und Mutter ist anerkennend, ja idealisierend; parallel dazu findet die Ablösung von den Eltern rasch statt.** Mitbedingt durch Trivialisierungen der

* Friedrich Nietzsche, Aphorismus aus «Jenseits von Gut und Böse, Viertes Hauptstück: Sprüche und Zwischenspiele, Nr. 68» (1886). Nietzsche hat also vorausgeahnt, was heute als «false memory syndrome» in den USA diskutiert wird: Unsere Erinnerungen spiegeln häufig weniger die Realität, als unsere Ängste und Wünsche.
** Literarische Beispiele sind die autobiographischen Erzählungen Adalbert Stifters, Gottfried Kellers, auch «Dichtung und Wahrheit» von Goethe, bis hinein in Texte wie Julius Koeberlin, «Mein Weg zum Fabrikdirektor», München (Selbstverlag) 1920, die alltagsnäher sind. Als Lehrling mußte Koeberlin 1874 jeden Tag von halb sechs, im Winter sechs Uhr früh bis neun Uhr abends arbeiten; für Fehler gab es Ohrfeigen. Frei war jeder zweite Sonntagnachmittag. Er faßt die Beziehung zu seinem Lehrherrn zusammen: «Wenn ich meinem Lehrprinzipal für sein oft sehr robustes Auftreten keinen besonderen Dank weiß, so habe ich ihm doch genügend Dankbarkeit bewahrt für eine gewisse, erzieherisch wirksame Strenge, für die sehr vielseitigen Dienste, die er von einem Lehrling verlangte, wobei aus dem jungen Manne oft an ein und demselben Tage ein

Psychoanalyse und die Marketing-Bedürfnisse von Experten, die sich als die besseren Eltern blähen, hat sich die Situation in der kurzen Zeit von kaum hundert Jahren extrem geändert. Während unsere Urgroßväter die meiste Zeit ihres Lebens mit harter Arbeit verbrachten (wodurch die körperliche Bindung an die Realität in einer heute gesellschaftlich nicht mehr realisierten Weise verstärkt wurde), verbringen unsere Kinder sie damit, aus einem unübersehbaren Konglomerat möglicher Bestätigungen und Kränkungen ihr Bouquet auszuwählen. Der Beruf soll interessant sein, die Musik heiß, die Getränke gut gekühlt und der/die Liebste wie den Medien entsprungen.

Während sich der eben erwähnte Kaufmann Julius Köberlin redlich bemüht, auch dem Prinzipal, der ihn mißhandelt und ausgenützt hat, seine positiven Seiten abzugewinnen, wäre unser erster Impuls doch, zu kündigen und eine bessere Stelle zu suchen. Wir sind überzeugt, es müßte diese bessere Stelle geben, wir hätten ein Recht darauf. Vielleicht gibt es sie wirklich; vielleicht aber führt unsere Suche nur dazu, auch noch die Qualitäten zu verlieren, welche unsere gegenwärtige Malaise enthält.

Unter diesen Aspekten werden Sinn und Unsinn einer regressiven Belebung traumatischer Erfahrungen faßbar. Wer, wie unser disziplinierter Kaufmann, mit dem Angreifer identifiziert ist und alle kindlich-weichen Elemente aus seinem Erleben verbannt, kann davon profitieren, den vergessenen Schmerz zu beleben und die Einengungen zu reflektieren, mit denen er seine Erinnerungen begrenzt. Wer aber ohnehin verwöhnt ist und vom Leben nur das Beste erwartet, dem schadet jede Regression.

Karrenschieber, Packer, Postbote, Korrespondent und Verkäufer wurde, ferner für sein Anhalten zur Bescheidenheit und Einfachheit und schließlich für die Anregung zur schönsten und edelsten Zerstreuung, zur Musik.» Koeberlin, a.a.O., S. 22.

Er wird durch sie in seiner ohnehin schlecht entwickelten Realitätsbindung beeinträchtigt und gerät in einen Teufelskreis: er muß immer mehr und immer schlimmere Belastungen in seiner Vergangenheit, Traumatisierungen durch seine Eltern und so weiter finden, um seine aktuellen Schwierigkeiten zu rechtfertigen. In dieser Situation ist es zwar nicht gerechtfertigt, ihm zu sagen, er habe sich seine Traumen nur eingebildet, aber hilfreich, ihn zu ermutigen, sich nicht regressiv an Erinnerungen zu binden. Für ihn sind sie ein Weg, die Bewältigungsmechanismen seines reifen Organismus zu lähmen und in einer blinden Sehnsucht nach einer unerreichbaren Vervollständigung die Gegenwart einer Zukunft zu opfern, die in Wahrheit Vergangenheit ist.

Was hat das für reale Folgen? Vielleicht, daß es weniger Anonyma-Geraune um Mißbrauch gibt und mehr handfeste Anzeigen von Vergewaltigern und Betrügern. Vielleicht hören Therapeuten auf, ihre Gottähnlichkeit durch Verteufelung von Eltern oder bösen Kollegen zu untermauern, und Klienten verhalten sich wie kritische Nutzer von Dienstleistungen, nicht wie erlösungshungrige Gläubige, die sich einen Gott nach ihrem Bild und Gleichnis schaffen wollen.

22

Ein Modell von Hilfe und Mißbrauch
in Beziehungen

Die Kräfte im Feld sind die Interessen im System Helfer (H) und Klient (K). Die professionelle Beziehung orientiert sich an den «Regeln der Kunst», die in der Arbeit von Beziehungshelfern einen Primat der Bedürfnisse von K enthalten, denen sich H unterordnen muß. Ausnahmen sind wirtschaftlich definiert, wobei in den meisten Fällen H durch Institutionen (Krankenkassen, Beratungsstellen, Kliniken, Schulen und so weiter) in der Wahrnehmung seiner wirtschaftlichen Interessen kontrolliert wird. Diese Kontrolle legt zum Beispiel Zeitgrenzen fest. Eine Therapiesitzung dauert fünfzig Minuten. H ist verpflichtet, diese Zeit zu liefern, K sie abzunehmen. H darf keine Sitzungen berechnen, die K nicht genommen hat; wenn K unentschuldigt wegbleibt, muß er H entschädigen (in der ambulanten Praxis), oder H muß auch dieses Verhalten akzeptieren (in einer Beratungsstelle), kann allenfalls die weitere Zusammenarbeit aufkündigen.

Der Bereich der professionellen Gefühlsbeziehung schließt sehr persönliche und auch intensive emotionale Kontakte ein. Diese sind das wichtigste Mittel, um Menschen zu einer Änderung ihres Verhaltens zu bewegen. Um solche Veränderungen geht es in der Arbeit von H. Professionell sind diese Kontakte nur so lange, wie die Interessen von K nach professionellen Kriterien den Prozeß dominieren. Das heißt, daß sowohl H's wie auch K's Interessen nicht ungefiltert berücksichtigt werden, sondern in einem kollegialen Rahmen definiert. Dabei scheint die Vorstellung illusionär, daß dieser kollegiale Rahmen während einer kurzen Ausbildung dauerhaft fixiert werden kann. In Wahrheit ist eine dauernde kollegiale Auseinandersetzung der Mitglieder im System H unerläßlich, um sowohl die persönlich-emotionale Nähe wie auch die professionelle Distanz optimal abzustimmen.

Es geht in der helfenden Beziehung einerseits darum, K «aufzubauen», ihm das Gefühl zu vermitteln, er sei wichtig, er könne Mut fassen und sein Leben besser in die Hand nehmen. Gleichzeitig darf aber K nicht so eigenmächtig werden, daß er über H in einer Weise verfügt, die dessen professionelle Rolle sprengt. Umgekehrt darf H nicht so eigenmächtig handeln, daß er seine professionelle Rolle dadurch verliert, daß er die Interessen von K vernachlässigt oder sich und K belügt, indem er eigene Interessen als K's Interessen ausgibt und K schließlich von deren Gültigkeit überzeugt.

Die professionelle Interaktion läßt sich mit einem Tanz vergleichen. Tänzer sind in ein Regelsystem eingebunden. Die «alten», normativen Helfer entsprechen vielleicht dem klassischen Tanz; die «neuen», beziehungsorientierten Helfer dem *free dance*. In beiden Tanztraditionen ist es nicht erlaubt, daß sich Tänzer auf der Tanzfläche gegenseitig verletzen, miteinander kopulieren oder sich bestehlen. Sie dürfen all dies spielen – aber sie dürfen sich dabei nicht wirklich verletzen, bestehlen, begatten.

In den weitaus meisten Fällen wird der Tanz zufriedenstellend absolviert. Wenn dies wegen einer Regelverletzung nicht gelingt, kann das an verschiedenen Kräften liegen, die in unserem Modell definiert werden als:

Triebhaftigkeit von H / K
Stabilität der Umgebung von H / K
Größenvorstellungen von H / K
Zivilcourage von H / K

Die einzelnen Modellkräfte sollen jetzt kurz beschrieben werden:

1. Triebhaftigkeit (H wie K) ist immer komplex aufgebaut. Wenn angesichts eines Obstbaums am Weg Max fünf Äpfel abreißt, während Moritz den Baum unangetastet läßt, ist es naiv, nun zu vermuten, Max sei hungriger. Es ist ebensogut möglich, daß Moritz hungriger ist, aber seine Gier besser beherrschen kann. (Bereits diese simple Situation läßt uns die Schwierigkeiten ahnen, menschliches Verhalten modellhaft zu fassen: Moritz kann auch deshalb die Äpfel hängen lassen, weil er sie nicht mag, nicht verträgt; Max kann sie stehlen, weil er seinen Freunden welche mitbringen will und so weiter.) Immerhin wird es in den meisten Fällen so sein, daß im Verhalten von Max das animalische Motiv, in dem von Moritz das narzißtische dominiert. Max folgt seinem Bauch, Moritz seinem ethischen Ideal. Max ist nachher satt und hat Gewissensbisse, Moritz hungrig, aber stolz auf seine Selbstbeherrschung.

Die meisten Handlungen im Alltag befriedigen sowohl körperlich-triebhafte wie narzißtische, im Wertbereich angesiedelte Bedürfnisse. Beide Aspekte sind integriert und lassen sich oft nur unter krampfhaften geistigen Anstrengungen trennen. Das Essen schmeckt, weil es schön (das heißt dem sozialen Ideal entsprechend) angerichtet ist; der Orgasmus befriedigt eine grandiose Phantasie, die attraktivste Frau, der potenteste Mann der Stadt zu sein. Wir halten in der Regel Menschen für schrullig, die sagen, gar nicht zu essen sei noch ästhetischer, oder behaupten, ihr Selbstbewußtsein werde durch sexuellen Verzicht gefestigt.

Ihnen entspräche auf der Ebene von H die Aussage, es mache H gar nichts aus, unbezahlt zu arbeiten.

Wenn wir Max hindern wollen, die Äpfel zu stehlen, haben wir mehrere Möglichkeiten. Wir können seine Werthaltung durch äußere Mittel verstärken (etwa durch einen Aufpasser, der mit einem Stock bewaffnet neben dem Baum steht) oder aber seinen Triebdruck senken, indem wir ihm ein leckeres Pausenbrot auf den Schulweg mitgeben. Sicher schwieriger ist es, seine Werthaltung zu verändern; er *weiß* so gut wie Moritz, daß es sozial unerwünscht ist, Äpfel zu stehlen, aber dieses Wissen führt ihn eher dazu, Ausreden zu ersinnen, als auf den Diebstahl zu verzichten.

2. Der Gesichtspunkt der Interaktion. Während der Apfelbaum passiv bleibt – selbst Max wird kaum behaupten, daß die Äpfel von ihm verlangt hätten, sie zu stehlen –, haben wir es im System H - K mit Interaktion zu tun. H kann sein Verhalten durch K motiviert fühlen und umgekehrt. Beide haben zahlreiche Möglichkeiten der Projektion – K fühlt sich verführt, während H das gar nicht tun will, oder aber H fühlt sich verlockt, während K ihn gar nicht verlocken möchte. Die Annahme des Unbewußten, so hilfreich sie ist, um sich auf Wahrheitssuche zu machen, kann einem projektiven Denken Vorschub leisten und Rechtfertigungen absichern – H behauptet, K habe ihn ohne ihr/sein Wissen verführt; K ist dazu nach einiger Zeit therapeutischer «Schule» ebenfalls in der Lage.

In unserem Modell können wir konstruieren, daß sehr starker Triebdruck und wenig Werthaltung bei H wie bei K die Versuchung erheblich steigern, daß die unerwünschte Interaktion zustande kommt. Ein stark triebhafter, wenig befriedigter, schlecht von außen überwachter H wird Versuchungen erliegen, welchen der befriedigte, wenig triebhafte oder gut überwachte H widersteht. Das Gleiche gilt für das System K: K ohne tragende Bezie-

305

hungen, ohne befriedigende Arbeit, ohne Freundeskreis sind am meisten gefährdet, die professionelle Distanz von H anzugreifen. Sie bringen H in eine Zwickmühle, wo H entweder seinen beruflichen Auftrag scheitern sieht oder ihn selbst aufgrund der Produktion einer Größenphantasie verläßt. Diese besagt etwa, eine die professionellen Grenzen überschreitende Triebbefriedigung erhalte seinen beruflichen Auftrag und biete ihm darüber hinaus die Möglichkeit privater Befriedigungen.

Die Interaktion gibt in unserem Modell den Ausschlag. Sie entscheidet, ob H und K sich in ihren Rollen festigen oder unsicher machen. Wer die Interaktion genau beobachtet, findet eine Art Frühwarnsystem. Wer die Anfänge ernst nimmt, kann sowohl von H wie von K aus schlimme Folgen verhindern. Wenn H früh erkennt und akzeptiert, daß seine Liebeswünsche an K zu stark sind, um die berufliche Interaktion aufzubauen, sind die Chancen groß, daß K in eine andere Therapie findet und dort Hilfe erhält, während H entweder seine Bedürfnisse in einer postprofessionellen Beziehung prüft oder ihre Versagung abtrauert. Wenn umgekehrt K erkennt, daß die persönlichen, professionell nicht zu befriedigenden Wünsche an H so stark sind, daß die ersten Sitzungen keine Zusammenarbeit entstehen lassen, dann kann auch K die Arbeit beenden und ohne große Schwierigkeiten woanders fortführen.

3. Die Größenphantasie von H und K spielt eine wichtige Rolle bei der Entscheidung, ob eine solche Interaktionsgrenze wahrgenommen und respektiert werden kann oder nicht. Man könnte meinen, daß H seine Größenphantasie während seiner Ausbildung verarbeitet hat und K, schwach und hilfsbedürftig, ohnehin keine solche ausbildet. Beide Annahmen sind jedoch naiv. Ein System K, das wenig oder nichts in seinem Leben gelungen finden und idealisieren kann, drückt häufig gerade dadurch einen enormen Anspruch aus. Beispielsweise gibt es andere Sy-

steme, in allen äußeren Lebensmerkmalen mit K vergleichbar (körperlich gesund, vierzig Jahre alt, alleinstehend, in einem akademischen Beruf tätig), die mit ihrem Leben zufrieden sind und andere bedauern, denen es schlechtergeht.

Größenphantasien von H werden zwar während der Ausbildung zum Teil bearbeitet, aber sie werden auch gereizt. Das geschieht etwa durch die Konkurrenz mit anderen, weniger potenten H oder durch Phantasien, mit einem besonders großen Lehr-H identifiziert zu sein. Schließlich wird keineswegs immer jene primäre Größenphantasie erkannt und abgebaut, die einen Teil der Helfer-Motivation ausmacht: die Vorstellung, anderen eine großartigere Elterngestalt sein zu können, als man sie selbst hatte.

In einer gelingenden Interaktion reifen H und K miteinander. Sie können sich zunehmend besser einschätzen, in ihrer Arbeit bestätigen, tragen und stabilisieren. Die professionelle Befriedigung wächst und hilft über Unsicherheiten hinweg. Durch diese Form von realistischer narzißtischer Sättigung ist es möglich, triebhafte Versuchungen und die Verführungen der Grandiosität gemeinsam zu erkennen und sich gegen sie zu entscheiden.

In einer scheiternden Interaktion ersetzen H und K Reifungsprozesse durch Illusionen und den realen, vielleicht kleinen Erfolg durch die Hoffnung. Sie bauen darauf, vertieftes gegenwärtiges Leid oder überprofessioneller, grenzenverachtender Einsatz müsse doch noch einen grandiosen Erfolg bringen. H und K verschmelzen in dieser Zuversicht; sie kapseln sich gegen die Kollegen von H, die Freunde von K ab und hören nur noch aufeinander. Je weniger Fortschritte in der Realität möglich sind, desto wichtiger wird H für K, hat er doch Erlösung versprochen. Wo die Entwertung droht, wird die Idealisierung gesteigert. Liebe und Vertrauen schwinden; sie machen Ängsten und sie bekämpfenden sexuellen Wünschen Platz. Da sowohl H wie K annehmen, dem Interaktionspartner viele Opfer gebracht zu haben, ist der Triebdruck groß, sich zu entschädigen, Befriedigung auch auf professionell nicht untadeligen Wegen zu gewinnen.

In dieser Situation wird das sexuelle Agieren in der Therapie besonders verführerisch und gleichzeitig verhängnisvoll. Es bietet H, der ohnehin schon viel getan hat, was seine professionelle Distanz in Frage stellte, die Ausflucht, er könne problemlos vom Helfer-Größenwahn in den sexuellen überwechseln: wo seine sublimierte Potenz versagte, wird seine triebhafte gewinnen. K hingegen hat gehofft, sich endlich von allen Zweifeln an der therapeutischen Potenz von H zu befreien. Da dieser nicht genügend Gutes getan hat, im Rahmen der idealisierenden Illusionen dieses Gute aber besitzen muß, wird H als Liebhaber erfüllen, was er bisher als Therapeut nur versprach.

4. Zivilcourage. In beiden Systemen H und K wird wirksame Hilfe durch Zivilcourage erleichtert, während der Mißbrauch einen Mangel an ihr ausdrückt. Diesen Mangel wird man bei K eher voraussehen und entschuldigen als bei H. Doch drückt dieses Bild vom System K, das gänzlich vom korrekten Arbeiten des Systems H abhängt, ein zentrales Problem aus. Zivilcourage ist die Bemächtigung des Bürgers gegen jede Form von angemaßter Autorität. Mündigkeit ist unteilbar, sie kann an keinen Experten abgetreten werden, solange der einzelne im Besitz seiner körperlichen und geistigen Freiheit ist.

Zumindest in der Psychotherapie ist es kurzsichtig, das System H mit aller Verantwortung zu belasten und dem System K die Kompetenz zur Mitverantwortung abzusprechen. Das verwischt den Unterschied zwischen regressiver Möglichkeit und unausweichlich erzwungener Regression. Im typischen Fall *können* Psychotherapiepatienten regredieren; sie *müssen* es nicht. Geisteskranke haben diese Wahl nicht. Daher ist es unsinnig, von einem Geisteskranken Zivilcourage zu fordern; beim durchschnittlichen Psychotherapiepatienten ist die Situation anders.

Der Mangel an Zivilcourage von H verschlimmert die Situation für K in der Situation des sexuellen Agierens, weil ein wenig couragierter H auf die Privilegien seiner angemaßten professionellen Autorität nicht verzichten kann, um sich einer erotischen Situation von gleich zu gleich zu stellen. Der couragierte H wird, wenn er durch eine Übermacht von Triebdruck, Größenphantasie oder beidem gescheitert ist, dies zugestehen und dadurch K eine Chance geben, sich in dem gescheiterten Unternehmen zurechtzufinden und neu zu orientieren. Auch wenn er Fehler gemacht hat, wird ein couragierter H seinen K nicht bedrohen oder verbieten, einen anderen H aufzusuchen. Dadurch wird der Schaden sehr viel geringer sein als bei der ungünstigsten Kombination: hoher Triebdruck, ausgeprägte Größenphantasie, Vernachlässigung der kollegialen Supervision und Mangel an Zivilcourage.

23
Schluß

Ein wesentlicher Teil der Motive, den vorliegenden Text zu schreiben, liegt in der Absicht, dem moralischen Raubrittertum in bezug auf das Thema des sexuellen Mißbrauchs Grenzen zu setzen. Kaum eine Empfindung ist billiger herzustellen, schwerer abzubauen und in ihren Konsequenzen verhängnisvoller als die, absolut im Recht zu sein. Der Fanatiker wird dem, der an seinem Alleinrecht auf Moral und Wahrheit zweifelt, entgegenhalten, hier werde wieder einmal versucht, sein rein Gutes zu verwässern und rettende Härte aufzuschieben. Die geistige Trübung, die ihn selbst beherrscht, unterstellt er dem Kritiker.

Nun ist gerade die Verarbeitung traumatischer Erfahrungen keine gute Voraussetzung für vernünftiges Abwägen. Das Trauma führt immer zu einem Prozeß, den ich in Anlehnung an die Physiologie als *Zentralisation* beschreibe: es schwindet die Fähigkeit, Situationen differenziert wahrzunehmen, Urteile aufzuschieben oder die zwei Seiten einer Ambivalenz wahrzunehmen. Solche Veränderungen haben es nach allen modernen Kriegen den Soldaten so ungeheuer schwer gemacht, sich wieder in das zivile Leben zu integrieren, in dem ihr Schwarzweißmodell des Überlebenskampfes nicht mehr angebracht ist.

Unter den Bedingungen der Zentralisation vereinfacht das Individuum seine Wahrnehmungen und ersetzt Denkarbeit durch Automatismen von Flucht oder Kampf; Orientierungen an Einfühlung durch Orientierungen am Schmerz. Verwicklungen werden durchhauen, wie der Knoten von Gordes durch Alexanders Schwert. Es gibt Täter, die alle, Opfer, die keine Verantwortung tragen. Es gibt Schuldige und Unschuldige, Machtlose und Mächtige, und die Zugehörigkeit in diese Gruppen verändert sich nicht.

Auf lange Sicht dient es niemandem, sich von der Realität zu entfernen und Betroffenheitsmythen zu kultivieren. Auf kurze Sicht ist die Parteinahme verführerisch, weil sie eine eindeutige Situation herstellt und schnelle Handlungsmöglichkeiten erschließt, die von Angstspannungen erlösen. Wo es um Sexualität und Gewalt geht, sind elementare Vereinfachungen keine Verblendung der Moderne. Sie haben eine sehr lange Tradition.

Unabhängig davon müssen die Helfer berufspolitische Mittel entwickeln, um ihren Ruf zu sichern und sich vor den periodisch anschwellenden Bocksgesängen über den Mißbrauch besser zu schützen. Hier halte ich viel von einer Supervisionspflicht aller privaten Beziehungen während und nach einer professionellen Arbeit. So kann eine Güterabwägung stattfinden und aufgeklärt werden, ob Verzicht oder Erfüllung besser den Interessen der Beteiligten dienen.

Im beruflichen Rahmen der «neuen Helfer» ist zu große Distanz zu der emotionalen Beziehung ebenso problematisch wie zu große Nähe. Wer nie in Versuchung kommt, muß deshalb kein tadelloser Helfer sein; wer ihr erliegt, kein Versager. Fehler zu machen ist für jeden Helfer, der sich im Bereich emotional mitbestimmter Interaktionen bewegt, unvermeidlich. Nicht aus diesen Fehlern zu lernen und sie zu wiederholen sollte vermeidbar sein. Die analytische Utopie der Abstinenz ist ein Entwurf, wie solches Lernen aussehen soll. Die Beteiligten treten aus einem triebbestimmten Interessenkonflikt zurück und versuchen ein gemeinsames Interesse an der Wahrheit, an der Erkenntnis ihrer Verstrickungen zu finden.

Dieser Prozeß muß nicht enden, wenn die professionelle Beziehung zu Ende ist. Er geht einerseits als verinnerlichter Dialog weiter. Der Analysand trägt nach beendeter Analyse ein Engramm dieser Situation in sich, das ihm in Krisensituationen hilft, Abstand zu gewinnen, Denkarbeit zu leisten, seine Entscheidungen vom Handlungsdruck der Triebe oder der triebnahen, primitiven Introjekte zu befreien. Doch auch wenn es gelingt, die Abhängigkeit vom Analytiker innerlich zu beenden, die Idealisierungen seiner Person zu erkennen, läßt es sich nicht ausschließen, daß beide Beteiligten es wünschen, eine persönliche Beziehung anzuknüpfen.

Ich möchte solche Beziehungsversuche weder empfehlen noch tabuisieren. Sie sind schwierig und kosten Kraft. Aber sie sind nicht aussichtslos. Sie tragen der Situation Rechnung, daß die sozialen Beziehungen, welche wir im Rahmen einer von uns selbst hochgeschätzten Tätigkeit aufbauen, nicht leicht preisgegeben werden können. Wenn Freud seine Tochter Anna analysiert und sie den schwerkranken Vater später viele Jahre lang pflegt, wenn ein Analytiker eine frühere Analysandin heiratet, scheint es mir naiv, allein aufgrund dieser äußeren Daten ein Urteil zu fällen. Unsere analytische Erfahrung lehrt uns, daß die Kraft des Menschen, sich von dem zu trennen, was er hat, ebenso begrenzt ist wie seine Fähigkeit, sich Neuem zuzuwenden. Was unseren Idealen nicht entspricht, sollten wir nur dann verwerfen, wenn wir gewiß sind, daß es – wenn schon nicht das größere Gut – auch nicht das kleinere Übel für die Beteiligten ist.

Wie der alte Türsteher-Gott sollte auch die Kritik an den Helfern in zwei Richtungen sehen und zwei Ziele nicht aus den Augen verlieren. Das eine ist, ihren Größenwahn und ihre Unentbehrlichkeitsphantasie einzuschränken. Sie führen in die Expertentyrannei. Mißbrauch von Klientinnen und Klienten ist nur ein auffälliges Zeichen für die Gefahren des Machtmißbrauchs durch Helfer. Das andere Ziel ist es, den möglichen Mißbrauch solcher Vorwürfe und die möglichen Schäden durch eine übers Ziel hinausschießende Entwertung des Helfers zu erkennen.

Es kann geschehen, daß der Helfer, der uns vor anderen Helfern retten will, in deren Übergriff und Tyrannei eigene tyrannische Züge versteckt. Der Helfer-Kritiker wird zu einem gefährlichen Bundesgenossen, wenn er Mißtrauen und Entwertung produziert, ohne eine bessere Alternative anzubieten. Hier ist die Illusionskritik vonnöten. Sie gebietet uns einerseits, zu kritisieren, was tadelnswert ist, andererseits aber, Entscheidungen zu treffen, die sich an der Realität orientieren und nicht an jener Illusion eines Idealzustandes, der unsere Kritik fundiert hat.

Konkret gesprochen: wenn wir ein Kind seinen mißhandelnden Eltern wegnehmen, dann müssen wir ihm eine neue Heimat bieten, die wirklich besser ist als die Eltern. Dieser zweite Schritt ist viel schwieriger als der erste, aber es geht nicht an, den ersten – die Trennung – zu vollziehen, wenn wir den nächsten noch gar nicht geklärt haben. Profilierungs- und Dramatisierungsbedürfnisse führen gerade in Situationen des Mißbrauchsverdachts dazu, daß Helfer über den Kopf betroffener Kinder hinweg handeln und deren flehende Bitten, wieder zurück in die Familie zu dürfen, als Ausdruck einer besonderen Perfidie des Täters deuten, nicht als ernsthaften Beitrag zu einer Lösung. Ich habe hier oft den Eindruck, daß es nicht gut ist, wenn Beziehungshelfer sich in Krisen ihrer Kompetenz selbst wie Juristen gebärden, statt im Team mit Juristen zu arbeiten. Der ausgebildete Jurist hat meist gelernt, seine Idealisierung der Gerechtigkeit in einer Weise zu mäßigen, die den Laien fast zynisch anmuten kann. Der Beziehungshelfer hingegen erwartet im Juristen jemanden, der machtvoll für Gerechtigkeit sorgt, wo er es sich nicht mehr zutraut, seine Empörung zu zügeln und Kompromisse zu finden. Aber die Lösungen des Juristen sind angesichts emotionaler Verwicklungen meist stärker mit Folgeproblemen belastet, als es die eines unverzagten Beziehungshelfers wären. Bei Ehescheidungen hat diese Situation bereits zu einem neuen Beruf geführt: dem Mediator, der den Rechtsstreit, meist zum Nutzen aller Parteien, möglichst lange hinausschieben kann. Wer Mediator sein will, muß seine Illusionen gezügelt haben, es sei möglich, Lösungen zu finden, die einer Seite ganz gerecht werden.

Mediatoren, die angesichts des Verdachts eines Machtmißbrauchs von Helfern konsultiert werden können, gibt es noch nicht. Der Schadenersatzprozeß scheint, wenn wir die US-Verhältnisse als typisch für die Konsumgesellschaft ansehen, die «Lösung» der Zukunft. Aber die Kosten dieser Lösung sind hoch. Wir brauchen da, wo wir selbst nicht weiterkönnen, den selbstbewußten, kreativen und engagierten Helfer. Dieser kann in einem Klima nicht gedeihen, in dem er fürchten muß, für jede nicht unter defensiven Gesichtspunkten getroffene Entscheidung belangt zu werden.

Vielleicht sollten auch die Beziehungshelfer überlegen, ob es nicht sinnvoll wäre, Schlichtungsstellen einzurichten, in denen Helferfehler nach den Grundsätzen der Mediation geklärt und Lösungen gesucht werden. Denn ähnlich wie es bei der Trennung von Ehepartnern um ein Gemisch aus emotionalen und rechtlichen Konflikten geht, ist es auch angesichts einer scheiternden Therapie sehr schwierig, die wechselseitigen Schuldzuschreibungen aufzulösen.

Ein berechtigter Einwand richtet sich gegen die Vermehrung von Institutionen und Berufen, mit denen solche Lösungsvorschläge verknüpft sind. Ich muß immer wieder an eine alte Metapher über die Beziehungshelfer insgesamt denken: sie sind für die Gesellschaft so etwas wie ein künstlich hergestelltes Vitamin, das den durch die industrielle Produktionsweise devitaminisierten Nahrungsmitteln nachträglich wieder zugesetzt werden muß, um die Gefahr von Gesundheitsstörungen zu vermindern. Wenn unsere Familien intakt wären, bräuchten wir die vielen Sozialpädagogen, Psychotherapeuten, Nervenärzte nicht, die in den Institutionen arbeiten. Wenn alle Anwälte nüchtern, wohlwollend und ohne einen Seitenblick auf das Prozeßhonorar beraten, brauchen wir keine Mediatoren; wenn in den sozialen Einrichtungen alle Führungskräfte ihre Aufgaben erfüllen, sind die meisten Supervisoren überflüssig.

Ich finde solche Aussagen dann richtig und wesentlich, wenn sie es den neuen Berufsgruppen ermöglichen, ihre Funktion und ihre Grenzen genauer wahrzunehmen. Es ist für sie alle unentbehrlich, gerade über die eigene Entbehrlichkeit nachzudenken. Verfehlt wäre eine nostalgische Tyrannei, in der versucht würde, durch künstliche Verknappung die traditionellen Ideale selbst zu synthetisieren. Schaffen wir die Helfer ab; die Menschen werden dann so leiden, daß sie von selbst wieder in die stabilen Familien und in die Gemeinschafts-Verantwortung zurückfinden! Schaffen wir die Zahnärzte ab; dann werden sich alle Kinder die Zähne putzen, weil sie sich endlich vor dem ungelinderten Zahnschmerz fürchten!

Nein, wir leben nun einmal in einer hochorganisierten, arbeitsteiligen Gesellschaft, in der die Konstitution eines neuen Berufsbildes oder Tätigkeitsfeldes die angemessene Antwort darauf ist, daß es ein ernsthaftes Problem zu bewältigen gibt. Der Umgang mit den Helfer-Fehlern scheint mir ein solches Problem. Es wäre ein Rückschritt, ihn Berufsgruppen zu überlassen, die von der Sache weniger verstehen als die Betroffenen.

Register

Erstellt von Dr. Barbara Gerber

319